U0905267

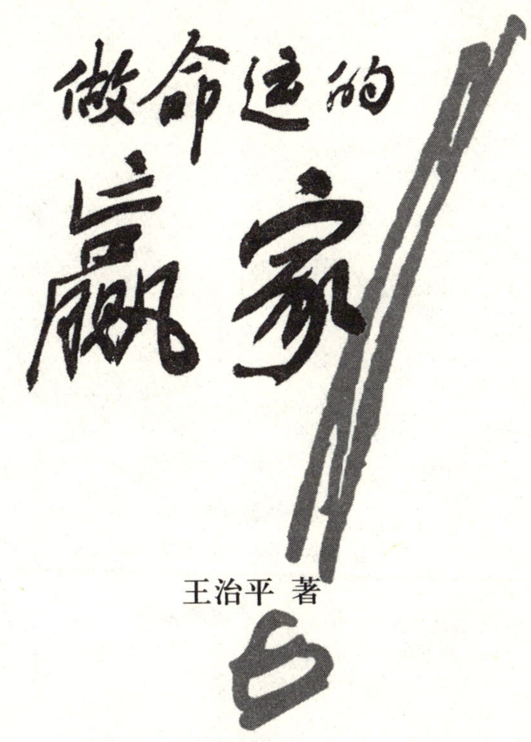

王治平 著

中国青年出版社

（京）新登字083号

图书在版编目（CIP）数据
做命运的赢家/王治平著. —北京：中国青年出版社，2011. 1
ISBN 978-7-5006-7470-2

Ⅰ. ①做… Ⅱ. ①王… Ⅲ. ①人生哲学—通俗读物 Ⅳ. ①B821-49

中国版本图书馆CIP数据核字（2010）第263578号

特约编辑：冈 宁
责任编辑：董晓磊
书名题字：王学岭
插 图：杜文涓
封面设计：孙 初
内文版式：林 业

中国青年出版社出版 发行
社址：北京东四12条21号
邮政编码：100708
网址：www.cyp.com.cn
编辑部电话：(010) 57350501
门市部电话：（010）57350370
三河市华润印刷有限公司印刷 新华书店经销

700mm×1000mm 1/16 15.5印张 280千字
2011年2月北京第1版 2011年2月河北第1次印刷
印数：0001—8000册
定价：24. 80元

导言

这本书跟你以往听说和读到过的书不一样，它注定要帮助你破译命运秘密并创造更多好运，也将帮助那些没能抽中人生上上签的人获得惊喜转机。

令人兴奋的创新是：

★ 有效消除成长与命运的神秘和误区，帮助你成功导演乃至改写自己的命运剧本。

★ 用很简单，但很有效的方式，解决了一个似乎很神秘的问题。

★ 每一条既可以单独理解和运用，又相互联系在总体大于各条之和的同一系统中。给出的不是成长与命运的算式，而是其中的演算过程。

★ 如果你按书中说的调整生活——简单的调整，你的前途和命运将有翻天覆地的变化。

☆ 本书的最大缺点是，它也能使你的对手强大起来（如果他也读此书）。

扁平的世界，仍然让人不省心。多变的生活，格外让人惦记命运。

在命运游戏中的确存在着有迹可循的秘密，发生在瞬息万变的人生舞台上的每一幕后面都隐藏着它们。如果不希望自己成长为训练有素的“工具”，那么必须有能力控制自己的命运。这从一开始就得培育能用命运扔向他的“砖头”为自己垒起坚实地基的能力。当然，现在开始培育也不晚，但时间已经很有限了。而这里的导航坐标就是命运秘密。

破译命运秘密和导演命运剧本，并不需要极高的智商、罕见的生活洞见力或“算命大师”的测算。真正必要的是合理的要素框架，以及避免情绪化侵蚀心灵和陷入命运迷雾的性情智慧。这本书恰到好处地、清晰地指明了要素框架和性情智慧，你所必须做到的就是用心领悟，用心去做。

贯穿本书的一个主旨就是，这里探讨的不是哲学，而是手段，不是为什么，而是怎么办。如果你按书上说的去做了，那么你根本不必再花时间和精力来难为自己。它们会在你心里形成一种内在的自我驱动力，可以帮助你将来在正确地选择道路和控制命运上，就像添加软件程序一样简单。剩下的问题就只有你该怎样做得更好，才不至于使你的命运失望。

本书不适合一气读完了事（当然，你可以先通览全文，但是只读一遍解决不了问题），而需要你“温水泡茶慢慢浓”式的领悟。对自己要有耐心，因为破译命运秘密和导演命运剧本是神圣的，同时也是脆弱的。

静下心来，抛开杂念，敞开心扉，一条一条用心地读，可以不按顺序而按照自己的节奏跳跃。不懂的地方就多读几遍，或者先放下，过一段时间后回头再读（根据心理学家的研究，一个人要想真正完成思想上的改变至少需要30天的时间）。

以什么样的心态去做事，比用什么样的智慧更重要。如同沃伦·巴菲特所说，“不用巨大的智慧，一般的智慧就可以，更重要的是情感、态度。”你以什么样的态度去读，就会有什么样的收获。比方你打算在48小时内，向别人讲解本书中的第77条，你的阅读成效定会有所不同。此外，开诚布公地与人分享读书心得，可以改变形象，赢得友谊，甚至为你带来意想不到的收获。

按照书中这些话去做人做事，即使你不能成为了不起的人物，也绝不会是一个贫穷的人。

最后，请把你破译命运秘密和控制命运的经历与感悟，记录在那些空白处，逐渐地它会成为无价之宝，将来送给你的后人，这对他们将是最珍贵的“传家宝”。

目录

一、冰是从最冷的那天开始融化的

——命运的理解、沟通和感知

◎ 上帝会给每个人命运剧本，但不会为他导演 / 002

1. 每个人都有自己的命运秘密 / 002
2. 成长链就是命运链 / 002

◎ 从你来到这世上开始，每一步都留有命运的痕迹 / 004

3. 天性中的秘密 / 004
4. 高度在于理解 / 005
5. 细节的灵性是你与命运的联系 / 006

◎ 感知命运的节拍 / 008

6. 命运也有等级 / 008
7. 好运之路反复铸就 / 008
8. 抑扬顿挫使命运的旋律更优美 / 010
9. 感知和记录命运的节拍 / 011
10. 天将晓，莫道君行早 / 012

◎ 命运的门和窗 / 013

11. 意外是命运的一扇门 / 013
12. 命运之光常常通过逆境来闪现 / 015
13. 有一种幸运叫“不得已” / 017
14. 让阳光照进命运深处 / 017

◎ 命里运气知多少 / 018

15. 好运与厄运的特征 / 019
16. 运气可以创造，但不能依赖 / 020

17. 好运常常需要你再往前迈一步 / 021
18. 好运并不总是免费的 / 022

◎ 好运也有天敌 / 022
19. 给命运染色的是情感 / 022
20. 能够粉碎命运的“炸弹” / 022
21. 癖好也是命运的“穴位” / 025
22. 谁在使命运把你不想要的东西给你 / 025
23. 最不可靠也最具破坏性的策略 / 026
24. 命运里的“萧何” / 027
25. 只要你还在地球上 / 030

二、变数就是舞台

——命运的设计、控制和改变

◎ **终结雾里看花** / 034
26. 最本性也是最大的迷雾 / 034
27. 首先弄清事实，其他的然后再说 / 037
28. 命运总是不按套路出牌 / 038
29. 有“因”未必一定有“果” / 040
30. 多一些疑问，但别怀疑天性 / 040
31. 好运来自化机会为成果，而不是解决旧问题 / 041
32. 让你的心态“风调雨顺” / 042
33. 给命运秘密一些泄露的机会 / 042
34. 命运的主色调是趋势，而不是时尚 / 043
35. 找到自己的路，上帝才会帮你 / 044

◎ **拒绝命运的“自动驾驶”** / 046
36. 对命运下注是投资，而不是赌博 / 046
37. 控制命运就是抉择 / 049
38. 好运偏向决断力而不是精明 / 052
39. 有一段距离叫机会 / 053
40. 最贴近好运的途径 / 054
41. 找到那些能够“把信送给加西亚”的人 / 055

42. 最多只超前一步 / 056
43. 控制命运，51%取决于你对人的判断 / 058
44. 战略的本质就是选择不做哪些事情 / 059
45. 帮助你更好地驾驭命运的是“问题” / 060
46. “硬件”无法代替远见 / 064
47. 思则变，变则通 / 065
48. 运气是设计的副产品 / 067
49. 大浪淘沙 / 069
50. 危险总在狂欢时悄悄逼近 / 071

◎ **迷信了就被动，觉悟了就主动** / 072
51. 命运的秘密都在“变数”里 / 072
52. 以不变应万变 / 073
53. 勤奋或忙碌将产生不同的命运 / 076
54. 保持自己的本色，命运才能帮得上你 / 076
55. 对“因”下药 / 078
56. 水手的艺术 / 079

◎ **给命运秘密一个通道和输出方式** / 079
57. 既不能犯规，也不能犯傻 / 080
58. 放开喉咙好唱歌 / 081
59. 请权威先坐到一旁 / 081
60. 追求完美是魔鬼 / 083
61. 你专注于自我，好运将随风而去 / 083

◎ **神秘源自简单** / 084
62. 把复杂的世界简化，命运更容易控制 / 085
63. 最简单的进攻最有效 / 086
64. 只是做了对的事情 / 087
65. 别粉碎了你的灵性 / 088

◎ **人生无法打草稿，但命运可以“彩排”** / 090
66. 为了更好的“表演” / 090
67. 危险在于猜测 / 091
68. 从别人那里感知自己 / 093
69. 以未来的眼光看现在 / 094

70. 变化就是舞台 / 095

◎ **认真的人改变自己，执着的人改变命运** / 096
71. 古老的通用秘诀 / 096
72. 命运的火种 / 098
73. 命运的“调节器” / 099
74. 控制命运是“持久战” / 099

◎ **导演命运剧本不像想象的那么易，也不像想象的那么难** / 100
75. 命运如酒，看你如何举杯 / 101
76. 从你学会倾听那天起，一切都已自发开始 / 105
77. 需要解码的是细节，而不是小事 / 106
78. 走自己的路，行路就不难 / 107
79. “捷径”加“苦干” / 108
80. 集中所有的才能干一件最重要的事情 / 109
81. 不到最后决不放弃，到了最后更不放弃 / 109

三、做仁慈的狮子

——命运的修为

◎ **锁定高贵的“命运感”** / 112
82. 命运的藏宝图在自己设定的目标里 / 112
83. 所有精彩的命运均由平淡的尽职开始 / 113
84. 让你的命运感和命运合拍 / 113
85. 用春风把云化作雨 / 114
86. 让高贵的命运感在你心中悄然升起 / 115

◎ **激活命运的翅膀** / 116
87. 没有梦想的命运不是翅膀，而是拐杖 / 116
88. 把真正吸引你的东西找出来 / 119
89. 不能总在鸡群中张望 / 120
90. 让你的根和翅膀有信仰 / 121

◎ **导航命运的坐标** / 122
91. 用信仰开出一个命运无法拒绝的条件 / 122

92. 有一种坐标叫使命 / 123
93. 迷失自我，命运便开始“离谱” / 124
94. “美好”总是带有迷惑性 / 125
95. 让“错过”也美丽 / 126
96.曾经战胜前者的打法不一定能打胜后者 / 127
97. 风格能加重你胜出的砝码 / 128
98. 做仁慈的狮子 / 130
99. 你成熟了，命运才成熟 / 131

◎ **命运秘密的信号隐藏在你性格的镜子里** / 132
100. 增强你命运的免疫力 / 132
101. 兼具钢铁与丝绸的特质 / 133
102. 关注他人的敏感点 / 134
103. 给压力的源头一个说法 / 135
104. 控制命运的残酷游戏 / 136
105. 挑战，更能激发好运 / 138

◎ **顿悟方知“命”，修为才有“运”** / 140
106. 从心开始，刷新天赋 / 141
107. 最重要的资产 / 141
108. 幸运的土壤 / 142
109. 改变“运”由信守承诺开始 / 144
110. 好运偏向正直与厚道 / 145
111. 沿着良知寻找好运的线索 / 147
112. 最本性也是最神秘的力量 / 147
113. 与人为善最“给力” / 148
114. 不一定有求必应，但要有急必救 / 150
115. 有一种力量叫同情 / 151
116. 最好的“攒运气”是感恩 / 151
117. 冲淡命运的是非 / 152
118. 好运是“栽种”出来的 / 153
119. 用美好的小事带起命运的大势 / 154
120. 尊重，能使命运宽厚 / 155
121. 选择和谁一起走，决定命运的49% / 155
122. 别让贵人无动于衷 / 156
123. 机会的修为 / 158

◎秘密都在调料里 / 159
124. 让魅力注满你的命运 / 159
125. 命运的学问就是世情的学问 / 162
126. 命运的“支柱产业” / 163
127. 礼貌地对待命运，先礼貌地感谢为你服务的人 / 164
128. 有一种好运元素叫幽默 / 165
129. 给自己树立一个榜样 / 167
130. 是什么在使命运的味道不同 / 167
131. 文字力是你好运的加分券 / 168
132. 心灵和命运之桥 / 169
133. 被常人忽略但能改变命运品质的“调料” / 170
134. 比别人快一步 / 170
135. 温度决定世情色彩的质感 / 171
136. 争辩是为了更好地沉默 / 172
137. 要鞠躬，就鞠到底 / 173
138. 任何场合都不提那些不愉快的事 / 174
139. 忘却，是一种“过滤器” / 175
140. 合理的赌注 / 175

◎ 不要把糟糕的习惯与命运混为一谈 / 176
141. 对命运和智商具有双重影响的力量 / 176
142. 聪明能成事也能败事 / 179
143. 不要等到…… / 179
144. 四个糟糕的惯性病毒 / 180
145. 20个悄悄地影响命运的坏习惯 / 181

◎ 命运秘密的背景 / 182
146. 鲜花和绿叶的背景都是根 / 182
147. 金色的命运是因为背景充满阳光 / 183
148. 诗情画意的命运是因为背景生机盎然 / 184
149. 有一种背景能反光 / 185

◎ 用终极性问题提醒自己 / 186
150. 叩问心灵——如果今天是我生命中的最后一天 / 186

151. 留下什么给你的后人 / 187

四、有一种生活叫歌唱

——命运与职业、婚恋和健康

◎ 命运就是营销，剩下的是细节 / 190
152. 重点不是卖出，而是帮助人们购买 / 190
153. 这个时代的通用规则 / 191

◎ 职业是命运秘密的托付 / 194
154. 人因工作而高贵 / 194
155. 创业是人生最大规模的改造命运行动 / 200

◎ 交友（恋爱）是命运的指引者 / 203
156. 友谊使命运多姿多彩 / 203
157. 命运是一场集体竞赛 / 204
158. 给友爱的丝线不断增添情趣 / 205
159. 经典的友谊才滋润命运 / 206

◎ 婚姻必将改变命运 / 207
160. 爱情是命运的夏天 / 207
161. “完美男人”和“完美女人” / 212
162. 攸关命运的“女孩记要” / 215
163. 使爱情彩虹落成花朵的是心雨 / 217
164. 是你一直在“塑造”着你的伴侣 / 220
165. 让你的命运延续什么样的梦 / 222
166. 家和运势兴 / 225

◎ 不要把稳定的船摇翻 / 226
167. 美的公式 / 226
168. 生命是船，命运是帆 / 228

尾　声 / 233

一、冰是从最冷的那天开始融化的

——命运的理解、沟通和感知

你的命运就是你人生的全部细节及其含义的回响。命运秘密的“谜底”大多是与生俱来，表里不一，草率地无视或直接确定，都是可怕的错误。不要轻易给命运贴标签，一旦你给命运贴上标签，就会在某种程度上定义了你们之间的关系，这会妨碍你的运势。也不要过早对命运下结论，阴差阳错是常有的事，你不可能来到这世上逛几年或读几年书，掏出几张成绩单或毕业证，做做即兴讨论，就能破译自己的命运秘密。它需要你谱写人生故事。但它是从命运难为你的时候开始登场的，是从你对某种事物产生激情那天开始被激活的。

◎上帝会给每个人命运剧本，但不会为他导演

你是什么由上帝赐予你的天赋注定，而你成为什么则是你献给上帝的礼物。

你不导演自己的命运剧本，上帝也不会管你。若是你用心导演，上帝从不袖手旁观。

1. 每个人都有自己的命运秘密

生命价值的珍贵，并不能使命运小心。没有不可控制的命运，但是有不可控制的时刻。很多人也许根本就没有理会命运秘密的巨大能量，而让其最终演变为上帝的遗憾。听天由命混日子的人是毋须破译命运秘密的，稀里糊涂地对待命运的人，命运也会马马虎虎地回报他们。但是，想要成功导演乃至改写自己的命运剧本，以有效应对那些不可控制的时刻，那么破译命运秘密不是“是否”的问题，而是“迟早”的问题。

不得要领的命运，难免拧拧巴巴。导演改写自己的命运剧本，只把所学到的知识以及人类的普遍苦难与经典故事铭记于心是不够的，还要把自己的实际需要、爱和命运秘密牢记于心。这样你才会获得一种适合自己的、长久的解决问题的原则、智慧与灵性，并明了成长与命运的走向。同时你会发现，流行文化提倡的以及一些“知识”所误导的方法，和永恒的（常常被人们遗忘的）、千百年来沉淀下来的（常常被流行文化泡沫所掩盖的）、实用性和有效性很强的这些方法的差距将渐行渐远；你会发现，并不是你一定要过河才能到达彼岸，而是彼岸世界正向你走来。

你的命运秘密的隐藏位置，将从以下的内容里向你走来……

2. 成长链就是命运链

命运的修为同样遵循人的成长和进步法则。尽管人类已经发展到今天这

份儿上了，但是，人的成长还是只能遵循古老的“循序渐进”原则，比如小孩儿要先学会翻身、坐立、爬行，然后才会站立、走路、跑步。每一步都十分重要，而且需要时间，不能跳过。无论是学画画还是与人相处，都要遵循这一原则。自然的成长过程是不容违背、省略或缩短的，否则只会让你平添失望和挫败。

我们把人的一生这些环环相扣、因果相承的阶段（包括生理的和心理的）称为“成长链”。成长链也是命运链。在成长链的每一环节中，都会有一个新的挑战成为焦点。如果你想要成功地处理下一个环节出现的问题，那么就必须令人满意地将现阶段的问题解决掉，并为下一环节打好底儿。

成长链（命运链）大体分为四个部分：

第一部分是心态、习惯和性格，也是培育和设计阶段，这部分通常在18岁以前，也就是在高中之前。

第二部分是知识和技能，也是加工和生产阶段，一般在18岁到35岁前后，也就是大学到获得稳定职业或建立家庭期间。

第三部分是作为和发展，也是经营和品牌阶段，一般在35岁到65岁前后，也就是成家立业之后到退休。

第四部分是提升和传承，也是贡献和升华阶段，一般在65岁以后。

这四个部分的前三个部分呈U型，知识和技能（加工和生产）在中间的底部，两端是习惯性格（培育与设计）和发展作为（经营与品牌）。大部分年轻人，包括大多数学校和家庭，当下最关注的（也是较强的）部分是知识技能（加工和生产），这一部分处于成长链价值的最低端，所以，既辛苦又收获不丰，而且难以强大。更要命的是，很容易被动地受到无常命运的严重冲击。

如何是好呢？本书正是为此而来，为你成长链的第一部分和第三部分（是真正决定命运的部分，也是大多数人薄弱的部分）进行革命性的“版本升级”。同时也将高度提升第二部分和第四部分。唯有如此，才能创造性地导演乃至改写自己的命运剧本，即使在面临重大变革甚至是“崩盘”的危急时刻，都会积累起能够取得突破或再度升起的力量，从而做到李嘉诚先生推崇的人生成功标准——做“仁慈的狮子”。

张瑞敏（海尔集团创始人）说：“智力比知识重要，素质比智力重要，觉悟比素质更重要。”坚持用心领悟并运用下面的内容，必将有某些注定的秘密与你不期而遇，使你有所顿悟。一旦顿悟，命运秘密便会在脑海浮现……

◎从你来到这世上开始，每一步都留有命运的痕迹

要清楚自己“从哪里来”，有远见的人眼观六路，包括来时的路。任何过去的命运信号，都有现实的声音。

你父母的位置决定了你人生的起点。起点可能影响结果，但不会决定结果，例如，毛泽东的父母都是农民。遗传决定了你的潜力，但是经历决定了你的潜力如何得以实现，即“天性负责计划，教养负责实施”。每个人的行为都在不断受到环境的塑造，尤其是最初的环境，所谓“菜单决定你如何点菜”。

3. 天性中的秘密

回溯来时的路更能感知命运的去向，比如童年的记忆、童年的好奇心将持续一生。你年少时代的一些先天性爱好（与生俱来的、不是因别人或梦想引导的实际爱好），将是你命运秘密的一些正面（将要成全你）或反面（可能毁灭你）的提示。这要从你经历的人生故事着手，把生命中点点滴滴“有序号的点”（即按顺序有因果的故事）连起来,当你挖掘出这些“点”之间的因缘联系或规律时，你的命运图画便开始展开。

哈佛大学研究发现，对成年人来说，经常回忆往事，品味细节，能让人更有想象力。这种想象力能够指引命运。但不要因此而冷落现实，即不能患上“怀旧病”。施罗德（德国前总理）说：“从贝克斯滕，经过塔勒、哥廷根到汉诺威的道路是一条不寻常的道路。它造就了我，也确定了我对人的认识。在这条路上，我学会了不盲从，学会了跟随被某些人称为‘内心的声音’、被另一些人叫做‘直觉’的东西。回想自己的身世和母亲，这个被我们称为‘狮子’的女人，我更深切地感受到对我始终至关重要的一条：永不忘记这个源头。清贫的童年以及对它的清醒认识是我的指南针。”

从小就应该学会把从人生故事中发现适合自己的机会当作最大的乐趣，这个习惯将为你带来更多好运。这也是你导演命运剧本的提前热身。你将在因此而体验到的故事里发现你命运秘密的投影。另外，如果可能，请更多地帮助你身边的孩子们留下美好的记忆。

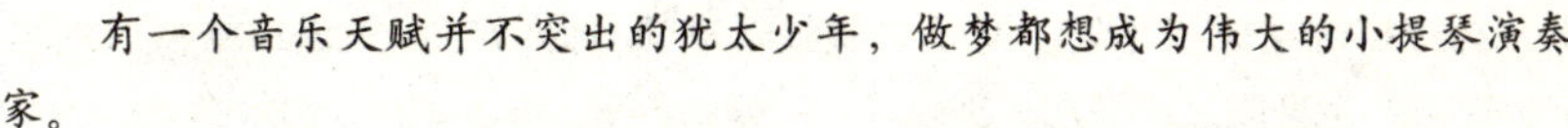

有一个音乐天赋并不突出的犹太少年，做梦都想成为伟大的小提琴演奏家。

一天，少年去请教一位老琴师，琴师让他先拉一首曲子。他拉了帕格尼尼的一首练习曲，拉得破绽百出。听罢，琴师问：“你为什么特别想拉小提琴呢？”少年说：“我想成功，成为像帕格尼尼那样伟大的小提琴家。”琴师又问：“那你拉琴快乐吗？”少年回答：“我非常快乐。”

琴师沉吟片刻，带少年到自家花园里，对他说：“孩子，你拉琴的目的是为了成功，获得快乐，而你现在已经是这样，说明你已经成功了，那又何必非要成为帕格尼尼那样呢？你看，世界上有两种花，一种花能结果，一种花不能结果，可它们同样美丽，比如玫瑰、郁金香。”

老琴师的一番话，让少年醒悟。后来他只把拉琴用来调节生活，不再刻意追求成功了。他做事情也变得从容冷静起来。

二十几年后，这个少年成长为影响世界的物理学家。他就是世纪伟人——阿尔伯特·爱因斯坦。

4. 高度在于理解

命运绝非铁板一块的结构，而是由N块神秘又真实的拼图有机合成的生态系统，在命运的神秘性和真实性的边缘上，更能够理解什么是命运。如同瓦茨拉夫·哈维尔（捷克剧作家，曾任捷克共和国总统）所说：“病人比健康人更懂得什么是健康，承认人生有许多虚假意义的人，更能寻找人生的信念。”

感觉到了的东西，我们不能立刻理解它，只有理解了的东西才更深刻地感觉它。无论做什么，先用心去理解它，理解得早，站得就高，站得高则看得远，看得远就能够掌握先机。如沃伦·巴菲特（当今世界最富盛名的投资家、慈善家）所说：“我十一二岁的时候就对股票比较懂了，我的山就非常地高。”鲍尔默（微软CEO）是这样理解市场需求的：要有足够的耐心，让自己被大量的信息所环绕。关注长期目标，同时愿意站起来聆听反馈，密切关注听众的需要——市场需求、竞争者、客户和员工——并随时准备改变立场。

理解命运的最好方式是，把你的历史片段及细节连接起来，看看是什么在推动它们，而把你推到现在的位置的转折点及其因缘在哪里？现在是不是你当初想要的生活？此外，回到老地方，如家乡、学生时代疯玩的广场、初恋的地方等，它们能为自己提供不寻常的启发。具体请结合本书其他内容去实践，之后自然会从对命运的理解中有惊喜发现。

请注意，理解和分析不是一回事。系统是个互相关联的整体，其特性来自各个构成部分及其之间的互动。分析得到的是事物结构的信息，是知识或技术，而理解则在分析之外，需要的是综合思想。分析产生知识，综合产生理解，理解产生见解。你把汽车拆解了，它就不再是汽车。

请听柳传志（联想集团创始人）给你讲故事：

当联想在1997年做得比较好了以后，社会甚至政府都一再要求我们应该在核心技术上下工夫。

我们研究了以后，坚决认为不能这么办。我们资金底子很薄，英特尔有大量的投入、常年的积累才能形成，制定了标准是很难撼动的。当一个企业很弱小的时候，如果在这方面进行投入等于是自杀。但是我们琢磨了，我们决定在所谓的产品技术上下工夫。

什么是产品技术呢？也有人叫集成技术，就是一项成熟技术，我们根据市场的需要，把这个成熟技术用好，这个会对我们有很大的帮助。我们最先是在电视机厂家的竞争中发现的这个问题。在20世纪90年代上半期，中国家庭里买的彩色电视绝大部分都是日本的产品，到90年代中期开始，像长虹、海尔、TCL出现以后，中国品牌的电视机占了优势。这里有什么原因呢？刚才我说的产品技术是一个重要的原因。

在日本电视机里，电源部分做得比较简单，因为日本的电网电压稳定，所以电视机的电源部分不用花更高的代价。而在中国，电网电压是很不稳定的。但是在电源方面下下工夫是非常成熟的技术，很容易做到。中国厂家做了，电视机质量有大幅度提高。另外在高频接受部分，日本电视台可能功率大，或者说可能电视台离得近，所以电视机本身的高频部分用不着下太大的工夫。而在中国则不是这样，一些电视机厂家在这方面下了工夫。这些东西给了我们非常深刻的启发。

讲到这里就是说一个企业要想健康地应对危机，首先要对自己的行业下工夫，要有深刻的理解（命运的事亦如此）。

5. 细节的灵性是你与命运的联系

人们往往在真正体验到某件事情或某些人的时候，才知道自己想要什么。所以，珍惜你的经历，它能让你更有把握面对命运。你所经历的每一件事，几乎都将在未来派上用场，这正是命运的“神秘”之一。

描述你的经历有助于你对命运的体会。这些描述像电影一样在你的大脑中一遍遍地回放，重复那些对你极具意义的事件和与他人交往的经历（尤其是拐点经历），然后反思：什么在时不时困扰着你？你在哪里经常得到惊喜？它们之前是什么？有哪些还没有登场？什么在放大、什么在拐弯？史蒂

夫·乔布斯（苹果公司创始人、CEO）提示你："你要坚信，你现在所经历的将在你未来的生命中串联起来。你不得不相信某些东西，你的直觉、命运、生活、因缘际会……正是这种信仰让我不会失去希望，它让我的人生变得与众不同。"

李连杰（著名影星、武术家，"壹基金"创始人）说："没有人知道什么时候会发生意外，所以我珍惜现在……每天都把爱给予周围的人，同时也享受得到的爱。"本杰明·富兰克林（18世纪美国最伟大的科学家、政治家和文学家）提示你："把握今日，等于拥有两倍的明日。"无论什么时候，就算你感到生活就像一潭死水时，你还是要珍惜和平时代每一个平凡的日子，珍惜春天的小花和秋天的落叶，珍惜星期天下午的电影，珍惜远方朋友的来信，珍惜每天的饭菜……你的亲人、老师、同学、朋友、小狗、玩具、路边的丁香花……以及他们的故事都绝对值得你珍惜。他们是你与命运的联系，就像粮食是你与土地的联系，命运正是通过他们向你"传感"你的命运秘密。例如，麦道克（沃尔玛CEO）说，正是他高中的体育老师麦克丹尼尔先生决定了他的生活轨迹。"去佐治亚理工学院吧，"这位老师劝他，"学习工业工程，然后进入服务行业。美国未来的机会就在那里。"

阿根廷布宜诺斯艾利斯的帕雷尔摩富人区，垃圾桶旁边一个拾荒的女孩，正在耐心地把翻过的垃圾又一点点放回垃圾桶。

"孩子！过一会儿，环卫工人会来收拾的。"传来一位女士的声音。

"环卫工人还要等一会儿才来，这么漂亮的草坪，瞬间也要让它美丽，不好吗？"女孩边收拾边回答。

女士很意外。别人都是翻完垃圾就走的，这个孩子却瞬间也要它美丽，她停下匆忙的脚步默默地看着孩子的背影，略有所思，也有感动。许久，女孩似乎意识到和她说话的人并没有离去，赶紧站起来转过身。

女士吃惊地看到，面前这个女孩衣服很旧但很整洁，面容黝黑但很干净，尤其她姣好的身材和脸型是很少见的。"你愿意当模特吗？"女士脱口而出。这位女士是世界著名项链设计师玛丽娜·冈萨雷斯。

3年后，这个叫妲妮拉的拾荒女孩夺得"世界精英模特大赛"阿根廷赛区的桂冠。有记者问玛丽娜是靠什么发现了妲妮拉的，玛丽娜提起那段经历，笑着说："懂得瞬间也要美丽的人，想一生不美丽都不行。"

◎感知命运的节拍

美好的大都不会长久。但是，它却可以波澜起伏地延续和提升，这正是命运节奏的迷人之处。节奏是命运发展过程的内在法则，所谓“乱极则治，否极泰来”。但节奏服务于命运，而不是相反。“十年河东，十年河西。”文武之道，一张一弛。这几乎适用于从控制命运到人生的各个方面。

注意保持节奏的连贯性这能够给你可预测性，命运里的每个音符（包括休止符）都是有灵性的，尾声只是开始。

6. 命运也有等级

金·柯拉克（哈佛商学院前院长）一直牢记着年少时母亲告诉他的这句能使人改变命运的魔语："走出家门后，不要忘了自己的责任、家人的名誉、爸妈的期望和梦想，也不要忘记你有光明的前途，美好的机会就在眼前，你可以让世界变得更棒！”一旦你把这句话栽种在心里，你的命运格局必将悄悄改变。

先成长为一个优秀的人，才能彻底打开自己的灵性，才配得上世界上所有最好的东西（包括命运）。

上等人把自己的命运和天下人的命运连在一起，中等人把自己的命运和身边人的命运连在一起，下等人把自己的命运只和自己连在一起；上等人创造，中等人跟随，下等人抱怨；上等人靠自觉，中等人靠压力，下等人靠诱惑；上等人讨论思想，中等人讨论事情，下等人讨论人；上上等人有能力没脾气，上中等人有能力有脾气，中下等人没能力没脾气，下下等人没能力有脾气……

除了极少数抽中人生上上签的人以外，绝大多数人的命运等级将随之产生。

7. 好运之路反复铸就

破译命运秘密乃至所有卓越业绩并非一挥、再挥甚至三挥而就的。每个人在站到伟大成就的起点（包括控制命运的起点）之前，都要经历一段反复试验、多次失败的痛苦阶段。

商界巨子们一致认为：一两次反复可以铺就成功之路。克洛克（“麦当劳”创始人）说：“我做事情都是先局部后整体，从不一蹴而就，在没有把细节问题处理好之前，我不会冒然进行下一步更大的动作……你必须打好生意上的每

美好的大都不会长久。但是，它却可以波澜起伏地延续和提升，这正是命运节奏的迷人之处。

个基础……使之尽善尽美。” 沃伦·本尼斯（领导力大师，曾是四任美国总统顾问）告诉你：“要成为某个行当的大家，你需要练习，练习，再练习。你必须不断练习，全神贯注，热爱你所从事的事业。反省式练习是成为大家的关键。”

命运往往以某种循环往复的模式发展，而不是像辩证法所提示的那种螺旋式的上升。稳健控制向前推进的方向、节奏和细节，可以有效避免“掉链子”。

登山时，能登上顶峰的人，不是速度最快的人，而是把握节奏最好的人。黄怒波（热爱登山的企业家）在第二次登慕士塔格峰的时候，遇到了一个年轻的登山者。这位登山者凭着年轻，攀登的速度非常快。但是当黄怒波他们到达一号营地时，那个人已经开始出现脑水肿症状，见到帐篷就往里钻，胡言乱语。后来有人赶紧陪他下撤到4000米以下才脱离危险。同样是在这次登山途中，另一支登山队的韩国队长将队友远远甩在身后，快速冲顶，但是快到顶峰的时候，他实在太累了，于是手支撑着登山杖想休息一下。极度的疲惫让他睡了过去，再也没有醒过来。在被救援人员抬下山的时候，他依然是手撑着登山杖的姿势。

8. 抑扬顿挫使命运的旋律更优美

如果你在成长的道路上不小心摔倒了，那么别去欣赏你砸的那个坑，也不要空手爬起来。命运在绊倒一个人的同时，也给了他再站起来的本领，你得把它捡起来。恢复元气的第一步是悬崖勒马，动作要快，你没有必要一门心思，只想从它那儿再捞回来，即“当你已经处于洞中的时候，请停止挖洞”。

别太在乎它，掸去身上的尘土，把教训装到脑袋里，重塑你的命运。古老的谚语说，“七次跌倒后，八次站起来。”命运会给你八次机会重整旗鼓，屡败屡战才能把伤痕与失败变成勋章。如曼德拉（南非前总统，诺贝尔和平奖获得者）所说：“生命中最伟大的光辉不在于永不坠落，而是坠落后总能再度升起。”这样，你便用优美和尊严奠定了自己的命运节奏。

失败再失败的原因主要有两个：一是方向有问题或准备（积累）不充分，二是未能认真吸取经验教训。同一个危机如果重复出现，往往是疏忽和懒散造成的，懒惰懈怠会把失败变成习惯。

在路上，你必须低头拉车——向前走、奋斗；还必须抬头看路——明辨是非、方向。保持两者的和谐统一，将使命运更合乎你的节奏。迈克尔·乔丹（篮球巨星）说：“伟大球星的高明之处就在于，他能让全场比赛始终合乎自己的节奏，而不至于整个晚上老在担心‘追赶’不上比赛。这恐怕也是‘伟大

球星'和'好球员'之间明显的差别之一。"

节奏的动力来自你从行动中取得的一系列小的胜利，面对挫折的能力亦如此。学会从各个小胜中获得满足感和恢复力，能使你在受到周围人或命运的残酷打击的时候不失去勇气和信念（两者必须同时拥有）。

请注意：①一旦把避免失败当成你做事的动机，那你就走上了怠惰无力之路。这很危险，这预示着你将要丧失原本可能有的机会。②不要在你成功的路上伤害别人，往上爬的时候要对别人好一点，因为你走下坡的时候会碰到他们。无论怎样，都不要把助你攀升的梯子毁掉。同时，要保持梯子的整洁，否则你下来时可能会滑倒。③不要让你的挫折搞得路人皆知。④每个人为了实现梦想，都可能会选错道路，误入歧途，以致犯下灾难性的错误。这时，大多数人想到的是对这个人的惩罚，至少应该让他去喝下自己酿成的灾难苦酒。但是，你不能这样，你应该给他送去更多的温暖和光明，没有人能不摔跤就一直攀登到顶峰，扶他起来，鼓励他继续前行。这样才更仁义、更宽广，更是人间出路，更是命运之道。

不要责怪一个正在努力的人，要表扬他并从心里敬佩他所付出的一切。如果力所能及，就拉他一把。帮助一个已经跨越了很多障碍的人，对于你是一次机遇。

1963年2月18日，为了表彰冯·卡门对科学技术和教育事业的杰出贡献，肯尼迪总统要亲自授予他美国第一枚科学勋章。当总统及其随从一到，来自世界各地的友人就向授勋地点拥去。81岁高龄的冯·卡门双腿患有关节炎，摇摇晃晃走到台阶前时，由于疼痛难忍，突然停了下来。这时，肯尼迪迅速赶上去一把将他扶住。冯·卡门抬起头来朝这位年轻的总统看看，然后把扶他的手轻轻推开。"总统先生，"他微微一笑说，"走下坡路是不用扶的，只有向上爬的时候才需要拉一把。"

9. 感知和记录命运的节拍

每个人命运中都有几个关键节拍。例如，布什（美国前总统）说："我要告诉他们我一生中的五个转折点：信奉耶稣基督，娶老婆，养孩子，竞选州长，听我妈的话。"具备"六感"（即设计感、故事感、交往能力、共情能力、娱乐感、探寻意义）将使你的优势更加突出，帮助你感知命运节拍的真实。以下是几个有利于你的六感、洞察力、创造力自由发挥的有效方法：

①心胸开阔。研究表明，当人往好的方向想或微笑时，大脑会分泌"β内啡肽"，可有效避免忧郁、烦恼。②勤用左手。经常使用左手能充分锻炼右

脑，能使你更聪明、更漂亮。达·芬奇、爱因斯坦、玛丽莲·梦露、克林顿等等都是左撇子。③幽默。研究表明，大多数优秀的总裁比中层管理者幽默两倍。幽默感怎样核算？能把正常的思维拐得让你忍不住发笑，能讲两倍的笑话。④戏谑别人，更戏谑自己。戏谑，而不是讽刺；风趣，而不是刻薄。戏谑能舒缓气氛，调解矛盾和减少敌意。⑤写诗。有句话说“先学诗人写诗，再学商人打算盘。”就是经常有某种本能的、萌发奇思异想的冲动，然后再想一步步怎么去实施。诗人从政经商，往往成就非凡，但别轻易露出诗人的尾巴。⑥有一项健康的癖好，热爱一种高雅的游戏。比如唱歌、下棋。⑦多旅行。⑧多交异性朋友。多交不是滥交朋友。⑨听音乐。音乐可促使大脑发出令身心愉快、能量大增的“α波”。能促使人产生创造力、想象力及灵感。⑩学画画。画画是锻炼左右脑协调能力的最佳方式。作画时要随心所欲，没有条条框框的局限，而且画时不能总盯着实物。左脑沉静时，右脑就会涌现出智慧。⑾能劳动时就劳动（包括做家务活）；能锻炼时就锻炼；能帮助别人时就帮助别人（不为什么）；在空气清新的地方多做深呼吸；方便的时候就“空嚼”（像嚼口香糖一样，既美容，又可以使你更聪明）。

一个好主意和好运一样，随时可能诞生，尤其是在休闲时灵感最多。而且突然之间的“灵感闪现”通常是破碎的，不精确的，需要立刻记录下来。

著名作曲家约翰·施特劳斯在餐馆吃饭时，忽然灵感袭来，他一时找不到纸，便在自己的衬衣袖子上写起来，经典名曲《蓝色多瑙河》就这样诞生了。

通过不断记录自己的想法、经历、深刻见解和学习心得，你的思路会更加明晰、准确和连贯，你对命运节奏的感知力也将不断提升。多与他人深入交流思想、感受和理念，而不是肤浅地停留在事物表面，有助于你提高思考、分析、推理和获取他人理解的能力，同时将帮助你提高控制命运节拍的水准。

如果你习惯写日记或博客，请注意：一、重表达思想；二、注意记录事情的差异化；三、记录和感知给了你特殊感受的东西；四、解决问题，或问更好的问题；五、每月底反思本月写下的东西；六、简洁生动幽默，多用新词汇。

10. 天将晓，莫道君行早

再幸运的人，机会也不会为他停下脚步。在这多变世界中控制命运的一个特殊优势，是有关注外部世界变化而带来的强烈的紧迫感。这种紧迫感能使你更好地感知和把控旧章节结束和新章节开始的速度与节奏。

约翰·科特（哈佛商学院百年思想领袖、管理大师）说：在当今快速运行的世界中，变革不是每5年到6年发生一次，而是持续进行。保持相对高程度

的、几乎是内置的紧迫感，是巨大的战略优势。

紧迫感来自深切的必胜决心,而非患得患失的焦虑；来自只关注关键问题，而不是不分轻重缓急、安排得满满当当的日程表（这是紧迫感的大敌）。由于真正的紧迫感具有“现在”这个根本要素，人们容易忘记变革和成就是需要一定时间的。正确的态度是要有“紧迫的耐心”。它是指每天都带着紧迫感而行动，同时在时间上能尊重现实，认识到实现目标可能需要3个月或3年，而每天要靠实际工作来寻找或创造机会向目标迈进。

请注意，虚假的紧迫感，是那种出于焦虑和恼怒的压力而导致的忙碌或狂热行动，它错把一切行为当成了有所作为，其破坏力超过了自满。

约翰·科特告诉你如何增强真正的紧迫感：一、战略：头脑格外清醒、方向极其明确、志在必得、天天有所进展、不断取消低附加值活动的行动——这些全靠始终坚持动之以情，而非仅仅晓之以理。二、策略：①引入外部现实。把内部实际情况同外部机遇和危险紧密联系起来，引进和使用能打动人心的数据、人、事物。②每天都带着紧迫感行事。绝不自满、焦虑或恼怒，在各方面展示你的紧迫感。③从危机中发现机会。永远清醒地看到，危机有可能是朋友而非死敌，谨慎行事，绝不草率、幼稚。④回击所有扼杀紧迫感的思想、行为以及人。

◎ 命运的门和窗

如果说命运是一个神秘房间，那么房间一定要有可以互相来往的门，有可以透气的窗。你现在要做的，不只是开窗与破门，而且要关窗或闭门。

你的出身和遗传基因的影响，会让你向着某种特定的方向发展，但是这种安排不一定适合你的真实命运，通过破译命运秘密可以得到修正和调节，这实质上就是调整打开或关闭命运的部分门窗。只有最大限度地揭示命运真相和本质变化，反思为什么会有不同的事件发生，才能最大限度地减少命运的失控或突变。今天，很有必要改变传统的想法和做法。

11．意外是命运的一扇门

命运本来充满意外，每一个意外都是命运为你打开的门窗。正是你对这些“意外”的反应左右着你的进程，改变着你的命运。

突如其来的变化是很难预料的，能够处变不惊、勇于应对并把它转化为机会的办法就是早有充分的准备和不断地变革。准备（积累）和变革（创新）是获胜的自然规律。例如，2008年7月底，当时奥巴马正在紧张的总统竞选中，针对意外袭来的金融危机，他及时召开了一次峰会，与会者有布什政府前财政部长保罗·奥尼尔、摩根大通银行CEO杰米·戴蒙、谷歌公司CEO埃里克·施密特、百事集团CEO英德拉·努伊及各大工会领袖。8月，奥巴马与财政部长汉克·保尔森通电话，请他通报布什政府对市场大动荡做出的反应。正是这些充分准备而非其他因素，使奥巴马在市场乱作一团、令人不寒而栗之际抓住时机，有备而来，得以树立有能力担任总统的形象。

请注意，单纯的技巧并不能有效应对“意外”，不能阻止灾难的发生，也不能控制命运。在没有坚定信念与正确原则，没有优秀的心态、习惯、性格以及性情智慧功底之上的任何所谓招数与技巧，都如同没有功夫底气的武术套路——花拳绣腿（而且姿势又不对）。技巧（兵法）是给有功底的人准备的，轻率地依赖技巧是一种危险的选择。

对待意外事件，你越是不太在乎它，越是镇定自若并机敏地保持原来的风度，效果越好。

1994年10月的一天，俄罗斯列宁格勒州州长邀请叶利钦总统去参观郊外狩猎场。11名随员都身着迷彩服并拿着猎枪，叶利钦注意到一个迟到者，“迷彩服非常合体，一副军人仪态。他持猎枪的姿势非常自信，紧紧地抱着，就像拥抱一个心爱的女人”。圣彼得堡市长对叶利钦解释说，他是市政府第一副主席，姓普京，叫弗拉基米尔。

随员们在草地上摆好桌椅和食品，准备边吃边谈，午餐后再去森林打野猪。正当叶利钦全神贯注发言的时候，从灌木丛中突然蹿出一头野猪，一步步向他们逼近。叶利钦在回忆录里写道，“坦率地讲，野猪的突然出现使我们惊慌失措。当时，由于我讲话时太激动，眼镜掉在了地上，于是10个随同人员都钻到了桌子底下找眼镜，情况很危急！这时我侧目看到，普京没有往桌子底下钻，下面也没有地方了。他不知什么时候已经端着猎枪在一旁站着，随后，我听到了两声枪响。后来检查的结果表明，‘总是迟到的普京’击中了野猪的心脏。我的第一印象很准确，这是一个强硬、不妥协而且思维敏捷的人，莫斯科需要这样的人——后来的一切就像我预料的那样，命运终于使普京来到了首都。”

当你面对意外危险的时候，你要对自己说：我应当做机智的英雄！

狗在试探你的时候，会呲牙咧嘴、昂头翘尾地朝你扑过来，如果你仍面无

惧色而准备还击，比如，眼睛盯着它并俯身拿“武器”，它就会退下去——人也一样。

12. 命运之光常常通过逆境来闪现

没有人喜欢逆境，但每个人都避免不了受到不同的磨难、伤害和委屈。人都是在“失去、离别和放弃”中成长起来的。这是命运的本性，它时常把最宝贵的东西，通过残酷的方式给你。例如，你对命运的洞见力和控制命运的力量，常常是由某种“熔炉”练就的。

沃伦·本尼斯和比尔·乔治（美国著名企业家，哈佛商学院教授）都发现：杰出人物在成长过程中，都体验过一段“熔炉”般的经历。“熔炉是一些地方，或者一些经历（有人是学习登山的经历，有人是对空手道的掌握，有人是入狱，有人是失去亲人，有人是融入一种陌生的文化，或者其它的逆境、失败），这些经历转变了他们，让他们发现新的自我，掌握新的技能，从过去中获得解放，从中提炼出意义，使得一个人获得对自己的新的定义（这里藏有你的命运秘密），或者新的能力，使自己能够为下一个熔炉做出更好的准备。”熔炉也许是自愿选择的经历，也可能是外力强加的，不管是哪种情形，“熔炉是问这样一些根本问题的地方：我是谁？我可以是谁？我应该是谁？我应该怎样跟我之外的世界发生关系？”关键之处是你有熔炉，后来又有顿悟（两者不一定同时发生）。比如说，你创立一家新企业，你想要成功，为自己挣大钱。你可能是不算出色的人，但是如果你有了顿悟，觉察到：不，我是要创造伟大的公司和产品，真正帮助人民，为千万中国人创造工作。那就完全不一样了。一个是为自己，另一个是尽力帮助别人。顿悟就是这样产生的。

只要你用心，逆境给你的东西比平常多得多。如同沃尔特·迪士尼（迪士尼公司创始人）所说：“我生活中经历的所有逆境、麻烦和障碍，都增强了我的力量，严重的挫折也许是你能从世上得到的最好的东西。”J·K·罗琳（英国著名作家，《哈利·波特》作者）告诉你：“艰苦日子里，你才会真正了解自己和身边的人。这是用痛苦换来的宝贵财富，它比任何证书都有用。”受得了委屈、吃得起苦、吃得起亏，将构成你性格中难得的韧性，对你挺过艰难时刻非常有帮助。如马云（阿里巴巴公司创始人、董事长）所说：男人的胸怀是委屈撑大的。

霜重色愈浓。优秀的人，用磨难来提升自己。对困境的最好反应是：一、给自己时间，安静下来处理好自己的情绪，接受现实，摒弃自责，告诉自己“没那么严重”。二、保持日常生活的规律，好好吃饭、好好休息、好好会朋友。三、忘掉自己的聪明才智，放低姿态，以新手的心态倾听那些看起来荒谬的观点（这有利于及时摆脱自己的偏见）。四、以逆境为园林，与现实和平共处，就当做是一堂非同寻常的课，你正在学习新东西，不要将你理应承担的责任转嫁给他人或命运。五、坚守你的价值观和原则，只做少量的回溯和评估，从中吸取教训，不要急于进行快速推理，以及犯“过滤性错误”（即只关注不确定性的少部分来源），避免走到身不由己。李嘉诚提示你：“在逆境的时候，你先要镇定考虑如何应对。你要自己问自己是否有足够的条件。当我身处逆境的时候，我认为我够！因为我勤力、节俭、有毅力，我肯去建立一个信誉。”

“每一件悲惨的事情都有它闪光的一面。”逆境里总是藏有最闪光的东西——机会。这种机会常隐藏在你以前的某种积累同这个逆境的联系处，或者是在逆境中凸显的你的某种特质里（这里有你的命运秘密）。另外，悲伤的日子里不要过于伤感，命运不会因为你的忧伤而风情万种。人们想要看到的是你有控制悲哀的能力，身处困境仍能微笑的人倍受欣赏。如何摆脱持续的痛苦呢？不要试图刻意不去想它——这几乎一定会带来反作用。如心理学家所说，“当你越是想要压抑某种念头的时候，它反而越挫越勇，我们对思维的控制只能让它往相反的方向发展。”更适合的解决办法是，更多地看到事件不可避免的部分，既然事情一定会发生，老放不下是很没出息的。犹太经典《塔木德》认为，苦难是机会，通过受难，人所犯的过错便被上帝宽恕了。

某人去找禅师求得解脱痛苦之法，禅师让他自己悟。第一天，禅师问他悟到了什么，他不知，便打他一戒尺。第二天，禅师又问，他仍不知，禅师举起戒尺又打他一下。第三天他仍然没有所得，当禅师举起戒尺要打他时，他挡住了。禅师笑道：“你终于悟出了道理——拒绝痛苦。”

请注意：一、不管遇到多么糟糕的情况，绝不要将自己看成受害者。在任何情况下，把自己当成一个受害者就完全等于把自己打败了。“如果精神垮掉了，没有人救得了你，上帝也不能。”科学家研究发现，人的运气好坏，与自己的精神状态和能力发挥息息相关，脑波中的α波占优势时，精神集中、才思敏捷、灵感泉涌，灵感和运气大有提高。二、磨难有时候是来唤醒你的，因为你可能忽视了某些真相（包括你自身的一些东西）。三、切忌急躁，急躁和积极果断或紧迫感不是一回事。急躁是病，必然会干扰下一步的运气，心平气和地积极应对命运，方显英雄本色。

星云大师（著名佛教大师）提示你：一、闭紧嘴巴，少说多做（不是所有人都了解情况，也不是所有是非都能说明清楚。多做事，少说话，只要有精神，有力量，是对的，就一直做下去，必定会有转机）。二、把紧心关，不失

正念（只要把紧心关，如禅门所云“提起正念，照顾所缘”，不失去立场正念、人格道德，必定有拨云见日的时候）。三、踏紧泥土，免堕虚无（从基础力行，重视当下，广结善缘）。

13. 有一种幸运叫“不得已”

必要的学习与工作越是困难或不愉快，越要立刻去做。等得时间越久，就变得越困难、越可怕，这有点像射击，你瞄的时间越长，射中的机会就越渺茫。哈里克（哈佛大学教授）说：“世上有93%的人都因拖延的恶习而最终一事无成，这都是因为拖延能够杀伤人的积极性。”

李嘉诚说：20世纪50年代走做生意的途径，与我性格是相违的。我原想于数年内赚到金钱后便专心求学问，不再从事商业，后来因经济环境而改变主意。虽与我性格相违背，但事业也发展得好。当你感到一定要从事那样事业时，你必须要令自己产生兴趣和专心投入，人要做自己喜欢的事，但更重要的是一定要做自己应做的事。俞敏洪（新东方集团创始人、董事长）说：凡是我觉得不得不做的事情，我是敢于面对的。即使我不喜欢，但是不得不做，我还是会想办法把它做好……但是你绝对不能做事情伤害别人，这样最后带来的结果肯定对你自己不好，对别人也不好。

命运的“神秘”还在于，很多歪打正着的幸运，恰恰是来自当初的“不得已”（这里藏有命运秘密），这是命运为你开的门。你能经常强迫自己去做一些你认为应该做或不得不做的事，而且尽全力去做好，你的品格和判断力必会大大增进。巴伦仙（芭蕾编舞大师）说：“我不要想跳芭蕾舞的人，我要不得不跳芭蕾舞的人。”很多各方面都同等的人，却走向了不同的命运，就是从这里开始的。

14. 让阳光照进命运深处

永远在内心深处保留一颗纯真的童心。童心是你必须要敞开而不能关闭（它很容易被悄悄关闭）的命运的门窗，它可以让你命运深处照进最美好的灿烂阳光——驱散乌云、“杀菌补钙”、净化和滋润命运。纯真的童心能够直达事物的本质，使你和天地精神往还而进入你的最佳境界。从而打开上帝专门给你定制的命运门窗。约翰·奈斯比特（美国著名未来学家）说，爱因斯坦之所以能够发现如此众多的自然之谜，是因为他从来没有失去孩子般的天真。

2007年10月，沃伦·巴菲特来到中国大连参加他投资的公司开业典礼，在接受央视“经济半小时”记者采访结束时，他大声地说了一句：“让我告诉你一个很有价值的股票。”随后他却小声地对记者说：“这样别人就不再问我，而去问你了。”他虽然已经77岁了，却依然存留一颗真挚可爱的童心。他的幸运跟这童心密不可分（研究发现，童心的纯净和快乐，还有利于婚姻的长久美好）。

美国西部一个村庄严重干旱。当地教会举办求雨祈祷会，虔诚的村民们陆续来到教堂坐下，牧师走向前台，准备开始祈祷。在通往前台的路上，他忽然注意到前排座位上坐着一个十一二岁的小女孩。她红扑扑的小脸蛋儿上表现出兴奋的神情，而真正让牧师心动的是她身旁放着的那把长柄雨伞。

她，相信天会下雨。

这一幕单纯而美丽的情景，使牧师在感动之余发出了会心又羞愧的微笑。这个小女孩所表现出来的虔诚和信心，似乎是教堂里所有人，包括他自己所忽略的。尽管大家是为求雨而来祈祷，但唯独她，真诚用心等待着上帝的回应。

这就是纯真的童心。赤子之心是智慧、灵性以及好运成长的阳光。

◎命里运气知多少

现代医学告诉我们，只要给自己身体创造良好的环境和机会（包括生理和心理的），它的免疫力就能自主自救。人的运气也是这样，只要你给它创造一个好的环境与机会（包括心态、情感、习惯与性格以及家庭与社会等方面），它将与你的生命同在。

运气就像天气，一直在变，与天气不同的是，运气无法预报，但可以创造。随着成长，有的人好运越来越多一些，有的人厄运越来越多一些，这全在于自己的修为。你的好运越多，命运对你的期望就越高（就是你要把好运当做责任而不是享乐）；反过来，你越是不辜负命运的期望，你的好运也就越多。

命运对你的成功与幸福并不负有义务，它却给予你机会——甚至厄运里都有机会。

发洪水了，一个人被困在大水中。这时过来一艘救援的小船，船上的人们叫他赶快上船，可他说什么都不肯上去，说：“不用你们管，我是上帝的虔诚信徒，上帝会来救我的。”小船不能再等他，只好走了。他有些支撑不住了，这时又飞来一架直升机，飞机竖下软梯让他赶快上来，他还是坚持不上，说：

“用不着你们，上帝一定会来救我的。”飞机无法再等他，也飞走了。他终于支持不住，淹死了。他见到上帝，抱怨道：“我那么相信你，你为什么不救我？”上帝说：“我已经给过你两次机会了！”

15. 好运与厄运的特征

每个人的命运，都有硬性问题、软性问题和运气问题。硬性问题包括出身、身体状况、技术、财力、其他资源或物质条件等（硬实力）；软性问题是关于心态、价值观、性格、习惯、情感、智慧及文化等（软实力）；运气问题是前面两个问题的合力与时势的和谐问题。硬性问题通常会影响到你的底线——生存线；软性问题会影响你的上线——做多大、走多远；运气问题则影响你的全部进程和结果。如果能将“软实力”和“硬实力”有效结合，像执行军令那样运用它们，就能产生灵活强大的“巧实力”，它就是你创造运势乃至控制命运的最有力武器。

如何分辨你是处在好运还是厄运里面？

（1）好运的特征：①遵循从积累或准备、感悟到逐步突破的成长模式；②沿着目标逐步迈进，积极主动并保持和谐稳健的节奏，感觉像是一个有机的进化过程；③勇敢面对现实，清楚知道应该采取的行动和不该做的事情；④连贯性和群体性贯穿于整个清晰的“刺猬理念”（见第62条）中，坚定地保持在自己的目标或使命之内；⑤遵循先培育一流的心态、性格与习惯，掌握足够的智慧真理和人脉资源，再采取有计划的行动这样的模式；⑥积极适应社会变革，从不慌张，学习和应用新技术，并用改进和创新来加速优势的积累；⑦一个小突破彻底完成后，再进行下一个由小到大的突破，守正出奇；⑧花费很少的精力激励自己（不合理的激励，将导致过度冒险的短视行为）；⑨让结果去说明一切；⑩连贯性的原则贯穿始终，新阶段的生活依赖于前一阶段创造的成果，并持续不断地积累下去。

（2）厄运的特征：①省略积累或准备而试图“聪明”地直接跳跃或冲撞突破；②想通过一次重大激进的变革，完成伟大的革命，期待瞬间好运、奇迹或救世主的到来；③不愿或不敢面对残酷现实，而去追赶时尚，热衷于流行文化；④能够说清楚自己在做什么，但是不能说清楚为什么这么做；⑤在没有形成优秀的心态、性格与习惯，以及掌握足够的智慧之前，就莽撞地采取行动，把前途押在运气上；⑥面对社会与技术变革，惊慌失措，排斥或抗拒；⑦没有彻底实现小突破，就开始进行大突破行动，模式化冒险；⑧花费大量精力激励自己，不惜以过滤掉真实为代价，喜欢环绕在新思想或幻想与时尚周围；⑨出卖未来，以弥补结果的缺乏；⑩不连贯、摇摆不定，自始至终脱离于目标或使命以及群体之外，每个新阶段都会开创出一条激进或分岔的新路，还沾沾自喜地以为是“创新”。

请注意，①厄运，你若不及时吸取教训或视而不见，它会不断重复。好运则相反。②好运总是悄悄地到来，厄运的来临，往往是“山雨欲来风满楼”，但是这“风”没有几个人能够准确感知，因为这需要一种悟性和能力（将本书内容运用到你的生活中，你会拥有）。③好运和厄运互相联系着，不但在一定条件下共处于一个统一体中，而且在一定条件下互相转化。要像关注健康而不是关注疾病那样关注好运而不是关注厄运。

16. 运气可以创造，但不能依赖

运气是你对机遇的反应所产生的。机遇是“由不可预知、不可预计、不可预先判断的原因引发的事件”。这些事件，有些较大且明显，有些则微不足道而被忽视。

运气就是要把机遇激活。自古以来的方法就是，不按大小而按轻重来关注事态（忽略“轻”抓住“重”，而不是忽略“小”抓住“大”），沿着确定的方向大胆取舍、披荆斩棘，同时多多积德行善。丁磊（网易公司创始人、董事长）说：“一命二运三风水四积阴德五读书，这是我对生活一些事情的思考。要强调一下的是，‘风水’是指环境，包括软环境（政府的政策，当前的经济大背景），以及硬环境（地理、地貌、气候、水资源、人文环境）。”

理查德·魏斯曼（英国著名心理学家）最擅长做匪夷所思的“心理学”研究，比如人的运气。他曾经进行一个针对700名志愿者的大型实验，按照每个人在近期的经历，挑选出“比较幸运”和“不太幸运”的人各200名，然后分为两组，让他们在某段时间内不断地买六合彩，并记录下各组的输赢情况。结果显示，两个组的输赢情况差不多。此后，他又经过10年的研究和几百次实验，最后的结论是：幸运者的人格特征帮助他们制造机遇，并在好运来临时采取行动；幸运者乐意听从直觉，做出正确的决定；幸运者对未来的期望，足以成为自我实现的预言，让他们美梦成真；幸运者不折不挠的态度和行为，有助于逢凶化吉。

请注意，任何时候都不要把前途幼稚地押在运气上。约翰·D·洛克菲勒（美孚石油公司[标准石油]创办人、历史上最富有的美国人、慈善家）说：“我从不屈从运气，我相信因果定律。”心态与才华远比运气重要。汤玛斯·杰弗逊（美国前总统）说，“我是绝对相信运气这回事的，并且我发现，我工作越努力，我的运气就越好。”运气也很挑剔，如果没有个人条件，机会

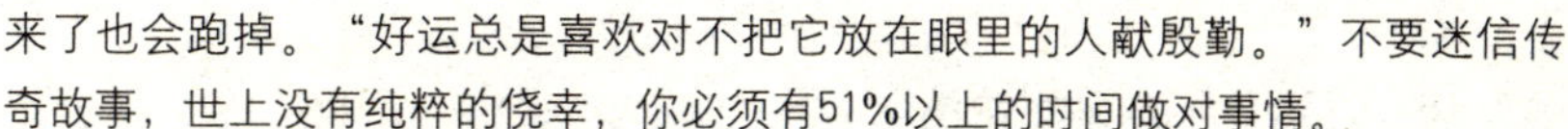

来了也会跑掉。“好运总是喜欢对不把它放在眼里的人献殷勤。”不要迷信传奇故事，世上没有纯粹的侥幸，你必须有51%以上的时间做对事情。

17. 好运常常需要你再往前迈一步

命运是以一页页的小篇章展开的，不同时间段内发生的琐事交织成了我们的运气。丹尼尔·卡尼曼（将心理学引入经济学的美国普林斯顿大学教授、诺贝尔经济学奖获得者）说，我们在每个工作日内都会碰到大约2万个这样的片段，每个片段大约持续3秒钟，最值得记忆的片段几乎总是积极或消极的，而非中性的。在这些片段中掌握好为人处世的脉搏，一旦合上自己脚步的节拍，会不断涌现好的机遇，促使运气向积极的方向发展。

幸运有时像连环套，迈出你的左脚，右脚自然会跟上。青山七惠（日本“80后”女作家，获得2007年日本纯文学最高奖“芥川龙之介奖”）提示你：只要你肯迈出第一步，自然就会有出路。

跳水课上，孩子们都已经勇敢地从3米跳台上跳下，只剩下一个12岁的女孩安格拉没有跳。她害怕得已经流出眼泪。

“还有几分钟就要下课了。”老师有些不耐烦地对她说。安格拉腿抖得更厉害，她终于艰难地向前迈出一步，闭着眼睛跳了下去，水花溅起很高，掌声也随之响起。

“安格拉，我们都为你自豪，你是怎样战胜自己的胆怯的？”一个小伙伴问她。她用还有点发颤的声音说：“我突然想起了爸爸说过的一句话，他说，在困难的时候闭着眼睛也要往前迈一步。”

安格拉的爸爸一直鼓励她做个出类拔萃的人。她牢记父亲的教诲，在各个方面都很刻苦，即使是最差的体育方面，也战胜了自己。她的数学老师曾这样评价她：“她真的很少见——逻辑性强、分析能力强，注意力非常集中。”32岁时，她获得了物理学博士学位。

凭着这个信念，安格拉开始了她另外出色的一面。她表现出了对政治的极度关心和非凡智慧，并由此开创出属于她的政治辉煌——成为德国历史上第一位女总理。

她就是安格拉·默克尔。当记者问她为何能坚持到最后并取得胜利时，她说，她想起了年少时的那次跳水。“我要感谢我的父亲，每当我面对困难的时候，他都会重复这样一句话：当你在烦恼事情没有什么进展时，请不要停下你也许发抖的双脚，请你再往前迈一步，只要一步！”

18. 好运并不总是免费的

幸运没有数量，但似乎有些规律。命运不会总是把你该得的东西直接给你，有时候你必须在忍耐中探寻出路。不要让烦恼的东西阻碍你前进，保持奋斗的纯洁，让奋斗进入你的整个生活格调。全心全意做好眼前最紧要的事情，给命运缓冲或拐弯的时间，而不是死盯不放或迷恋运气。如柳传志所说："所有的事情要拐大弯，而不是90度的急转弯，急转弯会翻车。"事情要顺着走，你就会得到该得到的东西。爱默生（美国思想家、作家）说："大事往往赋予那些能证明自己具有超越做小事的能力的人。"

艾伦9岁时，开始在他祖父的农场里赤手捡牧场上的牛粪。一般的孩子都不愿意做这脏活儿，艾伦却干得很好。因为他表现出色，祖父给了他一个向往已久的工作——牧马。这件事使小艾伦坚信：手头的工作无论多么平凡，只要做好了，就有机会。

长大后，他从每周挣1美元的肉铺帮工做起，工作又脏又累，但他还是干得很出色，他一直没有忘记：做好了，就有机会。

果然，后来他成为每周挣50美元的美联社记者。再后来成为年薪100多万美元的首席执行官。最后，他成为美国阅读面最广的报纸《今日美国》的总编辑。

◎好运也有天敌

影响你前途命运的最大问题，是人性里与生俱来的负面东西的介入和干扰。急躁、癖好、贪婪、欺骗、奢靡等情绪或行为，总是喜欢见缝插针地渗透到命运的细节中不客气地捣乱。

19. 给命运染色的是情感

心能够启动脑，脑却很难开启心。你越是需要努力去思考一种情形，越是需要带着想象力去思考、调动记忆去评估，你的判断就越有可能受到你当时心情的影响。情感不仅影响我们想的内容，还会影响思考过程本身。感情具有比

任何一种逻辑都更强大的说服力。

所谓通情达理，是“情”在前面。情感在左右我们大部分的选择。我们的注意力很容易流向情感部分，而不是那些影响力不如情感但更重要的部分（因为很多重要的东西往往乏味无情）。洛克菲勒教导儿子掌控钱财的规则时，其中有一条就是坚决不要让生意上的决策受到私人感情的影响。亨利·基辛格（著名外交家、美国前国务卿）说：“不良的情感，对于人体的肌肉，有着相当的化学作用。良好的情感对人生有着全面的有益影响。脑神经中的每一个思想，都因细胞的组织而更改，而这更改是属于永久的。”

感情，在给你的梦想蓝图染色，也在给你的人格与命运染色。人的情和爱就像水与火，把握好了（即你能支配它）它是能源，把握不好（即它支配你）则会是灾难。命运里的很多奇迹由此而来，很多悲剧也由此产生。请多几分庄重和小心，绝不可较劲，莎士比亚（伟大的英国剧作家）提示你：“倘若没有理智，感情就会把我们弄得筋疲力尽，正是为了制止感情的荒唐，才需要理智。”正是这些原本可控制的感情因果，常被很多人误读为“命中注定”。

做决定时不受感情左右，主要方法是要清醒地知道自己是谁、想要什么，必须清楚地知道自己想要什么，否则任何行动都可能发展成为灾难。不能用理解逻辑的方式去理解感情，感情有很多理智所无法理解的理由。信仰（信念）和理智可以净化感情，道德和责任能够引导感情。

20．能够粉碎命运的“炸弹”

控制情绪是控制命运的开始。积极的情绪可以有效地增强免疫系统，直接影响你的健康、精神与运气。总是说自己很幸运的巴菲特，在回答记者问他成为“不倒翁”的秘密时说：“我对情绪有很好的掌控力。”老虎·伍兹（高尔夫球大师）有句名言：“我认为那些真正控制住自己情绪的人……会赢。”

情绪，是我们人性里非常危险又挥之不去的东西。福加斯等心理学家的实验表明，快乐或悲伤的情绪可以从根本上改变大脑处理信息的方式。当你快乐时，你的大脑更有可能在潜意识里依赖既有经验和知识来做出决定。当你悲伤时，你会更加关注外部世界的新信息。

控制情绪、驾驭心情和承受压力共同构成了你控制命运的核心力量（它们也是情商的关键指标）。沉得住气，尤其在“那一刻”，学会给自己一个缓冲的时间，对大家、对自己的命运都至关紧要。许多心理学研究已经确凿证实，当你对某人感到愤怒的时候，攻击或伤害对方并不会让你糟糕的情绪平复，而几乎会必定无疑地激化负面情绪。

这世界上引诱你感情用事的人和事太多太多，千万不要落入这种陷阱里：对方想方设法要激起你发怒而做出一种糟糕的事来，使你事后追悔莫及。任何时候“冲动”都是我们最大的敌人。正是冲动在破坏命运的格局，沉不住气，往往要自掘坟墓。例如，富兰克林·罗斯福（美国前总统）在1944年总统连任竞选成功之后，曾描述了自己对付竞争对手的得意策略：“这是我34年来所遇到的最卑鄙最糟糕的竞选活动，但是我的策略起作用了。在9月25日的卡车司机联合会宴会上，我作了一番别出心裁的演讲，当时的主要目的就是让杜威州长（他的竞争对手）暴怒。这样做果然有效。他变得越来越暴怒，他越是这样，在竞选中丧失的选票就越多。”

理查德·卡尔森（美国应激反应专家）说：“我们的恼怒有80%是自己造成的。请冷静下来！要承认生活是不公正的，任何人都不是完美的，任何命运都不会一直按想象的发展。”

科学家发现了人类在调动情绪过程中的“6秒钟秘诀”：人类最简单的转移情绪的方式之一，就是在情绪到达顶峰即将爆发的时刻再等6秒钟，用来想想这样做的得失与后果。

当你想发怒、想指责别人时，马上数颜色（在自己身处的环境里找出有多少种颜色）或数50个数，或者照照镜子。研究表明，人的精神和肉体是紧密相连的，握紧拳头能暂时提升自控能力和意志力，可以作为增强自控力的一个窍门。

记着这个原则：不要生气，要争气。这是化晦气为祥和之道。

假如有些事情必须愤怒，那么你得有愤怒的实力。普京（俄罗斯前总统）提示你：“没有实力的愤怒毫无意义。”

航班飞机上有个大款口渴，他说：“小姐，请给我来杯咖啡。”连说三遍，没人理他。这时，他后面的一只鹦鹉说话了：“妈的，来杯咖啡！”奇怪的事发生了，小姐马上就给鹦鹉一杯咖啡。大款不干了，也喊道：“妈的，给我一杯咖啡！”于是小姐也给了他一杯。但小姐很生气，告诉了机长。机长火了：“把他们扔下去！”在被扔下的空中，鹦鹉问大款：“你会飞吗？”大款说：“不会。”鹦鹉说：“不会飞，你牛啥？惨了吧！”

必须学会克制。结合自己的特点，早日形成一个自己的处理情绪的方式。例如：

国防部长斯坦顿气呼呼地跟林肯总统诉说一位少将侮辱他。林肯听了，建议他写封信针锋相对地反驳。斯坦顿立即写了一封措词强硬的信拿给总统

看。“对了，”林肯说道，“写得好！严厉地批评他一顿，这是个最好的办法。”当斯坦顿准备把信装进信封时，林肯说：“你打算怎样处置它？”“寄出去呀！”斯坦顿有些惊讶地回答。“不要胡闹，”林肯说，“你不该把信寄出，快把它扔进火炉中去吧。每当我发火时，我就尽情地写信发泄，写完后就把它扔了。当你花很多时间把它写好时，你的气已经消了。要么再写第二封信吧。”将军理解地点点头，十分感激总统的指点。

21．癖好也是命运的“穴位”

不良癖好能悄悄地要人的命。必须懂得抵制生活中时常出现的诱惑、骗局和代价过高的行动。接受贿赂、追求所谓自我、思想信念摇摆不定，这些都可能促使一个人走上变节道路。要学会根据观点或行为可能造成的损害而不是好听或有趣的程度来辨别它们。

那些最终会把你陷进去、最后让你追悔莫及的东西，一开始感觉总是很舒服的。如同尼采（著名德国哲学家）所说，“大毒使人死，小毒使人舒服。”比如，吸毒、吸烟、酗酒、赌博、网游、随便会见网友、占便宜等等。

把控这个“穴位”的关键，就是牢记“世上没有免费的午餐”。

在北极圈，爱斯基摩人用这样一种方法，可以轻易地逮到几乎没有天敌的北极熊：他们把海豹血倒进一个水桶里，再把一个双刃匕首放在血液中间，因为气温很低，海豹血很快凝固，匕首就结在血中间，像个超大型冰棒。然后把冰倒出来丢在雪原上。

北极熊有个癖性：嗜血如命。这就足以害死自己了。它的鼻子特灵，可以在几公里之外就嗅到血腥味。当它嗅到爱斯基摩人丢在雪地上的血冰棒的气味时，就会迅速赶到，并兴奋地舔起美味的血冰棒。舔着舔着，它的舌头逐渐麻木。忽然，血的味道变得更好——那是更新鲜的血。于是它越舔越起劲。原来那正是它自己的鲜血（当它舔到棒冰中的匕首，麻木的舌头被扎破了，血冒出来，自己却不知道）。这样不断舔食的结果是：舌头伤得更深，血流得更多。最后，北极熊因失血过多，休克昏厥，不知不觉地成了爱斯基摩人的猎物。

22．谁在使命运把你不想要的东西给你

人们常说，“是欲望毁了他”。然而，这往往是错误的。欲望是可以向美好的方向修剪的，并不是欲望毁了人，而是无能、懒惰、糊涂、贪婪毁了人。这四样东西能导致命运错位，是“错位”使你不喜欢的东西不愿离你而去。苏

格拉底（古希腊哲学家）提示你：“不只是不做事的人，还有那些原可以做得更好的人，也算是懒惰的。”

人都有贪婪的天性，很多人总是想拿一个纽扣去指望命运给缝上一件衣服，这种想法必须及时修正。当你能够让自己的心智非常清澈，不受到“贪、嗔、痴”影响的时候，才能够把命运以及世界看清楚，更能有效控制命运并跨入幸福的境界。

请牢记，每一种权利皆包含一种责任；每一个好运皆包含一个义务；每一次拥有皆包含一份职责。

刘墉（著名作家、画家）给你讲故事：

文学大师梁实秋先生在世的时候，有一天我跟他同桌用餐。冷盘端上来，梁先生说他有糖尿病，不能吃带甜味的熏鱼；“冰糖肘子”端上来，他又说不能碰；“什锦炒饭”端上来，他还是不能吃，因为淀粉会化成糖。

最后，端上“八宝饭”，我猜他一定不会碰了，因为“里面既有糖又有饭”。没想到梁先生居然大笑道：“这个我要。”他笑着说，就因为早知道有自己最爱吃的“八宝饭”，所以前面特别节制。“我血糖高，得忌口，所以必须计划着，把那‘配额’留给最爱。”

转眼过去30多年了，我时常想起梁先生的这段话。许多伟大的人，都因为他们节制自己，集中力量在特定的事物上，而取得了杰出的成就。

23. 最不可靠也最具破坏性的策略

“当一耍起欺骗的伎俩，我们就织了一张乱糟糟的网。”洛克菲勒提示你：任何欺骗和不道德的行为都无法持久，都不能成为可靠的策略，它只会破坏大局，使未来变得愈发困难，甚至不可能再有机会。

李嘉诚说：一生碰到很多次欺骗，多事先发觉，在令对方不失尊严的情势下使其知难而退。

请注意，很多人常说因为自己太善良而上当受骗。其实，一个人上当受骗的根本原因是判断力（眼力）的问题，而和善良与否无关。另外，坏人可以骗。如《塔木德》所提示：“尽量不要说谎，在特殊情况下，也可以不说实话。”

心理学家教你如何分辨欺骗行为：

（1）一些谎言涉及错误的信息。行骗者试图掩盖真相的努力会耗费他的一些认知资源，比如，注意力高度集中（因此其瞳孔会放大），使其说话时停顿时间更长（仔细地选择措辞），还会使其移动和动作更加拘谨（以免泄露真

相）。

（2）另外一些信息与掩饰真实的情绪有关。当牌技很高的人在手握同花顺的时候，他在生理和行为上会变得更加兴奋，因此，他可能会变换姿势、说错话、做出显示紧张状态的动作（比如理理头发或摸摸脸），还会耸肩（就是为了否定他撒了谎）。

（3）面部表情比身体更加容易控制。所以一个撒谎的人可能会装得一本正经，但却忘了控制身体线索。因此，你可以留意对方的身体运动：运动有节奏吗？还是有蓄谋的呢？手的移动是流畅的还是紧张的呢？有时眼睛会揭穿谎言，特别是当撒谎的人试图用普通的欺骗方法故作快乐状时。强颜欢笑无法控制眼部周围的肌肉。

（4）让一个人直视你的双眼的确是判断他有没有撒谎的一个好办法。但是这个办法仅仅适用于那些一般不撒谎的人（说谎高手可以做到盯着对方的眼睛，伪装出一副坦诚无比的样子目不转睛地盯着你，脸不红心不跳地说谎话）。

对大多数人来说，当人们的大脑进入记忆搜索状态，也就是回忆某件真实存在的事情时，眼睛会“先向上、再向左转动”。而如果当一个人尝试去“构建”一个画面情况，也就是编造谎话时，眼球的运动恰恰相反，会“先向上、再向右转动”。打探一个人是否说谎，可以问一些必须要回忆才能想起来的细节问题，比如“那天你买衣服路上碰到了哪些人，和他们说了些什么？”如果对方不经思考就看着你的眼睛马上回答，说明他在讲述一个已经编好的谎言；如果他的眼睛先向上、再向左转动，说明他在回忆真实情况，如果眼睛先向上、后向右转动，说明他在编造谎言、准备骗你。

24．命运里的“萧何”

对待钱的态度，直接影响着你的命运。

永远别把钱看得太重，否则会把你带进你并不想要的生活误区。钱只不过是你对真正感兴趣的东西所付出的劳动而带来的副产品。简单的真相是，创造幸福生活，钱能做的只是一小部分；矛盾的真相是，认真做事，不去想钱，反而能得到钱。研究结果告诉我们，追寻你真正的梦想反而比追逐财富可能得到更多财富。如同项兵（长江商学院院长）所说：“让我最震撼的事之一，在欧洲、日本、美国，许多做生意不是为了追求财富，是为给社会解决一个问题，结果一不小心成了全球最富有的人之一。梦想不一样，做生意的方式完全不一样。如果我们做生意的目标仅仅是追求财富的话，会出很多的问题。”

把你的钱严格按“花费和捐献”、“储存”、“投资”三个系统来管理。

“投资”应该占的比例最大（请注意，不要把钱全部投入“中等风险”的投资，而应该根据自己的实际情况和能力，按一定比例分开投资。比如：70%投入国债、保险等很安全的投资，30%投入风险投资、股市等高风险高回报中）；“储存”应该占得最小（长期储存是会使金钱贬值的）；“花费”应该按计划并适度，切忌浪费，无论是花父母给的钱或自己挣的钱，要想到金钱的价值、劳动的光荣与辛苦、对亲人的关心以及对生活的感恩；“捐献”应根据自己条件尽量大。具体比例根据你的实际情况确定，除捐献以外，其他几项，确定之后就不要轻易改变。另外，给自己想个像样的密码（美国科学家建议，网络上使用12位密码可以有效防止黑客入侵）。

请注意，那种眼睛里只有金钱的人和那些将人情关系放在第一位的人之间有很大的不同。总是有一些人把钱看得过重，一旦涉及钱，什么事情都有可能发生。

你可以不喜欢钱，但你不能不喜欢赚钱。如洛克菲勒所说：“年轻人，手里每多一分钱，就增加了一分决定未来命运的力量，去赚钱吧。”同时要牢固掌握钱“前进的方向”。重要的不是钱花了多少，而是钱花到了哪里。切记，奢靡是命运里的海洛因。

富人是让钱灵活地滚动起来的人。钱也有新钱和旧钱之分，只有用现在的钱去赚取更多的新钱，自己的那些钱才有价值，这就是“钱滚钱”的道理。洛克菲勒说：“借钱是为了创造好运。借钱不是件坏事，它不会让你破产，只要你不把它看成像救生圈一样，只在危机的时候使用，而把它看成是一种有力的工具，你就可以用它来开创机会。”

借钱（融资）要注意的几点：一、债务也是责任，要加倍珍惜、小心运用。只有当确信自己能够从投资中获得收益时才能借债。二、不要借短期债，要借偿还期长的债。无论是企业还是个人，用一条蚯蚓便能钓上一条大鱼，几乎是不可能的，短期债务会让你的投资风险更大。三、在自己能承担的范围内借债。从根本上说，不管自身条件如何，完全指望“借鸡生蛋”的人是傻瓜，不要陷入这种误区。四、不能指望去靠“漂亮的创业概念”而借到钱，必须得具备一定的优势，并发挥这一优势，而不是展示功能。五、要在你情况最好的时候去借钱。银行家们都习惯在晴天时把伞借给你，而在雨天时把伞收回。

沃伦·巴菲特忠告：“借钱去炒股，这是聪明人自取灭亡的最佳途径。”

领会老摩根给他的儿子小摩根的一封家书《致小摩根》（摩根财团是一个庞大的金融帝国）。

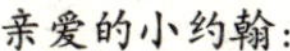

亲爱的小约翰：

我一向很少批评你，因为我不想把你束缚在我的模式之下。但是，最近发生的一些事，让我感到很担心，使我觉得有必要写这封信给你，就金钱方面的问题跟你交流一下。

这件事的起因是会计室曾请我承兑两三张清单。你那笔巨额招待费使我深感疑惑。是客人要求你这么隆重地招待他们的呢，还是你自己染上了奢靡浪费的恶习？

在顾客或朋友们的眼里，你是一个非常新潮的人。适度的大方是应该的。但是，过于浪费，就有故意摆阔的味道了，我不认为这是一件好事。

金钱有两种用途：一是用来投资，赚取利润；一是用于享乐生活，无度挥霍。我最担心的事情就是：不知道钱的正确用途，以为充阔佬、出手大方，就能博得其他人的好感。

你一定知道第一印象的重要性。但是，去豪华饭店招待新客户，固然体面而且很快乐，却不见得能给客户留下良好的第一印象，对于这一点，你是否认真考虑过呢？事实是，顾客已经实地参观了我们公司，也接受了100美元的招待用餐，他们决定怎么做，心中早已有数了。你应该做的事情是充满自信地与他们谈生意，而不是把你的钱包（实际上也是我的钱包）掏空。

另外，你是否明白，你这种花钱如流水的做派，很可能使许多顾客对你敬而远之。因为他们会想，你手中的钱正是从他们身上赚走的，甚至还会怀疑你卖给他们的货物价钱是不是太高了。如此一来，他们不免考虑以后是否仍要和你做生意。而你为了和他们继续保持业务往来，必须付出加倍的努力，跟别人竞争。

让客户明白我们公司的财务实力雄厚固然重要，但是浪费金钱，却会被人认为是愚蠢的行为。一个奢靡挥霍的人，非但不会得到受益者的尊敬，反而会被他们在背后讥笑为傻瓜，而不愿与他交往。

在某种意义上讲，贫穷也可以成为人的一项资本，对此我深有体会。每当我追念过去，我会非常感谢上帝，他赐给我这项你未曾有过的资产。

你一定想象不到，在我幼年时，家境是如何的清寒，有时过着三餐不继的日子。在我的故乡，也有一个富翁，他的生活很富裕，无论是住宅、轿车、服装，都是一流的品质。每当给慈善机构捐款时，他也总是捐钱最多。

在这个小镇，那个富翁犹如生活在玻璃缸里的金鱼，他的一举一动成为大家瞩目的焦点。我曾见过那些在他背后把一件小事添油加醋、大肆渲染的人，却在教会里对他阿谀奉承，说他“气色很好”、“待人和蔼可亲”等等。但是，他从来不被这些虚伪的赞美所蒙蔽，他会以亲切的言词，同样赞美他们的帽子、胡子或准备的茶点。他很清楚这些人如何觊觎他的财产，如何在他背后散播一些无聊的话，但是他不把这些事情放在心上。每个礼拜一，他仍会回到工厂里，让机器转动，让钱财滚进他的口袋。

我的母亲常说这样的一句话："任意让小钱从身边溜走的人，一定留不住大钱。"现在想来，她的话非常有道理。我想对你说的是，金钱可能为你带来虚伪的朋友，他们围绕在你身边，不断给你灌迷魂汤，使你迷失了自己。身边的朋友，哪些人是真心对你，你必须仔细观察。对于那些因为你的家境富裕，而想成为你的朋友的人，你必须提高警觉。

另一方面，有些正直的人，为了避免你怀疑他们的居心，而和你保持一点距离，只维持纯粹的友谊，你也千万不要忽略他们。这些人通常都不会主动地发邀请函请你出席某次宴会，但是，只要看到你的出现，他们总是满心欢喜，亲切地和你寒暄问候。这种心理很微妙，也许他们是不愿意让别人误会他们故意和你套近乎。

你的父亲 约翰·皮尔庞特·摩根

25. 只要你还在地球上

不管怎样都不要狂妄（或傲慢）。《圣经》上说：骄傲在败坏之先，狂心在跌倒之前。上帝想让谁灭亡，首先让他疯狂。克尔凯郭尔（丹麦哲学家）说：大多数人的不幸并非他们过于软弱，而是他们过于强大——过于强大，以至于不能注意到上帝。

傲慢通常会让人垮台。"骄傲招致失败，傲慢导致毁灭。"请牢记那句箴言：当人沉静下来，智慧升起。静心，还能释放出你的潜能，好运也会随之出现。佛学告诉你：心静则万物莫不自得。

狂妄的主要原因是太多的自信和太少的自知。李嘉诚将傲慢比喻为"能力的溃疡"，将时常自问是否过分自大等问题喻为其成功的秘诀。比如，他每天清早会自问：我通过努力和蒙上天眷顾，取得今天的成功，应如何做得更好？而到晚间，又会如演讲中提及的反思：我有否过分骄傲和自大？我有否拒绝接纳逆耳的忠言？我有否不愿意承担自己言行所带来的后果？我是否缺乏预示问题、结果和解决办法的周详计划？

请注意，在为人上不可以狂妄，但事业或创意上可以理智地疯狂（前面说的"疯狂"是指为人）。刘长乐（香港凤凰卫视主席、创始人）在谈到凤凰卫视的成功时说："我们把握住了大运。我们说我们是一帮理智的疯子，我们是疯在我们的斗志上。"

美国苹果公司曾拍过一个电视广告"不一样的想法"：屏幕上交错出现爱因斯坦、毕加索等十几位著名人物的黑白画面，画外音是沧桑的男声："这些

人是一群疯子——不适应者、叛逆者、麻烦制造者、硬要穿过方洞的圆木桩，他们看世界就是与众不同，他们对规则毫无兴趣，对现状一无尊敬。你可以引述或反对他们、尊重或诋毁他们，但你唯一不能做的就是忽视他们。因为他们改变了世界，推着人类往前迈进。当某些人将他们视为疯子时，我们却认为他们是天才，因为唯有疯狂到自认为可以改变世界的人，才真的改变了世界。”

二、变数就是舞台
——命运的设计、控制和改变

多数人无法或不愿面对在到达彼岸过程中所要经历的风浪，即使彼岸会展现命运秘密的灿烂星空这样的美景。那么，我们必须要做的是让彼岸向我们走来——破译命运秘密并控制命运。无论在开始阶段有多么艰难，在导演命运剧本的过程中你会变得强大起来。

◎ 终结雾里看花

新的和好的是两码事，好人和好看的人也不是一回事。美化的东西和柏拉图式的简化东西天生容易被看见。可是你的命运秘密和世界一样，喜欢隐藏在迷雾中，而表面常常化妆成流行的说法，在夸张地愚弄我们。表面往往具有欺骗性。

26. 最本性也是最大的迷雾

破译命运秘密的最大迷雾就是——认不清自己。人性的弱点之一是善于自欺，尤其对自己的价值观、潜力、个性和真诚，认识得太肤浅、太客气。美国斯坦福大学工商管理研究生院设有一个由75名成员组成的咨询委员会，当有人请他们总结成功者（领导者）最应该培养的能力时，他们几乎一致回答：自我认知。

如果对自己没有一个明确的认识，你就会被你所处的环境改造，那将一事无成。了解真实的自我（包括角色的真诚和真我），要求你勇敢、诚实，以开放的心态反思和探究自己的人生经历（认真反思你曾经的人生段落以及各段落之间的联系）；学会容忍自己的失败和失落，而不是一犯错就只会一味自责；在面对批评时，坦然接受而非抗拒，时常做一些你并不擅长的新鲜事，比如为这本书重新编辑个目录，这些都很有助于你了解自己。

事实上，小错误经常能够反映出你身上存在的较为广泛的系统性问题。在发现错误时，不要急着去追究责任，而要回过头来质疑产生错误的原因，查明究竟是不是一些基本问题，如常识、习惯或性格问题，造成小错误屡屡发生。如果是，可以学习克里斯托夫·戴维斯（美国著名投资家）的一个独特方法——将所犯严重错误写出来，并附有简短评语，挂在墙上。

比尔·乔治给你的认识自我的方法：“剥洋葱”。从出生开始，当感到不够安全的时候，人们就会保护自己的内核免受外部世界的伤害，于是不断在内核之外添加各种外衣。要认清自己，就必须剥去这些外壳。越是接近自己的内核，你就会发现里面越是柔软脆弱。当你接近最深的一层时，你就会看到自己的盲点和脆弱之处。

“镜子理论”告诉你，当你描述自己最喜欢和什么类型的人在一起时，你也是在描述自己。另外，反对者能让你更加认清自己。你身边有时候会有一些常指责你或和你对立的人，他们是上帝对你有点不放心而在你身边放的“闹钟”。这“闹钟”是极可贵的，可以显示出你正处于什么地位，但你不能在那个地位上停着不动，要了解其中的缘由，然后设法找出你和反对者之间的共同点。成功的人物都懂得运用不同意见，并激发反对意见，以便从各种角度去了解自己。例如，通过寻找在一系列原则问题上的共识，并将自己的观点用反对派的语言和逻辑包装起来等手段，使罗纳德·里根（美国前总统）顺利地反败为胜，执政一帆风顺。

人一旦开始了解自己、认识自己，不论自己多么渺小，富有创造力的非凡行动已经开始进行了。谈到对你自己的认识，请记住，多多益善，深入，再深入。比如，挖掘一下自己的偏见和私心里藏有什么。

好好反省一下你是否自负（自负的人常被事物的假象所迷惑）：在与人沟通或谈话中经常说“我”吗？你经常检查自己常犯的毛病吗？这些问题在现实中的比例很高吗？你经常抱怨吗？你是不是抓住任何机会跟人说你过得很艰辛？当别人告诉你一个新想法时，你是不是总是泼冷水？你认为命运欺骗了你吗？你是不是会因为一些小的疏忽而责备你的父母？如果对以上任何一个问题回答“是”，那你就需要让自己轻松起来，你可能使你的家庭、朋友和同事感到非常疲惫。你也将很难使自己的运气好起来。

法国心理学家ThierryM.Carabin设计的测试，能帮助你更好地认识你是谁。

2008年12月31日，晚7时，天使路。奥利维在慈善协会门口等着开门。他今天一大早就去取今晚志愿者要用的卡车，现在他提前回来。布里吉特带着钥匙准时来到，门刚一开，马蒂尔德也到了。

一进门，布里吉特就开始仔细清点要装入纸箱的食品，并按照营养平衡的方式搭配食物。她想：“什么都不能大意，我们应该好好利用捐来的钱。”马蒂尔德往每个纸箱里放入1升汤、1盒肝酱、4片火腿、半根棍形面包、1千克苹果、4瓶酸奶、1升果汁、半瓶酒。奥利维开始往卡车上装箱。装着装着，他突然对布里吉特说：“你应该给每个箱子里多放点，今天可是新年夜！”布里吉特早就习惯了奥利维的大方，她心想：“每个人的一样多，这才是重点。”她头也不抬，继续往纸箱里放食物。

马蒂尔德则大声说：“我们要分发3小时，伙计们，我们得赶紧出发了。但愿今年不会遇到太好斗的家伙……我们做这些，可都是为了他们。”奥利维驾驶汽车，两个女同事坐在他旁边。

第一站是圣凡尚教堂。教堂门口有4个年轻的流浪汉、一个比他们老些的妇女，还有两只在通风口紧挨着他们取暖的狗。

布里吉特第一个下车，对他们说："你们好，我们这儿有些吃的，还有汤，喝了就暖和啦！"4个年轻人看着他们，眼光里又是迟疑又是尊重，只有那个女人眼睛一直低垂着。布里吉特把装食物的纸箱一个一个发给他们，还跟每个人说了两句关心的话。然后，她蹲下来跟那个女人说话："您有孩子吗？您以前是做什么的？"

可能是觉得原来热乎乎的汤发到他们手里已经凉了，奥利维用卡车上的微波炉给他们又加热了一下，同时，悄悄地往每个汤碗里多加了一把奶酪丝。布里吉特跳到奥利维跟前，有些愤怒地对他嚷嚷："你在干什么？你给他们加量，我们就不够分给后面的人了！"马蒂尔德也随声附和："是呀，小心点，就这样好啦，我们做事情不要做过头。"奥利维觉得有些受伤，他反击她们："你们也太过分了！帮助这些最无助的人是我们的任务，让他们开心我也开心！何况无论怎样做，其实都是远远不够的！"

那几个接受施舍的人表情放松了些，其中一个走到马蒂尔德面前说："失业了，生活是多么不容易。一下子就变成没用的人了……"听完他的话，马蒂尔德建议他明早来天使路帮他们收拾东西。她说："这会让您有事情做，而且您也不会觉得是接受了施舍。"他说："好的，我明天10点一定到。"

夜色越来越深，3个志愿者从一条街到另一条街，一直忙到午夜才结束，奥利维把布里吉特和马蒂尔德先后送到家，说好明早9时见。

第二天早上，奥利维洗着头天晚上的碗，眼圈黑黑的。布里吉特看起来似乎有点不高兴，奥利维问她："出什么事了？你看起来好像不舒服。"布里吉特说："没事。就是昨晚上看到的和听到的，让我心里有点沉重。教堂前那个女人让我特别受触动，我差点邀请她去我家。"马蒂尔德说："布里吉特，你心太好了。如果你太听从你的心，你就会失去理智……你应该学会保护自己。我已经学会如何拒绝。你看，那个说了早上要来帮我们的家伙，现在都11点了还没来。我还把他说的当真了，以为他会来把我们给他的偿还一些给我们……我真不该相信他。"

你是谁？从3个志愿者中，选出你觉得和自己最接近的一个。

A：布里吉特 B：马蒂尔德 C：奥利维

A：通情达理的自私者。你愿意给予，愿意帮助他人。你的直觉很发达，在别人提出要求之前，就能知道他们的需要。你也希望自己的所作所为能得到他人的承认。当他人注意到你发自内心地帮助他人时，你会感到很高兴。

对你来讲，利他主义实际上是自私的一种高级形式。给予，是在一块土地上播种，你等着收获。你不会做"虚账"，你付出的时间和金钱都是在自己能

够承受的范围内。你的受益人感觉你永远不会要他们回报，当然你也会乐于接受他们的回报。

总想着你的慷慨行为应得到回报可能会让你不高兴，甚至会让你怀疑人类的品性。在极端的情形下，你可能会对所有的人都不管不顾。如果你觉得诸多的义务缠身，那么就停下来，去乡下走走，远离工作、电话和噪音。你需要给自己时间回归自己，好好做个小结。退一步是必要的，它能让你更好地发现别人为你所作的一切。

B：精于算计的人。你熟悉投资慈善的商人吗？对于他们来说，希望慈善活动赢得的报道篇幅大于用这些钱打广告的篇幅。你对慈善的态度就让人想起这种商人。你愿意帮助他人，你把这种态度展示出来。你计算所付出的时间和金钱，因此相对来说，你更愿意帮助那些可能给你回报的人。

这可能让你不高兴。因为你的主要困难来自你的盲目：你拒绝看到别人这样看待你。这样的拒绝将你引向某些过分的表达：你越是宣扬你对别人的帮助，你离他人越远。如果你学着谦逊一点，那么你与他人的关系将得到改善。没有人指责你的实用主义，但是会有相当一些人嫉妒你冷静判断的能力。你应该时时不图回报，给予和帮助那些没有能力回报你的人。试试匿名捐赠，你精于算计的一面就会随之消失。

C：博爱者。与他人的关系就是你的生活。你自然地关心他人的需要、欢乐和困难。你就是哲学家奥古斯丁・孔德格言的实践者："为他人而活，热爱原则。"你寻求的是普世的爱，你善待并接纳所有人。对你而言，爱不是索取，而是付出，与人分享的欢乐才是真正的欢乐。但请不要忘记，爱也意味着善于接受回报。你的殷勤会让某些不成熟的人满意，但大多数人会感到难受。不让自己随时介入他人的苦难，会对你有益处。你也学习接受别人的礼物，并表示你的感谢，这是一条健康的规则。你还需要学会说"不"。你似乎永远对别人说"好的"，你需要区别什么是只有自己才能完成的，什么是可以委托别人做的。在面对他人的求助时，要学会说"不"，并将求助者托付给别人。这样做，你会同时让两个人高兴：一个是求助者，他会得到满足；另一个是你委托的那个人，他会因为能帮助你而高兴。千万不要忘记克己也是需要限度的。（资料来源：《津巴多普通心理学》）

27. 首先弄清事实，其他的然后再说

不要轻下结论（注意不能把看法当成结论）或妄做批评，即使你亲眼目睹。

初次印象虽然在人的知觉中会留下长久的痕迹，但它往往是靠不住的，

而且形成一种看法容易，但要改变它可就难了。很多时候，印象会蒙骗你，心理学有个锚定理论：一个事物在脑袋中的最先记忆，起了船锚的作用——抛下锚，船就漂不远了。先入为主的锚定心理是印象错误的直接原因，所以，任何时候都不要放弃思考与实践的权利。“一知半解”有时比“全然不知”更为可怕。

按照自己想要的结论来扭曲事实似乎是人类的本性，而且我们的思维是有惯性的：一旦形成一个观点，就不愿意或很难改变。所以在没有彻底弄清事实之前，推迟形成观点，对你更为有利。

西班牙彼得罗一世国王决定公开选拔一个法官。三人毛遂自荐，一个是宫廷贵族，一个是武士，还有一个是教师。

国王在众臣陪同下，和三个候选人来到一池塘边。池塘上漂浮着几个橙子。国王问贵族：“池塘上一共漂着几个橙子啊？”贵族走到池塘边，点数后回答：“一共是6个橙子，陛下。”国王没表态，继续问武士：“池塘上漂着几个橙子？”武士甚至没有走近池塘就直接回答：“我也看到了6个，陛下！”国王没有说话。他又问那个教师同样的问题，教师什么也没说，径直走进池塘里，把橙子都拿了出来，回答：“陛下，一共是3个橙子！因为它们都被从中间切开了。”“你知道如何执法，”国王说，“在得出最后的结论之前，应该证明，并不是所有我们看到的就是事情的真相。”

28. 命运总是不按套路出牌

每当发现自己站在大多数一边时，就该停下来做一下反思（大多数人掌握的往往不是真理）。安迪·格鲁夫（英特尔前董事长）提示你：如果某事系“众所周知”，那么就意味着没人知道是怎么回事。即独立思考，追溯事物的本源，把对事物的认识建立在事实和分析的基础上，而不是建立在“众所周知”的基础上。

真实和正确不是一回事。人们似乎天生喜欢只用学到过的东西思考；人性还有一个弱点：习惯于学习精确的、孤立的东西，而不是总体的、联系的东西。当你对自己的总体知识更加满意的时候，你的世情智慧正在减少，高估了自己的知识，就会低估命运的不确定性，正是这一点会不时招致严重的麻烦。如果你习惯认为真实就是正确的话，没有不出乱子的。

应对的有效方法是，诚实地看待自己的才能和局限，先不判断，而是深入发现或使其暴露“真实”的各方面的特点（特殊性）。之后，你便可以发现本质了。

把对事物的认识建立在事实和分析的基础上，而不是建立在“众所周知的东西”的基础上。

美国一家报纸曾举办一项有奖征答活动。题目是：在一个热气球上载着一位科学家、一位环保专家、一位粮食专家，飞行途中，热气球忽然漏气，不能载重，必须丢出三人中的一个。三位专家分别于科技、环保、粮食各有所长，都与人类的命运息息相关，这时究竟应该牺牲哪一位呢？万千应答者众说纷纭，各执其是。结果是一名小男孩中奖，他的答案是：把最胖的那人丢出去。

29. 有“因”未必一定有“果”

因果关系没那么简单，请对“所以”保持怀疑态度，并小心对待它。

命运里的“因”需要有缘才会有果。命运常常被不经常发生的事件左右。碰到问题时不要直接反应说那是不可能的，不加考虑，就会被动地被事物的现象牵着鼻子走。任何事物的存在都不是只有一个条件，任何事情的发生都不是只有一个原因。不了解问题性质或决定条件所在的基础，其结果自然是无效或失败。因此，要在比你所习惯的更长的时间里暂不下结论。

往往是在许多小错误和问题汇总之后，才导致灾难的发生。显而易见的问题背后总是隐藏着什么，任何让你觉得不安的问题或感觉，都要及时找出答案来。如果是习惯的问题，就要问：为什么会出现这样的习惯问题？是怎样的心态、价值观和性格会使这种问题出现和长期存在？从一个现象的缺失当中（这里经常隐藏着因缘），可以比从其存在中捕捉到更多信息。你要找出困难和矛盾的地方，把问题分解为事实，进行集中思考（集中那些不确定性）。

主动权就是比别人更快更多地了解真实情况。重视背后的逻辑（找出背后的边界条件和根源），而非孤立的成功理由，才能够获得可累积性的智慧与因缘，而非刻舟求剑的经验主义；不明白因果，不仅容易徒劳无功，而且即便一时有所得，也会留下严重的祸患。

在需要的时候不耻下问，面对任何问题，如果你能够连续追问3个“为什么”，你的洞察力会快速提升。梅德韦杰夫（俄罗斯总统）告诉你：“我从小喜欢寻根究底，凡事多问为什么，知道了根源才好有的放矢地解决问题。我算是问出来的总统吧。”

30. 多一些疑问，但别怀疑天性

学会对于周围的事物（个人隐私除外）保持疑问的态度（疑心，能够激起你的想象力和行动能力），但不要成为“问号人物”，那会有失信赖。

在买房之前，先问问你的邻居是谁；每到一个新环境，都要先寻找出口；

一个人在家的时候，除了最亲近的人以外不要给他人开门；当你走进一个坐满了人的房间或车厢时，先问自己：我对这些人的看法如何？而不要想：这些人对我的看法如何？

在菜园里不要相信羊，在羊圈里不要相信狼。

有只蝎子请青蛙背它过河。“不行，那可不行。”青蛙说，“如果我背你，你可能会蜇我，让蝎子蜇一下可是会要命的。”“这是什么逻辑？”蝎子问道（因为蝎子凡事总讲求逻辑），“如果我蜇你，你会死，我也会被淹死。”青蛙被说服了，同意背蝎子过河。可就在河中央，青蛙感到一阵钻心的疼痛，意识到蝎子到底还是蜇了他。“逻辑呢？”垂死的青蛙大吼。它开始下沉，带着蝎子一起沉下去。“这根本不符合逻辑！”“我知道，”蝎子说，“可我忍不住——这是我的天性。”

31．好运来自化机会为成果，而不是解决旧问题

你对任何事件的回应都会影响到下一刻发生的事情，所以要立刻确认取舍并加以分析修正，避免殃及后来，这样你的力量会得到有效恢复，你的运气也会得到顺利的调整。

正确回应事件的有效方法是，透过问题，发现机缘。命运里的机缘常常被现实问题所掩盖，因此，你必须习惯于凡事着眼于机会，而非着眼于问题。化机会为成果，肯定比解决旧问题更能带来好运。任何时候都不能按问题带来的压力来决定事情的优先，那样必将牺牲许多重大要务或错失良机。

在决定哪些应该优先、哪些可以延缓这个问题上，最重要的并不是分析，而是拿出你应有的勇气来。几条参考原则：①重将来而不重过去。②重视机会，不能只看到困难。③选择自己的方向而不盲从。④目标要高，要有新意，不能只求安全和方便。实现了似乎不可能实现的目标时，突破才会出现。

有个国王，想从两个儿子中选一个做继承人。一天，国王给两个儿子每人一枚金币，让他们骑马到一个小镇上，去随便买一件东西回来。而在这之前，国王命人偷偷地把他们的衣兜都给剪了一个洞。傍晚，兄弟俩回来了，大儿子闷闷不乐，小儿子却挺高兴。国王先问大儿子发生了什么事，他沮丧地说：金币丢了，什么都没买到。又问小儿子为什么高兴，他说他用那枚金币买到了一个财宝，足以受益终生。这个财宝就是一个良好的教训：在把贵重的东西放进衣兜里之前，要先检查一番，看看衣兜会不会有洞。后来，小儿子被国王选定为王位继承人。

32. 让你的心态“风调雨顺”

心态是命运的控制塔。对待命运最不可取的态度就是：好的时候，忘了命运的恩赐；坏的时候，把全部责任都推给命运。不要老想着你没有的和已失去的东西，而要想着并热切地追求你认为最好的东西。

你拥有这些东西时，享受它们且毫不做作，并与他人分享；当你没有这些东西时，可以渴望去实现它，但不可以刻意去渴求它，在自己暂时无能为力的事情面前保持一颗平常心（没有污染、本然的平常心是道）。尤其是女人，练就这种心态需要一种特殊的力量感——可以因为要专心涂抹指甲油而挂掉恋人电话的那种难以被掌控、“也无风雨也无晴”的静气。

请注意，对你很想得到的东西要小心，因为你太想得到它了，容易误入歧途或圈套。

这样的心态，更能够使你看清楚表象里面隐藏的东西（包括命运秘密）。

心理学家史米利讲过这样一个故事：

小时候，每当我遇到烦心事不能自拔的时候，我的伊莱扎舅妈总是用“尽管……但是……”这样的句式开导我。她让我意识到，不开心的事情总是有补偿的。“尽管野餐因为上午的一场大雨泡汤了，但是下午我们可以去看电影啊！”伊莱扎舅妈总能让我从沮丧中解脱出来，甚至让我快乐起来。

直到今天，我依然认为“尽管……但是……”是个非常有效的好药方。

尽管你编撰的书不能按期付印让人感到心烦，但是一定有一些事情去补偿它。有时候，补偿甚至会超过你失去的。将你的眼光从眼前的悲伤转到接下来的某种可能上，你的心态就会变好。

生活总是会呈现给我们很多可以套用“尽管……但是……”的境况，倘若你只将眼光盯在“尽管”阶段，就会失去被“尽管”所掩盖的机会；如能及时移向“但是”，积极发现和创造某种潜伏的机会，如同乔治·W·布什（美国前总统）所说“我总是着眼生活中更光明的一面”，命运便会顺畅许多。

33. 给命运秘密一些泄露的机会

命运的舞台并不是无限广大，有时也许容不得你一直往前直冲。它有拐点，也有下坡路。正是在这里面隐藏着命运的机会节点。关键是能适时（例如不顾一切往前冲或者迷茫的时候）跳出自己的生活圈，即“出世”，退到幕后平心静气地与你的命运沟通一番，以一个旁观者的视角来审视圈中的那个“你”的状态和你周围的世界，划分一下事物的变化阶段、描述每个阶段的事物特性的变化。把自己最真实的处境看清楚，以发现机会节点。这也是一种避祸之道。

给命运的神秘留些空间，便能对命运秘密有新的发现。每天静静思考和放松10分钟，放松时做深呼吸（像闻花香那样深吸气，吸到丹田，停3秒钟，之后平稳呼气）。一天当中，起码应该有10分钟的宁静，让精神有喘口气的闲暇，有一个可以让阳光照进来的间隙。在一年当中，最好有一个月的安静生活，以免因长期陷入浮躁、动荡或机械循环式的生活而迷失方向，不辨是非，被无意义的事与人趁乱牵住鼻子走。

冥想是有效的方法。开始阶段，往往都是将注意力集中于某些重复性的行为（如呼吸），让身体保持某种姿势（如瑜伽姿势），并且尽量减少外界的刺激。冥想可以让精神放松，减少焦虑，特别是对于在充满压力环境中生活工作的人而言更为有效。冥想还能增强你的直觉力和认知能力，能帮助你顿悟。

请注意，在别人做白日梦或发呆的时候，不要去打扰。“做做白日梦”是脑部锻炼的有效方法，可以让头脑保持灵活。

34. 命运的主色调是趋势，而不是时尚

对世上流行的所谓热门或潮流可以适当关注，但绝不追逐，以免失去自我。当某种东西成为热门时，就会出现泡沫。如果你试图追随人生的每一个潮流风头，将注定被淘汰出局。例如，巴菲特在IT业最风光的时候不持有任何一家IT公司的股票，他说：“我一直尽最大的努力，对一些我不理解的东西，不去碰他。”马云说：“10年的创业告诉我，我们永远不能追求时尚，不能因为什么东西起来了就跟着起来。”彼得·德鲁克（当今世界最富盛名的管理学大师）提示你：任何人，只满足于随波而升也将会随波而降。

好运不总是免费的。好像存在一种宗教式信仰似的：更大的网可以捕捉更好的鱼。但事实证明恰恰相反，没有取舍是危险的。不是吗？一只猫在逮老鼠的时候，如果考虑尾巴怎么摆才漂亮，肯定会失败。史蒂夫·乔布斯说：“人们认为，关注就意味着对你必须重视的事情说‘是’。但它根本不是这个意思。它的意思是你要对现有的另外100个好主意说‘不’。你必须仔细挑选。”在关键时刻衡量取舍某些事情时，重点考虑的应该是，在不违背你的信仰和原则的基础上，是否偏离你的方向或使命，能不能与你的优势形成互动互补而获得可持续优势。

智慧的人不去追赶列车。李嘉诚提示你：“要永远相信：当所有人都冲进

去的时候赶紧出来，所有人都不玩了再冲进去。”大卫·罗斯柴尔德（洛希尔金融集团主席）对待热门的观点是：“做一个冷静的旁观者，而不是个积极的演员。”独辟发展自己优势的蹊径才能创造出伟业，在街道或过道上挤来挤去是不会有出息的。坚持做你热爱的事，并用心去体验本质，形成观点，寻找到属于自己风格的东西。幸运来自发展个性优势，而不是随波逐流地跟风从众，如李彦宏（百度公司董事长、创始人）所说：“认准了就去做，不跟风，不动摇。”跟风将导致命运动荡不安，甚至无路可走。

吉姆·罗杰斯（著名投资大师）给你讲故事：

过去，我在几个重要的投资决策上，曾经听从别人劝告而忽略自己内心的决定。奇怪得很，每次这样的投资都失败。于是我根据自己所做的决定采取行动。直到年过三十，我终于了解这才是最佳的投资之道。我记得小时候读过一篇关于游泳健将唐娜迪薇罗娜的报道，报道指出，早期她是个不错但并非顶尖的游泳选手，但是后来她在奥运会上拿到两枚金牌。究竟发生了什么？她回答记者：“以前我老是在注意别的游泳选手，但是之后我就学会无视他们，游我自己的。”假如每个人都嘲笑你的想法，这就是可能成功的指标！这个道理非常重要，你一定要了解：与众人反向而行是很需要勇气的。事实是，这世界上从不曾有哪个人是只靠“从众”而成功的。

35. 找到自己的路，上帝才会帮你

先掌握足够的智慧和真理，消除泡沫，认清真相，然后再决定向何处去。每个人的成长和命运都会有五彩缤纷的泡沫。比如，极端自负或自卑的情绪膨胀；脱离身边现实和必经的曲折过程，而直奔（最好空降）梦想结果的心态；热衷于流行文化等等。泡沫在蒙蔽甚至误导着你的眼光和路向。

自己的路，就是确实觉得从事那个领域是自己的真正使命，而不是简单地选择阻力最小的道路。准确找到自己的路，需要某种机缘，这并不复杂，但含有玄机。这种玄机，隐藏在你修为的过程中。施罗德说：“在我认识到该如何摆脱似乎给我安排好的狭小、有时甚至是压抑的生活环境之前，我寻找了很久。不是有目标的寻找，而是试探性的，瞻前顾后的。”王传福（比亚迪公司创始人、董事长）告诉你：“发展企业与人生成长都像爬大山，找山寻路是种学习过程，从中学习笃定、冷静，及如何从慌乱中找到生机。”

你能做的最好选择就是，勇敢尝试（尝试、感受、学习，这是领袖的咒语，如果你对自己的直觉有70%的信心，对形势有70%的掌握，就该采取行动），别太在乎对与错，多和身边的人坦诚沟通，然后反思，即用自问来识别

生命中的模式，比如：我看到、听到和学到了什么？是否观察或体验了应该记录的新事物？是否识别出了这种情况、机会或模式？同时还要保持一颗赤子之心（从李嘉诚到巴菲特，成功控制命运的人物都有一颗真诚烂漫的赤子之心）。这样，可以有效消除泡沫，增长胆识，逐渐掌握智慧发现真理，并获得机缘。

智慧是勇气最好的搭档（有勇又有谋，是最强大的组合），离了它就成了鲁莽。智慧=经验×反思2。多想几步，按你的远见而不是猜测、运用智慧而不是知识来规划自己的成长道路。斯蒂芬·柯威（当今世界最富盛名的生活艺术和领导艺术大师）提示你：成功——甚至求生的关键并不在于你流了多少血汗，而在于你努力的方向是否正确。

你最热爱并有潜力可发掘的地方，就应当是你的方向；你的目标应该是充分释放你的潜力、洞察力、创造力。你应该集中所有的力量、资源和时间帮助你最能干的一面成为最强大的优势，并让它获得机会、脱颖而出。

正确的方向，常常来自正确的问题。问问自己：我可以通过培育这个核心优势实现梦想吗？这种优势能保持长久吗？如果你能毫不含糊地回答“是”，就意味着你成功找到了自己的路的方向。当你决定把潜力转化为实际结果时，目标就差不多自发制定好了。你命运秘密的位置也正是在这个方向的路上。

他出生在意大利威尼斯近郊一贫困农家。他梦想当一名舞蹈家，可是因家境贫寒，14岁就辍学到一家缝纫店当学徒。

他每天都为无法去实现“梦想”而苦闷。有一天他觉得与其这样痛苦地活着，还不如结束自己的生命。在他准备自杀的当晚，他突然想起从小就崇拜的“芭蕾音乐之父”布德里。于是他给布德里写信，想拜布德里为师，并说道，如果布德里在一星期内不回信，不收他这个学生，他只好为艺术跳河自尽。

很快，他收到了布德里的回信。信里并没有提收他做学生的事，却说自己小时候很想当科学家，因为太穷无法上学，只得跟一个街头艺人过起了卖唱的日子……最后他说，人生在世，现实与梦想总是有一定的距离，在梦想与现实之间，人首先要选择生存。一个连自己的生命都不珍惜的人，是不配谈艺术的……

他被布德里的信“惊醒”。他消除“梦想”泡沫，踏实学习缝纫技术。23岁那年他去了巴黎，一心扑在服装设计与经营上，并迅速展露才华，28岁开设了自己的服装公司，他找到了自己的路。今天他的名字和产品已遍及全球，他就是皮尔·卡丹。在一次记者采访时他坦言，其实他并不具备舞蹈家的素质，那只不过是年少轻狂虚幻的梦，如果当时不放弃，就不会有现在的他。

◎ 拒绝命运的“自动驾驶”

控制命运似乎在迷雾里摸索，你可能在奋斗，但是不知道是否每天都在进步，也不能把必须看清楚的都看清楚。在每条路的交叉口，只能看清前方一点点，而且只能谨慎、缓慢地行走。破译了命运秘密，你仿佛突然走进一片天高路宽的开阔地，雾消失了，你可以看得很远。以后经过每个路口都不再需要那么谨慎，而且你能由行走转为奔跑。

36．对命运下注是投资，而不是赌博

投资是命运的另一个时代特征，人生本身也是一种投资。投资行为，在揭示着你的命运秘密和改变着命运走势。最有效的投资战略是高度集中于适合你的领域。“适合”是指你的脾气、个性符合这件事，并找到你的“刺猬理念”（见第62条）；“高度集中”是指集中于与刺猬理念中“三个方面”一致的事情，彻底放弃其他。吉姆·罗杰斯告诉你：远离自己未能完全了解的事情，假如你对自己不了解的东西下注，这不是在投资，而是在赌博。沃伦·巴菲特提示你：没有什么比赌博的心态更影响投资（尤其是命运投资）。

巴菲特在回答记者问他哪一次投资收益最高时，拿出一个发黄的笔记本说：“就是这个。这个笔记本是我小时候以0.5美元买的，现在已成为我最珍贵的财富了。”上面记录了他突然闪现的想法以及一些生活和投资经历，后面附有一些感受。下面是其中部分记录：

7岁那年，我向父亲要点零花钱，买一本很好看的漫画书，父亲不给，让我自己想办法。于是我只好像别的孩子那样去送报或做点别的短工。

11岁时，当许多同龄孩子读报上的体育新闻或玩球时，我以38美元的价格购买了城市服务公司的股票，没多久股票跌至27美元，我坚持不卖，最终以每股5美元的盈利脱手（要学会自己做决定，要有自信和耐心）。

12岁时，再次购买股票，价格一路暴跌，很久在底价上徘徊，遭受挫折（不要轻易涉足自己不熟悉的地方，不然很容易因为光线昏暗而跌倒；明亮的道路也不需要去了，那里太挤了）。

14岁时，我已经打了好几份送报的零工，并把它们当作一项业务来经营。当时，我每天送500份报纸，我把送报的路线安排得极为合理。我还利用送报的

机会向客户推销杂志，最大限度地增加收入（有时候，努力还不够，还必须用点智慧，有一个积极的心态）。

15岁时，我与伙伴联手在理发店安装了一个弹球机。随后，我又和人合作买了一辆劳斯莱斯，并以每天35美元的价格出租（开始创业时，一个人的力量是弱小的，我们需要一个伙伴）。

从开始上学我就养成了一个习惯，每天放学后，我都要阅读股票指数和图表以及《华尔街日报》。读大学后，我阅读了能够接触到的各种投资和商业类书籍，总共读了100多本，并把学到的知识应用到实际中，尝试各种投资方法，力图找到一套框架体系。犯了很多错误，也吸取了许多经验教训（要想做好一件事，必须了解和学习它，实践它。虽然遭受了不少失败，但是总算掌握了一些规律）。

巴非特的投资箴言（它们也适用于你破译命运秘密和控制命运）：

〇把所有鸡蛋放在一个篮子里，然后看好它们。

〇只投资自己懂得的东西。你必须知道你买的是什么。对我而言，投资最重要的是能找到"护城河"，这也是我自己的一个哲学。所谓"护城河"是说，我所投的这个公司或生意是竞争者很难进入与我竞争的，就好像一个护城河一样，我建立起很高的城墙，别人随便攻不破我，这是我判断要不要投一个公司时非常重要的标准之一。比如，啤酒或剃须刀这些产业中，基本没有"无品牌"的产品，或者杂牌东西对有品牌商品的威胁非常有限。这样，产业的持续性会比较强，通常而言，这些有品牌产品的"护城河"也更宽，更不容易被别人攻破。

〇你所必须做到的，就是约束情绪。我们也会有恐惧和贪婪，只不过在别人贪婪的时候我们恐惧，在别人恐惧的时候我们贪婪。

〇风险来自你不知道自己正在做些什么。股市不会原谅不知道自己在做什么的人，盲目投资等于通宵玩牌，却从未看清自己手中的牌。

〇我建议要谨慎，任何时候，任何东西，有巨幅上涨的时候，人们就会被表象所迷惑，价格越高越要加倍小心，更要谨慎。

〇有时候，我说简单但是不容易。不需要巨大的智慧，一般的智慧就可以，但很多时候需要一种稳定的情感和态度。

〇赚钱不是明天或下个星期的问题，我不懂怎样才能尽快赚钱，我只知道随着时日增长而赚到钱。我从来不做投机。

〇投资的精髓，要看企业本身。同样看企业也有不同的方法，从一个企业到另外一个企业，我看的是不同的东西。根本来说，我是看企业的价值。我的注意力在公司的赚钱能力上，从现在开始的未来五年、十年的收益，看你对公司的业务了解多少，看管理层是否值得喜欢并且信任。如果我认为它的价格跟赚钱能力比很值，我就买。正确的投资就是寻找到价值被低估的公司，然后按合理的价格买入。以合理的价格买优秀的公司，而不是以超低的价格买平庸的公司。

〇我们不喜欢参与被我称为“拉米纸牌”的投资。那种投资就是不停地将你目前最不看好的投资抛弃掉，再转而青睐另一样东西。

〇投资者似乎不得不一次又一次，而且以后还会再次吸取的一个教训是，你不仅不能通过亲吻把蛤蟆变成王子，也不能通过重新包装把蛤蟆变成王子。

〇多数机会出现在规模小的股票和特别债券中。

〇最值得拥有的公司能够长期以非常高的回报率利用大笔不断增值的资产；最不值得拥有的公司会反其道而行之，一贯以非常低的回报使用不断膨胀的资产。

〇我在投资中从来都是找“万变中不变”的东西，这样能把风险降低。例如，口香糖的生意。这个世界发展再快、科技进步再快，大家对口香糖的需要是不会变的。

〇世界上不会有人告诉你有什么好买卖，你必须自己去找。不过这非常耗时。如果你愿意在投资上面花很多时间，我建议你尽可能多看资料，你就会发现便宜货，一旦发现就马上行动。例如，我投中石油时，没有看股价，我通常都是先不看股价，因为怕受影响。我先是看了中石油的基本资料，自己做了一个估值，发现公司值1000亿美元，但当时中石油股票所反应出的价值只是350亿美元，于是，我就买了中国政府能够允许的最多限数。

〇如果你是消极型投资者，我只建议你在很长一段时间内持续买入指数基金。

〇我要告诉你的一件事就是，最差的投资就是持有现金。虽然大家都说现金为王，但随着时间流逝，现金的价值将下降。相反，好的企业会越来越有价值，而且你不需要花太多时间关注好企业，你只需要找到并投资于这些好企业。长期内现金是无利可图的投资。但你总要有足够的现金，以避免别人可以决定你的未来。

李嘉诚的投资理念（它们也同样适用于你破译命运秘密和控制命运）：

〇进取中不忘稳健，稳健中不忘进取，这是我投资的宗旨。

〇中国古老的生意人有句话说，“未买先想卖”，就是我的想法。当我购入一件东西时，会作最坏的打算，这是我在交易前99%所要想的事情，只有1%的时间是想到可赚多少钱。

〇我觉得投资者买股票最重要的是要看PE。记得1989年，日本的股票最高

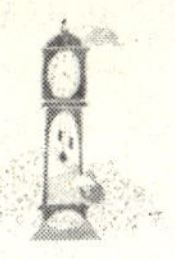

到了差不多3.8万点，很多股票的PE高到不合理，我一股都没买。直到现在，日本的股市还没有恢复到原来价格的1/3，所以这个情形，最关键是要看PE是不是高到离谱，要小心。

○好的时候不要看得太好，坏的时候不要看得太坏。

○投资时我先设想，投资失败可以到什么程度？成功的多几倍都没关系，我也曾有投资赚10多倍的，有的生意也做得非常好，亏本的非常少，因为我不贪心。我并没有赚快钱的机会，因为我比较小心。

在2007年5月，全球金融危机爆发之前，李嘉诚曾几度提醒投资者需谨慎。为什么他能感知连诸多华尔街大银行都忽视的灾难？他的回答朴素又富有玄机："这是可以从二元对立察看出来的，举个简单的例子，烧水加温，其沸腾程度是相应的，过热的时候自然出现大问题。"

37. 控制命运就是抉择

在需要你抉择的时候，命运不会因为这很重要或者你还没准备好而停下来等你，它总是匆匆而过。成功的抉择取决于你曾经的积累（准备）和当时稳定平和的心态，如同巴菲特所说："这是50年的准备以及5分钟的决策。"

冷静掌控每一次抉择的全过程：抉择前"重重"思考，抉择后"轻轻"放下。可以把影响抉择的因素列一张"利弊对照表"，包括"最好的可能"和"最坏的打算"。哪些利弊对你来说最重要？这些因素是否符合你的价值观、原则和方向？是否可以控制？当你面临一个风险较大的决策时，一定要确定是什么在驱动风险，是哪个关键因素造成了这种风险，你需要掌握哪些信息以确定这种风险到底有多大。对重要决策注意避免使用经验模式或直觉，清醒辨别情感与经验事实之间的区别。关键是，不要过多考虑利益得失（耗费很多时间考量患得患失，就会使你忽视事实而陷入麻烦），先搞清楚自己到底想要什么（你真正想要的，应该早在年少时就有蛛丝马迹或有所积累，并非突然空降的），因为这个选择决定你会成为什么，并勇于承受随之而来的风险，但不要把承担多大风险或责任作为考虑问题的出发点。阿伯拉罕·扎莱兹尼克（美国著名管理学者）说："要集中关注实质性问题。作出决策，意味着得关上所有其它的门，从一个门走出去。"

另外，也要及早考虑自己能够承受多重的负担。郭广昌（复星集团董事长、创始人）提示你："做个正确的选择不难，难的是坚持。"只要你开头诚实而勤奋，努力弄清所面临的真实情况，就会做出正确的决策。

当你自估的成功概率达到40%～70%时，就该去做这件事，也许你会失败，但拖延或等待的代价往往更大。坐等形势更明朗后再有所动作，你必会痛

烧水加温，其沸腾程度是相应的，过热的时候自然出现大问题。

失良机。汤姆·彼得斯（著名管理学大师）提示你："第一次就做好"的思想是很愚蠢的，那是个陷阱，是个错觉。微软和索尼等巨星企业，他们对"首次"发生的事件不会给予长时间的思考，他们的行动很快，下一次的行动更快。

请注意，①"决策于不仁者险。"每个决策都要同你的愿景、使命与道义挂钩，如果你志在顶峰，那就别在半坡留恋（始终把愿景牢记心中，将为你赢得效率与协调）。②只能在心平气和的情况下去做抉择。在你很开心的时候，尽管去开心（大笑有益身体健康，研究发现，与大笑有关的情绪可降低压力激素，增加某些免疫细胞并激活其他免疫细胞）；有的时候你也许会悲伤，那就去悲伤（很伤心或委屈的时候，可以偷偷地嚎啕大哭。研究发现，悲伤的人往往更具怀疑精神，悲伤情绪会使得人的思维方式变得更具体、更系统、更可靠）。只是在这两种情况下请牢记：一、都不要时间太长，此时最需要长远眼光；二、都不要做抉择，尤其是大事。不过，悲伤的时候可以多做些分析思考。尤其在大喜、愤怒和仇恨的时候坚决不要做任何抉择。"盛喜中，勿许人物；盛怒中，勿答人书。"③卡尼曼告诉你的一个实验结论：我们在评价某种经验时，有时间长短的因素。也就是说，最后阶段的痛苦或欣悦程度决定了我们对整个事件的记忆与评价。这对你预期某种决策以及每天利用这一"捷径"做出多种决定极为有用。

李嘉诚告诉你：

决定大事的时候，我就算百分之百地清楚，也一样要召集一些人，汇合各人的资讯一起研究。这样，当我得到他们的意见后，看错的机会就微乎其微。

能在不景气的时候大力发展，就是在市场旺盛的时候要看到潜伏的危机，以及当它来临时如何应对，这是需要具备若干条件的。关键在于要做足准备工夫，量力而为，平衡风险。我常说审慎也是一门艺术，是能够把握适当的时间做出迅速的决定，但是这不是议而不决、停滞不前的借口。

我是比较小心，都是步步为营。有一句话，我牢牢记住："穷人易过，穷生意难过"，所以小心翼翼，可以讲，如履薄冰。

德鲁克是这样说的：

〇你需要的是决策的结果，而不是决策的技巧；你需要的是合乎情理的决策，而不是巧妙的决策。

〇只要打算做一项正确的决策，就会将了解"对方"作为探求"另一方案"的方法。见解的冲突正是"工具"，运用这项"工具"，才能保证自己看清问题的每一面。

〇决策如果真有困难，十有八九是出在不必要的细节上。

〇边界条件（即最低限度应该达成什么目的？应该满足什么条件？）说明得越清楚、越精细，做出的决策越有效，越能解决问题。探求边界条件的方法，是探求“解决某一问题应有什么最低需要”。对边界条件必须保持清醒的认识，这能提醒你一项决策什么时候应该抛弃。

〇做了新决策，可能有什么收获和风险，不做又可能有什么损失。如何比较？通常没有一定的公式。但是，实际上只要遵循下面两项原则就够了：第一，如果利益远大于成本及风险，就该行动。第二，行动，或不行动，切忌只做一半或折中。

〇要知道，最骗人的决策，是正反两面折中的决策，最危险的决策，是勉强可行的决策，是唯有在一切顺利的情况下才能达成的决策。

史蒂夫·乔布斯告诉你：

提醒自己即将死去，是我面临重大抉择时最重要的工具。因为所有的事情——外界的期望、所有的尊荣、对尴尬和失败的惧怕——在面对死亡的时候，都将烟消云散，只留下真正重要的东西。在我所知道的各种方法中，提醒自己即将死去是避免掉入畏惧失去这个陷阱的最好办法。

牛根生（蒙牛集团创始人）如是说：

在商业决策中，是逻辑说了算，还是直觉说了算？

纯逻辑式的决策与纯直觉式的决策实际上都不存在。为什么？因为所谓决策，就是以已知决未知——已知部分靠逻辑，未知部分靠直觉。完全地“从已知到已知”，这叫运算，不叫决策；完全地“从未知到未知”，这叫冒险，也不叫决策。那么，一个成功的决策，逻辑应该占多少，直觉应该占多少？这个问题实际上没有答案。有时候逻辑多些，有时候直觉多些。但我觉得，比较稳妥的决策模式应该是：逻辑控股，直觉补充。或者说：稳妥决策，51%以上逻辑，49%以下直觉。

如果已知较少，而未知较多，那么，是等待，还是决断？

猛虎突然向你扑来，你是不需要逻辑论证“我是否是武松”的，唯一正确的选择就是：打！在一定的事态下，有把握要行动，没把握也要行动。直觉的冒险，胜过逻辑的迟疑！

38．好运偏向决断力而不是精明

精明和决断力或魄力是两码事。一些精明的人能够也愿意无休止地从各个角度来分析问题，但是，有决断力的人却知道什么时候应该停止评论，即使没

有得到全部信息，也会及时做出坚决的决定。

拿破仑·希尔（美国著名成功学大师）说："在分析过数百个富豪的性格之后，我发觉一个事实：他们每个人都有果断下决心的习惯，如果他们决定了的事需要改变，他们会缓缓地改变。相反，无法聚存金钱的人，几乎没有例外，全部都需要很长的时间才能决定一件事，而且时常迅速地变更决定了的事情。"

迟疑不决、优柔寡断的性格只能把自己及他人带进不安的状态，甚至会成为控制命运的致命伤。丘吉尔（20世纪最伟大的政治领袖之一、诺贝尔文学奖获得者）能够控制自己乃至国家的命运，关键因素就是他果断而无畏的本性。他憎恶拖延、妥协，以及中庸和粗鄙的利益算计，做决断时很少使用大多数政治家所遵循的程序。他说，我的特点是，事端距离越近，我就变得越果断。

不确定性会导致瘫痪，而且如果犹豫不决，就死定了。刘长乐告诉你："停在半空中要花费的力气和继续上山花费的力气其实相差无几。战场击鼓，再而衰，三而竭。攀登险峰最初的原动力就是勇气，而一旦勇气消耗殆尽，上不着天下不着地的山崖，更让人魂不附体。这时候，只有重振勇气，才能向死而生。"

请注意，有魄力可以是一种财富，也可以是一种毒药。过于强硬的个性，会阻碍一个人直面残酷的现实。决断力，不是始于远见卓识，而是始于勇敢面对残酷的现实，并依据现实积极地采取行动。在进行重要行动之前的一小段时间里，将工作抛到脑后，将焦虑情绪延缓10分钟，不做——而不是少做——最有助于恢复和聚集能量。另外，太精明会丢失福气。上帝喜欢站在憨厚（也被一些人称为傻子）的人那边。

39. 有一段距离叫机会

刺激与回应之间存在一段距离，这段距离就是你做决定的"那一刻"，命运往往就决定于"那一刻"。

如何利用这段距离？

斯蒂芬·柯威告诉你：你可以选择甚至改变回应的方式，还可以选择成为或影响这种刺激。选择的自由包括人类特有的四种天赋：①自我意识。②想象力，即超越当前现实而在头脑中进行创造的能力，它能让你在心里演练那些尚未释放的潜能。③良知，即明辨是非、坚持原则、判断思想与言行正确与否的能力，它能让你遵循自然法则或原则，确定自己的方针与方式，以便将这些能力付诸实践。④独立意志，即基于自我意识、不受外力影响而自行其是的能力。

从自己的影响圈入手（影响圈是指可以被自己能力所掌控的范围，自己力所能及的、能左右的内容），利用想象力、良知、自我意识的结合，练就感知、分辨和控制刺激与回应之间的这段距离的胆识，一旦得心应手，便可以控制乃至改写自己的命运。如何练就？请结合本书其他内容进行。

奥普拉，1954年出生在美国密西西比的一个小镇。她的父母没有结婚，并在她很小的时候就已分手。直到6岁，她才离开外婆，回到母亲身边。那段生活混乱不堪，13岁，她因遭到强奸和侮辱而屡次离家出走，差点被送进少管所；14岁，她产下一个早夭的孩子……到80年代站稳了脚跟，奥普拉勇敢地把这段不堪回首的童年经历公之于众，并承认这些对她后来的生活产生了深远的影响。

14岁之后，她与父亲一起生活。父亲曾对她说："有些人让事情发生，有些人看着事情发生，有些人连发生什么事情都不知道。"奥普拉对这个"刺激"的回应是：我想知道自己生命中究竟会有什么事情发生。她开始改写自己的命运剧本。

17岁，她夺得了"田纳西州黑人小姐"的桂冠。后来进入州立大学学习大众传媒，并成为当地电视台第一个非洲裔记者。"我采写新闻很不成功，差点儿被解雇。当时新闻部主任付给我的年薪是2.2万美元，他们认为这样太便宜我了，所以让我去主持早晨5点半开始的5分钟访谈节目。"这实在有些歪打正着，因为她自己也觉得她不是当记者的料。她再次改写旧的命运剧本。

1984年，"芝加哥早晨"的老板让她接手这个半死不活的电视节目，一个月后，节目收视率扶摇直上，一年后改名为现在大家所熟知的"奥普拉·温弗瑞秀"，并打造出了电视史上最高收视率的脱口秀节目。之后，她又自办制作公司，把节目收归旗下，兼任老板和主持人。2005年《福布斯》百位名人权力榜上她荣登榜首，成为当今世界上最具影响力的妇女之一。

40. 最贴近好运的途径

你可以给自己的路分段，但是绝对不能分岔。毕竟人生旅途的岔路很多，一不小心就会误入歧途而偏离自己命运的轨道。分岔将命运引进了风云与泥泞。许多人拼命埋头苦干，只顾赶车，不顾看路，车到站了却发现自己搭错车，但为时已晚。所以忙碌的人未必有好运，也未必出成果。

短期目标与正确原则和个人使命联系得越紧密，越能避免"搭错车"，效能也就提高得越多。李兆基（香港恒基地产主席）提示你："白手起家，需要天时地利人和，一定要配合时势和环境，个人才智也不可缺乏，但最重要的是千万不要入错行。"

老子说，“慎终如始，则无败事。”以终为始，先牢固确立你的核心目标——高于赚钱的本质原因。时刻盯着这个目标，你的洞察力会提升为可执行洞察力（这是一种能判断出哪些机会最可能改变命运的能力）。

刘长乐说：不论哪个年代、什么职业、何种手法，要想成就一番业绩，热爱、敬畏到忘我或许是唯一途径。

他从小就喜爱音乐，渴望有一架自己的钢琴，但他知道母亲一个人很不容易，也不富裕，他没向母亲开口。母亲看出了他的心思，说：“孩子，只要你是真心热爱音乐，妈妈会给你买钢琴的，但一定要善始善终。”他在幼小的心灵里暗暗发誓：我一定要对得起妈妈！

高中毕业后，他没能考上大学。母亲给他找了一份工作，他不想去，说：“妈妈，我的梦想是音乐。”他去了一家酒吧做钢琴师。

工作之余，他不停地写歌词，自己谱曲自己演唱。后来，一个偶然的机会，台湾著名艺人吴宗宪发现了他，将他带到自己的公司做音乐制作助理。他依旧不停地写歌，但多被吴宗宪搁置一旁，有的甚至招来一顿批评。

他有些失望，但从未动摇对音乐的热爱。“总有一天，我的音乐会被人接受的。”他一直这样鼓励自己。一天，吴宗宪告诉他：“现在有个机会给你，在10天内，写50首歌。”他有充分的积累和准备，所以很快完成。之后吴说：“自己挑选出10首，自己演唱。”他的第一张专辑问世了，轰动整个华语乐坛。

他就是周杰伦。对自己的成功，他感悟道：“因为热爱所以坚持，因为坚持所以成功。”

41．找到那些能够“把信送给加西亚”的人

控制命运，要找对事，更要找对人。从“选人”而不是“做事”开始，你就能更加容易适应这个变幻莫测的世界。

对的事，就是顺乎天道与人道，切合你的兴趣和潜力，同时也适合你的“天时、地利、人和”等条件；对的人，就是他们的信念、兴趣和需要与你同道、互补或互助。钟彬娴（雅芳全球董事会主席兼CEO）说：“我认为那些能够提升你职业前景的人很重要，这就是为什么我做到了当今的职位。”诸葛亮（三国时代军事家、谋略家）说：夫为将之道，必顺天因时依人以立胜也。故天作时不作而人作，是谓逆时；时作天不作而人作，是谓逆天；天作时作而人不作，是谓逆人。智者不逆天，不逆时，亦不逆人也。

大人物们从来就不是单枪匹马上阵，他们几乎每个人都有一个甚至多个不可或缺的优秀伙伴。优秀伙伴可以把你推向卓越，帮助你脱离琐碎的困扰，在

你犯糊涂时把你浇醒。约翰·塞恩（纽约股票交易所CEO）说：“把手头的事情做到最好就是我行动的动力，不过，我更愿意通过一群人的努力来成倍增加我对社会的影响力。”

告别单打独斗。但要记住，你需要的是同志而不是同谋，是团队而不是团伙。“与有肝胆人共事。”“肝”是指有信仰、真情、激情、毅力、正义、忠孝心等；“胆”是指胆识、信心、正直、勇气等。真正的大事业，通常只会由思维开阔、内涵丰富的头脑，经由忘我的合作精神——互敬和双赢——取得。德鲁克提示你：“各路英雄的合作，贵在自动自发，贵在能依循情势的逻辑和任务的需要，而非仅依赖正式的组织结构。”

“一个人最有价值的资本就是他所挑选出来的和他并肩作战的那些人。”霍华德·舒尔茨（星巴克董事长）告诉你：跳出自我，找出自己所不具备的技能和特点，并聘用具备它们的人。更需要那些与自己有相似价值观的人。彼此间不是靠不同的分工和金钱加以维系，而是靠着共同的梦想：构建一个能够在赢利能力、股东利益、仁爱之心以及社会良知之间保持脆弱平衡的公司。如果你有合适的人和你“同舟共济”，就无需去指责，只要去理解和学习。不要忘记在付薪水的时候又送上一份尊重。

布什曾说：“我正在寻找那些能够‘把信送给加西亚’的人，并邀请他成为我们团队中的一员。正是这些无须他人监督就能主动完成任务的人，改变了整个世界。”

《把信送给加西亚》的故事，讲述的是1898年美国与西班牙之间爆发了一场争夺殖民地的战争。当时的美国总统麦金莱急需一名合适的特使，去完成一项特殊的重要任务，把信送给在古巴丛林中作战的加西亚将军，但是没有人知道他的确切地点。军事情报局推荐了安德鲁·罗文。罗文接过信，不讲任何条件，孤身一人，历尽艰险，走过危机四伏的国家，途中受到敌人的多次包围，他想方设法逃出来，以绝对的勇气和不屈不挠的精神，徒步三周后，在古巴的丛林里找到了加西亚将军，成功地把那封信交给了他。

42. 最多只超前一步

不同的角度、不同的观点相互协作和挑战；同时对事物持不同的看法（多元观点）；能够形成许多概念，并把既定的概念推广到比较广泛的关系中去。这些都很有助于你规划未来。但什么时候都不要过度规划你的未来——无论是近期还是长远的未来。过度规划，反倒会影响你的视线和灵感，也将扰乱你的命运。

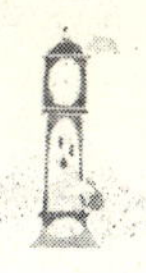

“在队伍中不要如此超前，以至于人们忽略了你还在其中。”最多超前一步，过于超前通常会与命运拧巴，而遭到惩罚。

请听理查德·瓦格纳（通用汽车前CEO）的演讲：

从我的切身经验中，我能给出的最重要建议就是：不要过度规划你的生活。万事皆在变动，无法预料的各种机遇将不断出现在你面前。因此，现在你能做的就是尽量把手头上的事做好，当机会出现时，保持一颗开放的心。

当年我从杜克大学毕业，思考下一步该怎么走。我打算在当年秋天去读哈佛商学院。除此而外，我只知道一件事：让自己离家近点儿。要知道，在32年前，没有互联网、没有手机，甚至打国际长途都是一件大事情。所以，当我在1977年完成学业时，便加入了通用公司在纽约的办事处。当他们问我愿意在哪里工作时，我说，除了海外工作都可以。

结果，我被派到了海外。你知道后来怎么样？事实上，我太喜欢这份工作了。

四年后，我又一次面临选择。公司问我是否愿意担任通用在巴西项目的财务人员时（很明显，如果我答应了，就必须搬到巴西去），我想我肯定不会去——当时，我的妻子有一份很好的工作，我们刚刚买了房，并且还能在杜克打篮球。当天晚上，我回家问妻子是否愿意搬到巴西，出乎我的意料，她很兴奋地叫道“愿意”。从那时起，我和妻子凯西在国外整整生活和工作了11年：我们先后去过巴西、加拿大、欧洲，最后又回到了巴西。这对于我成长为一名公司的执行官是一段不可多得的经历，毫无疑问，这是我能寻找到的最好的学习体验。

所以我的建议是，变得灵活些、柔韧些、“全球化”些，对世界向你提供的一切怀着开放的心态，你将吃惊于自己所能学到的东西和做出的贡献。

32年前，我坐在你们现在的座位上，对于科学技术在我们的生活中、专业中、社会中将要扮演的巨大角色没能做出正确的估量。

我本人在汽车业已干了近30年，现在，我头一次能真正“看到”汽车的未来：它们的耗油量将更少，二氧化碳排放量将更少。未来，美国还会出现从玉米、纤维素中提取的生物燃料、由新式电池或燃料电池驱动的小轿车和卡车，这些都要感谢令人惊异的技术进步。

因此，不管你进入了哪个领域——机械、教育、商业、政府部门——都要准备好拥抱技术提供给你的机会，去帮助解决民族乃至全球面临的挑战。

世界上的确有很多非常聪明的人，而把真正的领导者和做出杰出贡献的人与其他人区分开来的，是激情和热忱。不过，需要提醒你们的是，即便你有了过硬的专业知识、有了激情、也有了可以感染他人的热忱，你仍会面临挑战。

一年半前，一些所谓的“专家”宣称通用公司正走向破产，我应该下台。那段时间，我的日子可真是不好过。哪怕是一些伟大的机构，比如我们的母校杜克大学，也曾经面临过挑战。然而，成功者和真正伟大的机构（比如杜克大学和通用），还具备更重要的特质：达观、坚持不懈。不管挑战有多大，不管未来看起来多么悲观，他们绝不放弃。

照我的经验来看，真正成功的人是在生活中明确了自己“优先级”的人——他们认为自己只能在一部分事情上表现出色，然后一股脑地把激情和热忱投入到这些事情上。我的“优先级”就是我的家庭、朋友、通用公司和一些慈善、教育活动。这就是我所能做的全部——如果我想把事情做好的话。

你们是明天的领导者，有充分的机会运用你们的才华、激情和创造力。千万不要低估你能给旁人带来的影响，努力把世界建设成一个更美好的地方。这需要我们都参与进来，勿以事小而不为，因为这些小事都会为我们的未来加分。

祝你们好运！

43. 控制命运，51%取决于你对人（包括自己）的判断

更多的时候，不敲几下，你很难知道一个西瓜的好坏。人也是这样，需要学会“先诊断，后开方”。

李克（战国时代魏国谋士）提出辨析人的五要素：屈视其所亲（在他受委屈、不得志时，看他常跟谁在一起）；富视其所予（看他如何支配自己的财富）；达视其所举（他处于显赫之位时，看他推崇什么或选拔怎样的部属）；穷视其所不为（在他穷途潦倒时，看他不做什么）；贫视其所不取（看他在贫困之时的行为取向）。

诸葛亮识人用人的精髓是：问之以是非而观其志（探讨是非曲直问题，看他的态度、观点、志向与兴趣）；穷之以辞辩而观其变（辩论到理屈词穷时，看他的应变能力）；咨之以计谋而观其识（征求意见与谋略，看他的才智与胆识）；告之以危难而观其勇（在危难面前，看他的胆略与意志）；醉之以酒而观其性（一醉方休后，看他的人格与品性）；临之以利而观其廉（面对利益诱惑，看他的廉耻）；期之以事而观其信（托付其重要事情，看他的诚信）。

检验人性的试金石是“利益”。根据一个人如何对待自己、他人以及公共利益，可以检验他是否靠得住。尤其是当一个人面对改变自己命运的时刻，最能体现出真实本性。根据能使一个人生气的事情的性质，可以判断出这个人身价的高低，“不轻易发怒的，大有聪明；性情暴躁的，大显愚妄。”“看一个人的心术，看他的眼神；看一个人的身份，看他的对手；看一个人的底牌，看他的身边好友。”看一个人的人品，不但要看他好起来能做什么好事，而且

要看他坏起来不做什么坏事。看一个人都读什么书，也有助于你了解他。在各种比赛中，如篮球比赛，能显露一个人的真实性格。如果你想知道一个人的脾气、道德水平和优雅程度，你需要在严峻的环境考验下，而不是在玫瑰色的日常生活中观察他。林肯告诉你："几乎所有人都可以忍受逆境，但如果你想测试一个人的品格，就给他权力。"

有时候，一个人似乎可以一眼见底，那并非是他太过简单、不够深刻，而是他纯净成熟得晶莹剔透。那些看起来很复杂、云遮雾罩、似乎也很有深度的人，其实，是一种城府的深度，而不是灵魂的深度。这种复杂或深度，更多的是险恶，而不是智慧。

要提防那些永远不吃亏的人；警惕那些常拍胸脯的人；小心那些一无所有或穷途末路的人；不能相信从不对任何事情感到羞愧或从不被感动的人，以及那些过分要求你以诚相待的人。请注意，许多人认为，要赢得他人的忠诚，最好的办法是给其恩惠。但事实正好相反，真正对你忠诚的，却是给过你恩惠的人。另外，善意与忠诚是可以信任但却不能依赖的东西。

当跟别人见面时，在7秒之内，就对对方作出一个基本的评估。你喜欢这个人吗？你觉得舒服吗？在形成整体印象之后，尽量多地发现他身上的特质。观察他的眼睛、脸、神态、气质和声音。这个练习能锻炼你对别人的感知力，读懂别人的言外之意。从而更容易洞悉别人的细微变化。

看人准，出手快，同时做到这两点也是避祸之道。

美国电视制片人艾雷斯，为制作关于街头流氓的纪录片，采访了一帮年轻的小流氓。其中的头目是个才17岁的小伙子，他显得精神头儿十足，自称在他的抢劫生涯中，每周能获得1万美元。艾雷斯问他："你都会向哪些人下手呢？"流氓头回答："那些一个人低着头走路，看见我时似乎有点害怕的人，是最好的下手对象。"艾雷斯："你会找我吗？"流氓头："不会。我可不想惹你。""为什么？""我刚才进屋的时候，你直瞪着我的眼睛，还上下打量我，好像在看能不能把我打倒似的。这样的人千万不能惹。"艾雷斯感慨道：这个小流氓都知道，干他们这行"业务"也要凭着观察，在极短的时间内，判断对方是否是恰当的"合作"伙伴。

44. 战略的本质就是选择不做哪些事情

所有出类拔萃的人物都一样——不仅仅关注哪些事能使自己成为人物，他们同样也关注哪些事不该做。具有普遍意义的审慎原则提示你：不宜把战线铺得太开（全面铺开战线可能导致一事无成）。"战略的本质就是选择不做哪些事情。”通过斟酌选择，最后逐渐清晰的知道必须做和必须不做的事情，就是你破译命运秘密和导演命运的“关键词”。

沃伦·巴菲特提示你：“要赢得好的声誉需要20年的时间，而要毁掉它，5分钟足矣。如果明白了这一点，你做起事来就会不同了。”在感到不知所措的时候，你可以用“母亲测试法”，即在事前想一想：明天，如果在一份你的亲朋好友、尤其是你的母亲都会阅读的报纸上，你做的事成为头条新闻，你会不会因此而感到羞愧？会不会无法面对自己的良心和母亲？如果不会，你做的事才对得起你自己的价值观。

迷惑时怎么判断下一步的另一个方法，是儒家教给我们的一个行为准则——止于至善。就是说，叩问自己的心灵来判断一下，你在做的这件事究竟有什么意义，目的是不是纯善，方法是不是合乎人道。做了会怎样（包括现在和将来分别会怎么样）？不做会怎样？同时想一想怎么能使自己快乐，也使别人快乐，答案就有了。柳传志说：“做所有事之前，我都会问自己：我为什么要做这个事？所谓复盘，也就是所有的事都扣着最初的目的去做。”

还可以用“第一等人”的观点去做出取舍。例如，富兰克林·罗斯福曾说，他每逢遇到困难的问题时，就抬起头来看着挂在墙上的林肯的相片，问自己：“倘若林肯遇到这个问题时，他将怎样做呢？”

请注意，以上方法必须在你心平气和的状态下去运用才有效。

19岁的麦克阿瑟（美国陆军五星上将，曾任西点军校校长）进入他梦寐以求的西点军校不久，在训练中遭到高年级学生的残忍捉弄，发生昏厥。事后，在接受法院对这一恶性事件的调查时，虽不情愿，他还是配合调查道出了详情。但是，当法院要求他讲出恶作剧的学生时，他犹豫了：如果讲出他们的姓名，使其受到惩罚，对于一个遵奉荣誉原则的美国人来说，这是一种变相告密，而在他们看来，告密是人类所有劣行中最不名誉的一种。然而如果拒绝服从命令，他可能被开除。这意味着他儿时梦想的破灭。这时，母亲曾经送给他的一首诗帮助他下了决心。诗的意思是说，人们将以孩子的表现来判断母亲的品行。如果羞耻抹黑自己的名字，母亲也将蒙受耻辱。麦克阿瑟有着良好的家庭教养，维护个人和家庭荣誉的责任感不允许他告密。于是他不顾可能发生的前途危机而选择了沉默。这个选择使他赢得学员们的普遍尊敬。

45. 帮助你更好地驾驭命运的是“问题”

就像不能怨恨命运一样，也不能怨恨问题。碰到复杂问题时，你要耐心地像解扣子那样将它掰开，寻找根源与解决办法的方向，并从容易的部分着手，

结合来龙去脉，加以清晰简明地解释，注意描述事物内部的各个要素是如何相互影响和相互依存的。学习巴菲特用简单的语言来分析复杂的事物，问题一旦简单明确地陈述出来，也就解决了一半。

从“人性关怀”的理念与角度去思考和解决问题，往往最少犯错，也最有力量。但这并不是要你只看到人的因素，那样解决办法就会流于个人感情。你看到的是非个人因素，问题的解决会更客观、更有效。也不要自以为是（认为自己拥有现成的答案）地把难题当做技术性问题处理，那会陷入某种模式化。

有些时候，找不到答案就去找问题，尤其是常识性问题和自身问题。找到了正确的问题，答案就出来了。如爱因斯坦所说：“如果我有一个重大的难题需要在一小时内解决，我会花55分钟找出正确的问题；一旦确定正确的问题，5分钟内我就能够解决问题。”找问题的有效方法是，设身处地地从细微之处、正反两方面着手。当一个方法失败时就应当试试另一个完全相反的方法。老子（古代伟大的哲学家和思想家，道家学派创始人）说：“反者，动之道。”丰田喜一郎（日本丰田汽车创始人）说：“我们习惯于把事情倒过来看。”要想描述知识的反面，你应该学会避免使用为知识所造的词语。

下面这个故事体现了从找问题着手、从小处着眼解决问题的精髓：

一辆卡车被卡在桥下，两辆卡车和吊车赶来救援。一个小时过去了，他们还是没有办法把它拉出来。这时一个15岁的男孩冲着桥下的师傅喊：“把卡车轮胎的气放了。”轮胎里的气放了之后，大家没费什么力气就把这辆卡车拉出来了。

请注意，不能把过程中所有的问题平均看待，必须把它们区别为主要的和次要的两类，先去解决那些有价值（有贡献）的主要问题——能起关键作用的核心问题。以“重视贡献”为原则和标准。乔治·布什说：有人问法国作家让·科克多，“如果房子着火了，而又只能带走一样东西，你会拿什么？”“我把火拿走。”他这样回答。他喜欢的是起作用的东西。对，我也是。此外，奥卡姆原则提示你，“如果你有两个类似的解决方案，选择最简单的。”

安妮·马尔卡希（施乐公司总裁）送给你的“沟中母牛”：

在一次有许多商界名人参加的早餐会上，有一位客人说话直率，他白手起家，应对环境变化的能力极强。他说：“每当事情变得太过棘手，而你又觉得无能为力，就这样考虑，你要做三件事：首先，把母牛从沟里拉出来；其次，搞明白母牛是怎么掉进沟里的；最后，确保你已经采取了必要的措施，让母牛不会再掉进沟里。”

应对大问题或复杂情况的最佳策略是把大问题分解成更容易应付的小问题。

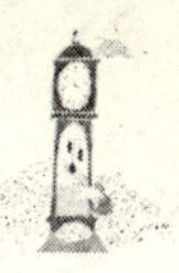

我得到的这条建议现已成为施乐公司的准则。每当我谈及施乐公司的转型，我都会从沟中母牛讲起。首先，是生存；其次，要想明白发生了什么；最后，从中吸取教训，然后确保设立醒目的标记，永远不再重蹈覆辙。现在，“沟中母牛”已经成了公司领导团队的口头禅。一个非常简单的常识性故事，却能让人立于不败之地。

津巴多（著名美国心理学家）等心理学家提出的，辨识问题、选择策略的方法以及解决问题的障碍：

(1) 辨识问题：假如你正驾车行驶在公路上，你的车突然噼啪作响，然后抛锚了。你发现油表显示没油了。怎么办呢？为摆脱困境而采取的行动取决于你如何界定问题。如果你认为汽车没油了，那么你会到最近的加油站买汽油回来。不过也许你会失望：把问题界定为没油了，可能会让你没有注意到连接蓄电池的电线松了，所以，不但火花塞无法点火，而且油表也无法正常工作。好的问题解决者不会轻易得出结论，而会在采取行动之前掌握尽可能多的信息，考虑所有的可能性。

(2) 选择策略：成功解决问题的第二步是选择适合当下问题的策略。对于简单的问题，重复尝试的方法是有效的。专业领域的问题还需要专门的程序和公式，这种按部就班的程序和公式叫做算法。此外，专家级的问题解决者还有一套更为直觉、但较不精确的策略，叫做启示。下面是三个有用的启示：①逆推。一些问题头绪太多，让你不知如何下手，较好的方法就是从终点开始逆推。对于那些终结状态或目标非常清晰的问题，逆推是非常有效的方法。②类比。使用这一方法的要点是，找到新问题和旧问题之间的相似之处，这一技巧的掌握需要许多练习。③把大问题分解为小问题。应对大问题或复杂情况的最佳策略是把大问题分解成更容易应付的小问题。例如，莱特兄弟通过利用一系列风筝、滑翔飞行器和模型来研究升力、稳定性、动力和方向控制这些子问题。最终把研究子问题的发现整合在一起来解决有动力载人飞行这个更大的问题。

(3) 问题解决过程中的障碍：①心理定势。心理定势就是用以前解决相似问题的方式来解决新问题的倾向。它会限制解决问题的思路。你应该偶尔停下来，看看是否陷入了阻止你看到其他答案的定势之中。②功能固着。即一个熟悉物体的功能在你头脑中被过于强化，以至于无法看见它的新功能。比如，屋顶上挂着两根绳子，请你在不把绳子扯下来的情况下，把两根绳子拴在一起。但问题是，当你握着一根绳子，却够不着另一根绳子。这时，要求你只能使用这几样东西来解决问题：一个乒乓球、五个螺丝钉、一个起子、一杯水和一个纸袋。此时你可能对起子产生功能固着。你是否意识到，起子可以被当作一个摆锤，可以用它让另一根绳子摆晃到你面前？③自己施加的限制。每个人都可能成为自己的敌人，因为我们的大脑会给自己施加不必要的限制。例如，经典的“9个点”问题：必须用数量少于4条（含4条）的直线，把同一个平面上的9个点（等距离的每3个点一排，排3排成正方形或长方形）都连起来，而且必须一笔画成。所画的直线可以互相交叉，但不能原路折回。大多数看到这个问题的人都会给自己施加不必要的限制，他们会假定不能把线画出由这9个点组成的方形框框。其实突破限制的框框就不难解决了：你可以从由9个点组成的正方形或长方形任意直角边的三个点的中间那个点开始，连接相邻的角上的点，向外画直线，到能与相邻直角边的中间点和对边中间点连成直线处回折，连接两个点后一直向外画，到能与另外直角边三个点连成直线处回折，连接此边的三个点，最后折向对角线的三个点。

46.“硬件”无法代替远见

如果你认为命运总是对的，那你成为富翁的可能性会小一些；如果你比一般人有更强的勇敢控制命运的偏好，那你在成为富翁的可能性上会加分。《福布斯》400富豪们的核心规律就是——如果你没有继承财富，成为富翁可能性最大的途径就是大量冒险（2010年公布的400富豪中有272人是自己奋斗的）。但这需要胆识，而胆识来自远见。

比尔·盖茨在1975年创建微软时，IBM等公司都集中在硬件上，而盖茨的想法是：“我想我们应该只做软件。微处理器的能力每两年就翻一番，在一定意义上说，你可以把计算机能力想象成几乎是免费的。那么为什么要去制造几乎是免费的东西呢？什么是稀缺的资源？是什么限制了对无限的计算能力的利用？软件。”史蒂夫·乔布斯说：“遵循你自己的节奏去解决对于消费者最重要的问题，只要把内心最渴求的产品优雅地制作出来，必定有其市场。”远见就是这样产生的。

乔布斯在30多年前与两位朋友一起白手起家创办苹果电脑公司。三人都来自中下阶层家庭，只得四处贷款。其中一名叫惠恩的搭档年龄最大，也最“聪明”，只筹得1/10的资本。

“苹果一号”成功制造出来，以660美元出售。预计能卖出20台，结果却卖出150台。收入近10万美元，扣除综合成本，赚了4.8万美元，惠恩分得4800美元，当时已算是一笔丰厚回报。不过，惠恩没有收这笔红利，只是拿回了500美元本金，甚至连那1/10的股份也不要，急于退出了苹果公司。

惠恩当年只要继续持有那1/10股权，什么也不做，今天也将有几十亿美元的身价。乔布斯的另一位搭档就是凭股份成为亿万富翁的。

为什么惠恩当年选择放弃？后来他说："为什么我要马上离开苹果公司，要回500美元就算了？因为我怕乔布斯野心太大，日后可能会令公司负上巨额债务，那我也要替公司付上1/10的责任！"转念间，惠恩成为人称美国最没眼光的合伙人。

47. 思则变，变则通

积极思考的积累也能造就你的好运。"当一个人思考时，智慧、快乐、成功以及真理都会向着他倾斜。"有项跟踪研究表明：那些运气好的人往往是习惯思考的人。许多精彩的命运都诞生于一些重要的思想，这些思想像血液、DNA一样融入他的命运。稻盛和夫（著名日本企业家）说：人生的结果= 思考方式 × 热情 × 能力。其中最重要的是思考方式（包括人生态度与思维），因为能力和热情只有0分到100分，但是思考方式可以从负100分到正100分。如果一个人思考方式是邪恶的，那么就是负数，用负数乘以正数所得的积也就是负数了。

做一个积极的、策略性的思考者，而不仅是手段的设计者，你会发现好运就在你身边（发现，就是看到人人都能看到的东西，却想到没人能想到的事情——它们和世界的联系与规律）。爱因斯坦说："我思考问题时，不是用语言进行思考，而是用活动的跳跃的形象进行思考，当这种思考完成以后，我要花很大力气把它们转换成语言。"破译命运秘密正需要这样的思考。

沃伦·本尼斯给你的战略性思考的基本步骤是：第一步，明确终点。第二步，描绘出具体路线，制成一份地图，标出可能的陷阱以及好处。第三步，客观地考察这份地图，找出其中的软肋，进行修正。第四步、上路。

斯太菲克在美国伊利诺伊州退役军人医院疗养时，偶然发现了思考的价值。

他知道，许多洗衣店都用一块硬纸板衬托熨好的衬衣，以免褶皱。他得知这种衬衣纸板每千张4美元。他思考，以每千张1美元的价格供给洗衣店纸板，并在每张纸板上登上一则广告，这样就可以从广告费中得到一笔收入。

出院后，他马上开始行动。最后达成了目标。

他保持住院时养成的习惯——每天花一定时间思考。他发现顾客拆除衬衣里的纸板后会将其丢弃。于是，他给自己提出一个课题：怎样才能使许多家庭保留这种登有广告的衬衣纸板？他想出了办法：在衬衣纸板的一面印刷广告，而在另一面增加了一些新的东西——一个有趣的儿童游戏，或家用食谱，或字谜。

有一个事例说明了此举的效果。一位先生抱怨他的一张洗衣店清单莫名其妙地不见了，后来发现妻子把它连同一些衬衣都送到洗衣店了，而这些衬衣他本来还能再穿的。他妻子这样做只是为了多得到一些斯太菲克的食谱。

斯太菲克没有就此停止思考，他把出售衬衣纸板的收入全部送给美国洗染学会。结果，该学会建议成员只购用斯太菲克的衬衣纸板。由此他有新发现：你给别人好的东西愈多，所获得的东西也就愈多。

思考，为斯太菲克带来了可观的财富，改变了他的命运。

三宅一生（著名日本服装设计大师）在谈到自己如何成功设计出独具一格的服装时，他说出了两个“变”的智慧：一是他认为自己所设计的服装只完成了一“部分”，而把另一部分创造的空间留给穿衣服的人。这样，穿衣服的人才能穿出自己的风格，并使同一件衣服有极大的不同，依这个观念设计出来的服装不容易失败（给他人和自己都留出空间或余地，依这个观念设计的人生也不易失败）。二是他选择衣服布料的时候，总是请布厂拿出在设计、印染或纺织上失败的布料，他则依照这些“失败”的布料找到灵感，设计制作出最具独创性的作品，因此他的作品总是独一无二（在无人涉足、或者大多数人都不看好、或者失败的时候和地方发现的东西，或者是缺陷提示的东西，更可能成全你与众不同的成就）。

◯20世纪40年代，美国餐饮业服务员下单时，都是朝厨师喊。这样的喊叫让顾客不舒服，使厨师和服务员都不乐意，也造成了上菜慢或上错菜等问题。越来越多的顾客和员工开始离开餐馆。

很多餐馆努力培训员工的人际技能，或开展团队合作练习。但都没有效果。有个叫怀特的人提出建议：餐馆用一根简单的扦子来集纳服务员下的单。他让服务员将详细的点菜单插在扦子上。厨师会扯下点菜单，并按单供应菜品。

结果厨师、服务员和顾客皆大欢喜。怀特从着眼改变“物”而不是“人”开始，他推行的这一改进沿用至今。

◯英国大英图书馆藏书1300多万册。有一次，图书馆要从旧馆搬到新馆去，可搬运费要几百万，而且人力物力也都是问题。怎么办？一位智者想出个办法：图书馆在报上登一个广告：即日起，每位市民可以免费从大英图书馆借10本书。许多市民蜂拥而至，没几天，就把图书馆的书几乎借光。书是从旧馆借出去的，但还的时候，请大家还到新馆来。就这样，图书馆借用大家的力量以最省的方式搬了一次家。

◯一家生产牙膏的公司，在连续10年营业额增长后，业绩停滞不前。公司

召开高级会议商讨对策，总裁许诺：谁能想出有效办法，重奖10万。一位年轻经理递给总裁一张纸条，总裁看完后，签了一张10万元支票给他。那张纸条上写着：将牙膏管开口扩大1毫米。会后，公司立即换包装，营业额迅速增长。

每天抽出一点时间思考你内心渴望的东西，哪怕是将每天1440分钟的1%——14分钟——用于思考，并养成习惯，你会惊奇地发现，好运可能随时到来。

48．运气是设计的副产品

对于企业来说，最省钱或者说最赚钱的阶段，不在制造阶段，不在出售阶段，而在设计阶段。在设计上取得超越别人哪怕是“一点儿”的差异优势，都决定着企业的命运。不是吗？冠军与亚军的差别就那么“一点儿”，天才与精神病的基因差别也是那么“一点儿”。多那么“一点儿”，可以把企业推向天堂，少那么“一点儿”，就可以把企业拖入地狱。

人的命运也是这样。关键时刻的那“一点儿”，正是在你的“设计阶段”，就是你的心态、性格、习惯以及价值观与原则的根基确定阶段，也就是你成长链的上游——儿童少年或青年阶段。陈会昌（北京师范大学心理学教授）曾对诺贝尔奖获得者进行分析，总结出他们在青少年时期的行为及人格特点：巨大的内在兴趣、极强的自学能力、成长及超越动机、反潮流精神、独立创造精神、孜孜不倦的工作。在这六个特点中，只有第六个属于第一颗种子（陈教授从心理学角度，在儿童和青少年个性发展方面提出两个心理维度：一、自我控制，即听话、按老师和父母的要求去做；二、人的主动性，即以内在兴趣为核心，以探求精神、好奇心为主，“做自己想做的事”。他把这两个心理维度比喻为人格发展的两颗种子），其它五个都属于第二颗种子。那么，你如何设计给“第二颗种子”创造可持续的阳光、土壤、空气和水，将决定你将来的很多运气。比如，美国常青藤盟校规定：学习成绩占40%，综合素质占40%，价值观占20%。这一比例正是将关乎学生以后运气的比例设计。

史蒂夫·乔布斯说：“在大多数人的词典中，‘设计’就意味着装饰性的东西，然而事实上，再不会有比设计的涵义更为深刻的东西了，设计是人类创新的灵魂。”《财富》杂志说：在宝马汽车公司，设计被当做一种信仰。

在构思命运设计时，要考虑两个基本的先决条件，一是清醒知道自己的目标或使命，并唤醒它们。比如你要做什么？在什么时间做到什么程度？要到哪里去？要成为什么？二是清楚知道自己拥有什么资源条件和优势。比如有效（自己可支配）的资产、人际关系、金钱、能力或技术等。命运的设计应该是战略性的，而不是战术性的。战略是一种思考方式和竞争观念，它根植于你的性情、天资和对世界上正在发生的事件的知识中。“我如何将我的资源投入？投入到什么地方？”你的回答就构成了你的命运战略。在所有影响命运战略的因素中，成长欲望对战略负面影响最大。因此，真正具有实用价值并跟周围环境相融合的命运设计，是一种有远见的清洁与打扫。它能让命运更干净，命运秘密也将随之更清晰。

美国斯坦福大学做过一个活动，学生们分成14组，发给每组一个信封，里面有5美元“创业基金”。在打开信封之前，他们可以用任意长的时间来筹划，但信封一旦被打开，就只有两个小时的时间用这5美元来赚钱。活动从周三下午开始，周日晚上结束，并要在下周一下午用3分钟向全班同学展示活动细节。

赚钱最多的一组是这样做的：这组学生认为，他们目前所拥有的最有用资产，不是那5美元，也不是两小时的活动时间，而是用来展示活动细节那宝贵的3分钟。他们决定将这3分钟出售给一家想在学校里招聘学生的公司，为这家公司制作了一个3分钟的招聘广告，成功赚得650美元。他们赢在了能用与众不同的方式设计手头的资源，从而真正看清楚自己所拥有的资产——机会里的最大价值点。

你在日常生活中的取舍原则、习惯以及生活信念，是设计命运的根基。汤姆·彼得斯花了10年时间得出的思想是：“设计不是喜欢和不喜欢的问题，它是充满激情、感情和感受的；设计即是我所爱和为什么爱；设计即是我为什么疯狂；设计即是爱和恨之间最根本的不同。”

把创新勇敢地融入到你控制命运的“设计”中。创新权威人物麦克·斯克瑞奇说：“那些凭直觉或勇气投入新事物中的人，通常会碰一鼻子灰，可是一旦采取了具体而有效的行动，那么他们很可能加入到少有的可以改变世界的人物的行列中去。”创新的设计，意味着它是漂亮的、有用的、简单的、可转换的、负责的、鼓舞人心和可持续的。“平常至极”是日常生活与设计之间的一个桥梁。

培育和设计自己的差异优势，是设计命运的关键。这种差异优势潜伏在你的特质的细节里（这里有你的命运秘密）。注意，差异和优劣不是一回事，差异主要是在应用上。借鉴、模仿并改进，同时与自己的情感和心灵相联系，就会创新出你的独特性。这需要取舍的功夫与悟性，有时1%的优化调整，便决定了将来的命运是晴朗还是多云。具体请结合本书其他内容积极践行，你会得到满意答案。

进行前途命运设计时请注意，“伟大的主意”或发展思想，与清晰、切实可行的发展计划是两码事。主意与思想，都是指导方向的东西，有效的行动靠

的是从实际出发的具体计划，这个计划不必完美，而是在追求目标的过程中逐步摸索完善。可以想得很大（做小事时想着大事，小事才能脱离小气，走向正确的方向），但要从小处着手。例如，Google今天很大，但它最初创业时就是从很小的点做起，即帮助用户在互联网的海量内容里找到所需的信息。此外，创新和发明并非一回事，发明是创造一种新事物，创新是创造一种有实用价值并很好执行的新事物，它找到了通向“消费者”的渠道。

1985年，英国牛津大学在工程检查时发现，有350年历史的学校大礼堂的安全出现问题，20根巨大的橡木横梁已经朽化，必须及时更换。

由于现在巨大的橡木很稀少，预估每根横梁需25万美元，但也没把握能找到20根那么大的橡树。正在校方一筹莫展的时候，园艺所负责人前来报告：当时设计大礼堂的建筑师已经想到后代将要面临的问题，所以早在学校的一块土地上种植了一片橡树林。现在每一棵橡树的尺寸都超过了横梁所需。

这就是有远见的设计。

49. 大浪淘沙

最有价值的经历似乎总是危机遭遇。只要用心——也只有用心，你会从中学到和彻底理解真正重要的特质是什么，并专注于此。危机是来唤醒你的，是有效的命运过滤器，它帮你及时冲洗掉那些已经变成“累赘”的岁月尘垢（包括有毒的朋友、掩盖命运秘密的泡沫、潜伏的厄运因缘等），让那些对你真正有益的东西凸现、坚固。这能带给你一种持续的优势。

危机给你的信号是，你必须改变成长方式——做事的方式、发展的方式。改变成长方式，才能转变运势，如果不改变，会碰上更大的麻烦。一个往往会被忘记的真理提示你：多数人从一开始就定了型，他们盲目相信命运，对其它选择毫无概念。换一种方式也许更吉利。

在面对突如其来的危机时，最容易自陷麻烦的是那些想先将所有事情都考虑周到，再采取正确行动的人。相反，你需要在保持镇定的同时，迅速确定并解决最关键的转折性问题，而抛弃其它。如果身处迷雾中，“先行动，再观方向”，这是你找到一个视野更好的地点的最佳办法。盖特纳（美国财政部长）说：“从金融危机中可以总结出一条基本教训（它同样适合你控制命运危机）：政府经常观望太久，低估了风险，而且不想作为。当它最终超出了他们的控制之后，他们只能花更多的钱，给经济造成更大的损失。”大卫·诺瓦克（肯德基的母公司百胜餐饮集团CEO）提示你：“诚实、言行一致和沟通的连续性是解决这类问题（危机）的关键。”

美国前总统克林顿在任时曾因个人问题面临过一场被弹劾的危机。危机过后，有记者问道："他们说你熬过来了，是什么力量帮助你度过这一危机的？"克林顿说："我想，首先是我母亲从小就教育我不要放弃。"接着他说："发生的事只占据生活的一小部分，生活中很大一部分是你该如何面对所发生的事。人们无法通过施压而把你摧毁，除非你允许他们这么做。换句话说，他们努力要改变我的想法、我的感受、我对自己和工作的看法，我只是把握住自己不受它们干扰，因为我知道这背后意味着什么。"

杰克·韦尔奇（美国通用前董事长兼CEO）给你的危机管理的方向性指导：①假设问题本身要比表现出来的更糟糕。不管你怎样希望和祈祷，极少有危机会是小打小闹，你不冷不热的反应是典型的失误。在危机浮现之初就不要畏缩，要正面对待并做最坏的打算，同时立刻行动起来。②假设这世界上并不存在秘密，每个人最终都会知道一切事情的真相。应该及早和经常地把自己的看法公布出来。在危机中也会上演孩子们玩的悄悄话游戏（在游戏中，围成圆圈的第一个人对第二个人悄悄说了一个秘密，第二个人传给第三个，依次传下去，直到最后一个人宣布他所听到的消息。不足为奇的是，最后的说法同第一个人的原话将大相径庭）。唯一的解决办法就是你自己把问题揭露出来。你对问题本身、引起问题的原因和它的解决办法谈论得越公开，就越能获得关注你的人的信任。在危机过程中，信任是你实现转折最需要的东西。③假设你对危机的处理将被别人以最敌对的态度描述出来，别人（包括记者）绝对不会站在你的立场上来讲这个故事，他们只会从自己的观点出发来谈论（报道）。公开讨论出现的问题，把自己的立场讲清楚，向大家解释问题出现的原因和你将如何进行处理。千万不要坐以待毙。你也许想放弃，可是不能那样做。如果不奋起反抗，那就只有等待别人把你埋葬。④假设在危机处理过程中，有关的人和事会产生变化。真正的危机不会逐渐平息，而要引入彻底的解决方案，对现有的秩序进行大修，或者建立新秩序。几乎没有哪次危机不是以付出血的代价而告终。危机呼唤变革。⑤假设你将从危机中挺过来，而且会因为经历了考验而变得更强壮。所有的危机，不管你再怎么讨厌它，都能给人提供很好的教训。危机过后，人们总是有把它遗忘、束之高阁的想法。不可如此。你应该尽最大的可能挖掘每一次危机的价值，并且一有机会就同别人分享它。在这样做的时候，你就把抵抗疾病的疫苗传递给了大家。

危机之中要么赢得荣誉，要么失去荣誉。正如韦尔奇所说："你绝不会因为灾难的发生而感到高兴，但是蓦然回首，你将看见可能自己感到吃惊的事情——周围的一切看上去比以前更美了。"

50. 危险总在狂欢时悄悄逼近

命运里最危险的心态，就是对未来抱有侥幸心理。忧患意识应该与生命同在，忧患是清醒剂。我们人类的命运在不断地证明：生于忧患，死于安乐。尤其在得志的时候，更需要警醒，道路如果平坦得像冰一样，恐怕不是什么好事。古希腊式的航海文明告诉我们：知道海上有不可预测的风浪，而依然在海上与风险共生的唯一方法，就是对未来充满敬畏、做好准备。

日本和以色列都因为本国的自然资源匮乏等现实条件，其忧患意识久闻于世。和他们相比，美国的内外部条件不知要好上多少倍，综合国力世界第一。但美国的忧患意识却比他们还要深重。从立国那天起，美国的政治精英们便如履薄冰。他们一直通过各种方式，呼吁和告诫国民，要将好日子当坏日子过，警觉将要面临数不清的危险和考验。例如，不断地用“美国衰落论”来唱响“警钟歌”，吹起“冲锋号”。深入民心的忧患意识，是它持续强大的重要因素。

你也应当这样，多些忧患（忧患意识和忧郁寡欢是两码事），少些陶醉。如郭广昌所说：“如履薄冰，如临深渊，战战兢兢，兢兢业业。这是我们做事做人的态度。”时常建立有后备资源和紧急方案的“应急计划”（应急预案），以能够应付复杂情况带来的不确定性（控制命运的本质就是承担不确定因素）。居安思危、未雨绸缪一旦成为你的一贯特性，所有的厄运都会望而却步。如《易经》所说：“故乾乾因其时而惕，虽危无咎矣。”

李嘉诚从不敢对未来抱有侥幸心理。他说：“我也非常进取，但处理任何事情，我内心都非常安定，因为我已经把未来的各种可能想周到。如果有一个人来告诉我，你今天将你所有财产投入买下一个矿，一年后身家就翻倍，就算有很多方法来保证这一点，我还是不会买，因为我知道，什么事情都可能出一点点意料不到的事。我经常打的一个比喻是，驾船出海之前想好如果天气突变怎么办，也就是总要思考最坏的情况下，我要怎么应对。”让李嘉诚平衡危机感和内心平和的方式是，提前在心里“彩排”公司的逆境，那些关于全球经济、行业变迁的报道，是启发他思考的入口。然后设想自己公司的状况，找到那些松弛的部分，开始去改变。等他做好准备，逆境来的时候反而变成了机会。

李嘉诚告诉你：

我会不停研究每个项目要面对可能发生的坏情况下出现的问题，所以往往花90%考虑失败。你一定要先想到失败，从前我们中国人有句生意话：“未买先想卖”，你还没有买进来，就先想怎么卖出去，你应该先想失败会怎么样。

因为成功的效果是，100%或50%之差别根本不是太重要，但是如果一小漏洞不及早修补，可能带给企业极大损害，所以当一个项目发生亏蚀问题时，即使所涉金额不大，我也会和有关部门商量解决问题，所付出的时间和以倍数计的精神都是远远超乎比例的。

我常常讲，一个机械手表，只要其中一个齿轮有一点毛病，你这个表就会停顿。一家公司也是，一个机构只要有一个弱点，就可能失败。了解细节，经常能在事前防御危机的发生。

可以这样说，就像是军队的“统帅”必须考虑退路。例如一个小国的统帅，本身拥有两万精兵，当计划攻占其它城池时，他必须多准备两倍的精兵，就是六万，因战争激活后，可能会出现很多意料不到的变化；一旦战败退守，国家也有超过正常时期一倍以上的兵力防御外敌。

任何事业均要考量自己的能力才能平衡风险，一帆风顺是不可能的，过去我在经营事业上曾遇到不少政治、经济方面的起伏。我常常记着世上并无常胜将军，所以在风平浪静之时，好好计划未来，仔细研究可能出现的意外及解决办法。

◎ 迷信了就被动，觉悟了就主动

命运不是某种“注定”，它是不断延续的河流。你既被它滋养，也被浪花淘洗，又给它提供新的动力。我们以往的很多做法损害了有助于控制命运的系统，却反而增加了破坏命运的力量。例如：迷信命运，把知识当疗法，忽视心态、习惯与性格的力量，偏好浮躁的流行文化等等。这就在不知不觉中破坏了命运的运势设置，让你变成了被命运围困或受命运控制的“机器”。如果你没有了征服命运的念头，结果将是被命运征服。因此，你需要重新设定命运程序的智慧而不是继续猜测（推算）或顺其自然。

你得把命运带到它不一定想去但应该去的地方。“如果你正确引领你的一生，因缘自会带来一切你所应得的。”

51. 命运的秘密都在“变数”里

很多关于命运的说法或推算，或许有点儿道理。但是，你必须明白一个真正重要的道理：那些说法或推算，充其量只是理论上的定数。而真实的命运和大千世界万事万物一样——都存在很大的“变数”。定数每个人都差不多，比如每个人都一定能活到死。变数则各有不同，秘密都在变数里（幸运的人总会尝试在生活中增加变数）。这些变数才是你控制命运的真实有效因素，是你自己——只有你自己能够左右的东西。刘长乐说：“成功和人体内的生命密码有关。只是这种密码的修整和完善，与后天修为的结果有关。”

史蒂芬·霍金（著名科学思想家和理论物理学家）说：“我注意过，即便是那些声称一切都是命中注定的、而且我们无力改变的人，在过马路之前都会左右看看。”李嘉诚也曾说：“不敢说一定没有命运，但假如一件事在天时、地利、人和等方面皆相背时，那肯定不会成功。”

占星术的把戏已经被彻底揭穿。与占星术类似的还有笔相学（一种用笔迹来分析人格的伪科学）、算命学，以及某种所谓具有神秘力量的潜意识消息。喜欢猜测命运的结果常常是：猜到谜底，才发现，筵席已散，一切都已过去，命运早已换了谜题。“改性换心是改变命运的药方，回头转身更是创造命运的良剂。如果能把暴躁的脾气改成柔和，把孤僻的性情改成随缘，命运一定随之改观。”

命运中的好运或厄运，都可以以这样或那样的形式从变数中追本溯源。变数越多，由此转化而来的命运形式也越多，这已经成了命运运行的规律。命运的基本原理是：命运将根据你在春风得意或山穷水尽时的表现来安排它的下一步走向。即，命运的每一个最佳运势，都取决于你之前的优秀表现。就是说，逆境中发生的事情取决于你在顺境时都做了什么，顺境中发生的事情取决于你在逆境时都做了什么。

52. 以不变应万变

如果说命运是光阴，那么你的原则就是钟表。以不变的原则应对变化的命运最可靠。老子说，“独立而不改，周行而不殆”。任何努力的成功，都离不开恰到好处并游刃有余地应用某些原则。例如，毛泽东的“游击战、运动战”原则，巴菲特的“只投资自己懂的并长期投资”原则等等。保持强大的唯一办法，也是坚持不懈地应用使你走向卓越的基本原则。例如，盖茨的“只做软件”原则等。正是这些原则左右着你苦苦期待的成功。如同巴菲特所说：“我觉得有效的原则能让你渡过一切，这是我从格雷汉姆那里所学到的。我以此渡过了市场起伏，不需要对此感到担忧。”李嘉诚也曾说：“如果能依赖某些原则的话，能将成功的希望提高许多。”

原则不是价值观，但是原则和价值观必须“心心相印”。价值观一直在影响着你的命运，你的价值观里必须包含人类赖以进步的价值观：真诚、勤勉、友爱、宽容、勇敢、公正、好学、忠贞、爱国等。拥有一个坚实的价值观基础（它来自信念或信仰）并让其接受严峻的考验，可以帮你建立自己的有效原则。比如，反思你内心深处坚持的价值观是什么？它们从何而来？自童年以来，你的价值观有无重大改变？尊重正确原则，能使你更清楚地掌握真相，认清事情的本来面目。要抓住它们的本质，简捷的方法是设想一下在生活中反其道而行之的后果。

成功控制命运的人最突出的品质之一，就是始终保持原则和价值观的统一，从不计较个人代价（不计较和不计算是两码事，即要清楚代价的大小及其因果）。他们不但考虑自己，同时还考虑超越自己的事情，甚至有更大的向往。比如，思考如何帮助更多的人能够吃饱饭，能让更多的孩子受到良好教育等。

请注意，不显眼的不良习惯和传统是陷阱，它使你无法看清自己的能力或者找准自己的局限。不能抛弃传统的智慧，但也不要受到传统智慧的牵绊。先例是危险的东西，因此，必须炼就坚定的意志。如果原则存在什么缺陷，那就加以修正，但不能加以践踏。事实上，在最糟糕的情况下，原则和价值观背离完全可以毁灭我们的成长与命运。

拿破仑·希尔、斯蒂芬·柯威通过多年调查研究或亲身体验，用巨大心血换来宝贵的有效原则与方法。应当细心领悟并运用到你的成长中，试行这些原则60天，看看自己的影响圈有何变化。

拿破仑·希尔总结的17条成功原则（轮船大亨罗伯特·达拉曾说：“我如果50年前学到这17条黄金定律，可能只需要一半的时间就能取得目前的成就。”）：

（1）积极的心态。包括诚恳、忠诚、正直、乐观、勇敢、奋发、创造、机智、亲切、友善、积极、向善、向上、进取、努力、愉快、自信、自勉和有安全感等。

（2）确定的目的。很清楚自己想要的具体是什么，有了目标，内心的力量才会找到方向。

（3）多走些路。做个主动的人，养成及时行动的好习惯。用心去经历、去体验，能让你找到别人未找到的另外一点东西，这是其它任何东西都无法代替的。

（4）正确的思考。在尊重自然规律与人性常识的基础上去思考，并且具备顽强坚定的性格，挖掘潜力，进行“我行”、“我是优秀的”、“还须再改进”的心理暗示。

（5）自我控制。很清楚自己具体该做什么，更清楚具体不该做什么。

（6）集体心理。关爱、合作与分享。

（7）信心。信心大、则心态好，心态好办法才多。

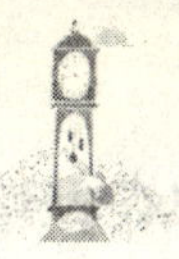

(8) 令人愉快的个性。真切地关心他人的生活、工作，与人交往中求同存异，避免冲突；学会倾听别人的观点；学会夸奖别人；有微笑的魅力；别吝啬自己的同情；学会认错，学会宽容大度。

(9) 个人的首创精神。敢于否定、勇于挑战，不断地超越自己。

(10) 热情。失去了热情，就损伤了灵魂。热情要有高尚的信念，如果热情出于贪婪和自私，成功也会昙花一现。

(11) 集中注意力。专注、投入。

(12) 协作精神。互惠互利。

(13) 总结经验教训。失败是正常的，要从挫折中吸取教训。成功是一连串的奋斗。

(14) 创造性的见识。独创性，机动灵活，有风险意识。

(15) 预算时间和金钱。只能宽裕，不可不足，还要给不可预见的留出余地。

(16) 保持身心健康。经常锻炼，乐观、包容。

(17) 应用普遍规律的力量。自然与人性的力量永远都是最根本的、最强大的。

斯蒂芬·柯威总结的7个习惯：

(1) 积极主动。充分发挥主观能动性并负起责任，但不等于胆大妄为或惹是生非，而是要让人们充分认识到自己有责任创造条件。抓住机会解决问题，而不是让自己成为问题。

(2) 以终为始。一切努力的开始都要先认清方向，头脑里就要想象符合你所肯定的价值的结果。未雨绸缪总好过亡羊补牢。

(3) 要事第一。首先要完成对你来说最重要的事，在你的日程上，自己的感情、冲动和情绪都要服从你的价值考虑。

(4) 双赢思维。要想着赢，敢作敢为；同时还要善解人意。其实世界之大，人人都有足够的立足空间。利人利己者把生活看作一个合作的舞台，而不是一个角斗场。

(5) 知彼知己。首先寻求去了解对方，然后再争取对方了解自己。

(6) 统合综效。如果一位具有相当聪明才智的人跟你意见不同，那么对方的主张必定有你尚未体会的奥妙，值得加以了解。将合作者的力量集中到一起，创造大于各部分之和的整体。

(7) 不断更新。多花时间培养自己特性中的4个方面：身体（包括耐力，源于有氧运动；韧性，源于伸展运动；力量，源于持久的肌肉运动）、精神（通过思考你的信仰，欣赏优秀文学、影视或音乐作品，或与大自然交流可以丰富精神）、智力、社会/情感（在激励自己的同时造福他人，目的是施加影响，而不是为了获得认可）。

53. 勤奋或忙碌将产生不同的命运

勤奋和忙碌是两回事，“勤奋出贵族。”不要去过那种忙忙碌碌的生活（那会乱了命运的节奏），而要努力让生活井井有条并和谐。方法是依照你的方向（目标、使命）和路线做一些舍弃、省略、跳过和拒绝，学会有所不为，坚持少做。

有所不为，要注意三个原则：一、你最珍惜的、最感兴趣和最有潜力的是什么？二、哪些事情对你的目标贡献最大？三、什么有经济前景并且不违背你的意愿，或者说做什么能让你维持生存并更有意义？如果一天中，你做有违三原则的事情的时间超过一半，就有必要列一个“不再做的事”的清单了。

1999年，李嘉诚的和黄集团在巴哈马已经有很多投资。巴哈马政府要给他一个赌场牌照，每年可以赚到2亿美元，但李嘉诚认为这种生意不适合他，于是拒绝了。

坚持少做，就是慎重挑选自己关注和努力的方向；远离那些会浪费你的能量，给你制造压力或障碍的人；接近那些能够为你增加前进动力的人；一切围绕最重要的目标不断进行调整改进以减少障碍。事实上，大刀阔斧减少不必要的工作，绝不会有太大的风险。人总有一种倾向，高估自己地位的重要性，认为许多事非躬亲不可。

面面俱到是失败的秘诀，只有抛弃不适合之处，才能显现出真正的杰出。

要“有所不为、坚持少做”地实现目标，有7个步骤不可忽视：①这个目标必须是具体的、可衡量的、基于现实的，并且是可以实现并能按时完成的。②这个目标必须与你的价值观保持一致。③与3～5个关键的人分享这个目标，寻求他们的认可与支持。团结那些能给你鼓励、建议、反馈意见的人。④准备好你有可能需要的一切，以防到时再为一些细枝末节的事情浪费时间。⑤防止过度自信与计划不周。⑥一步一个脚印。每天朝目标前进一小步。⑦奖励你自己。每达成一个阶段性的目标，就奖励自己一番，这能给你坚持到底的动力。

54. 保持自己的本色，命运才能帮得上你

在向别人请教前，先自己对问题有个基本见解（这能让你更大胆和自信），不要被别人的意见左右。当你提出困难时，也应该提出你的解决方法。

任何人都需要别人诚恳的提示与点拨，才能更准确地认识自己。就像你

不照照镜子，根本就不知道自己的形象到底什么样。“满招损，谦受益。”要敬重那些持反对意见的人，他们是镜子和鞭子，让你发现自己脸上的灰尘，鞭去身上的惰性。排斥别人出于善意的良言相劝，会使自己的形象大打折扣。要学会喜欢听反话，关注喝彩声中的“嘘声”。对那些越能刺痛你的话，越应该三思；越是刺鼻的气息，就越容易牵着你的鼻子走。你得到的反馈（尤其是你不喜欢的），实际上是你发送的信息所引起的。所以当你得到的反馈不如意时（包括命运），需要仔细检查自己发出的信息。

别人主动向你提供建议时，请静静地听，不要急着作评判，先试着从听到的话中找出有价值的东西，绝不忽视好的建议。接受以客观事实为依据的劝说，对于观点的变化更开明，能使你更好运。但是，也要分析他的动机是什么，不要被他人的爱憎左右你的正气，不要因为别人的眼光而改变自己的挚爱。也不要陷入社会、朋友或父母的期望中不能自拔。莎士比亚提示你：“接受每个人的责难，但是保留你的最后裁决。”

有时候你所受的教育（包括你对命运的传统理解）限制了你，让你总是按照别人的标准来过自己的生活。改变自己以求适应大众，最终会变得一事无成。巴菲特说：“我很幸运在很早的时候就奠定了正确的基础。我基本不再效仿其他人。我每天早上会照镜子，镜子里的人总是同意我。于是我就出门做我认为自己该做的事情。其他人想什么不会影响到我。”乔布斯提示你：“人赤条条地来，赤条条地走，没有理由不听从自己内心的召唤……要有遵从你的内心和直觉的勇气，它们可能已知道你其实想成为一个什么样的人。”绝不要去做另外一个人，如同卡莉·费奥里娜（惠普公司前CEO）所说：“不要放弃你的内在本性，千万不要贩卖你的灵魂。”否则你的命运就全都乱了。

里维斯（教育家）送给你的寓言《动物学校》：

很久以前，为了应对日益变化的世界的挑战，动物们策划了一项“壮举”——创办一所动物学校。他们制定了一个由跑、跳、爬树、游泳、飞行等科目组成的一系列专业课程，规定所有的动物必须学习所有科目。

鸭子在游泳课上表现相当突出，甚至比他的老师还要好。可是飞行成绩只能勉强及格，而对跑步这门课感到非常吃力，他不得不每天放学后仍留在学校练习跑步，还为此放弃了游泳训练。最后，他的脚严重受伤，游泳成绩也降到了中等水平。但是学校乐于接受这种中等水平，因此，除鸭子自己之外大家都觉得这没什么不好。

兔子在刚开学时是班级里最出色的跑步冠军，但对飞行和游泳科目感到非常沮丧，在无数次补考之后，终于精神失常。

松鼠本来是个爬树高手，可是飞行课老师却要求他从地面飞到树上，而不是从树上飞到地面。高强度的练习害得松鼠时常腿部抽筋，结果爬树课得了个C，跑步课得了个D。

鹰是个问题孩子，必须严加管教。在爬树课上的一次测验中，他战胜了所有的同学，第一个到达了树的顶端，但他用的是自己的看家本领——飞行，而不是老师所教的“爬”。因此他并没有得到任何成绩。

学期结束的毕业典礼上，一条怪模怪样的鳗鱼居然以平均分数第一名的身份代表所有学生致辞，就因为他游泳得了个高分，爬、跑、飞都还会那么一点点。

北美土拨鼠们以课程中没有加入刨土和挖洞两项科目为由，坚决不肯让自己的孩子上这所学校。他们聘请獾来训练孩子，后来还联合美国土拨鼠和北美黄鼠合作创办了一所私立学校，据说这所学校办得相当成功。

“草地上开满鲜花，可牛羊看到的只是饲料。”冷静地审视反对意见，“不要让小人拖你后腿。”别理会那些唱反调的人，坚决抗拒任何形式的干扰。李嘉诚告诉你：“每一批富翁都是这样造就的：当别人不明白他在做什么的时候，他明白自己在做什么；当别人不理解他在做什么的时候，他理解自己在做什么。当别人明白了，他富有了；当别人理解了，他成功了。”

55. 对“因”下药

运气有时很像“病”。杰弗里·萨克斯（著名经济学家）告诉你：临床医学有5个教训，可以用到临床经济学上（它们也可以用到“临床命运学”上）。

教训一：人体是一个复杂的系统，人体诸多系统相互联系，疾病的来源可能是病毒、环境、基因、营养等多种。而且，一种病毒会引发另一种疾病（命运也是一个复杂的系统，这里说的疾病，可以看做命运里的运气）。

教训二：人体的复杂性要求医生进行差异化诊断。一个小孩发高烧，可能有很多原因。有些病因不危险，有些则很危险。发烧只是病状，而不是病因。对“症”下药是错的，要对“因”下药（运气是命运的“病状”，而不是“病因”，具体请结合本书其他内容领悟）。

教训三：所有的医学都是家庭医学。要治疗一个孩子的疾病，要了解其生存环境，及其影响（所有的命运都是家庭命运）。

教训四：成功的治疗要求监督和评估。好医生不会把自己的每次诊断都看作绝对真理，如果通过监督和评估，有证据表明需要采取新措施、新方法，医生就该改变立场（好运与厄运都不是绝对真理）。

教训五：医生这门职业要求强大的伦理道德规范（控制命运亦如此）。

56. 水手的艺术

生活的艺术更像是水手的艺术而不是舞蹈者的艺术：即你应当坚定地站立，凭借自己的直觉和机智，保持对变化来临的敏锐性，善于发现和利用变化的源头，准备着对付突如其来的风浪。请注意，技术可以通过练习而掌握，艺术则不能，它只能通过积累加感悟而获得。技术是一种娴熟运用，而艺术是自然发挥。

大师们分析一些大公司衰败的原因时指出：当一家公司成功的时候，往往也孕育了失败的种子。它们被过去的成功所迷惑，越来越“想当然”地认为之前赖以成功的经营之道是正确无误的，因此越来越忽视问题的存在。于是开始草率行事、投机取巧、追求权宜之计；停止思考，停止提出疑问；记住了答案，却忘记了问题本身；对周围环境的改变视而不见，没有及时做出反应，最终陷入困境。韦尔奇说：“当企业外部的变化快于企业内部的变化，末日就快来了。”

人的成长与命运亦如此，自我陶醉是一种很危险的心境。感觉迟钝、嗅觉不灵，是厄运的潜伏引线。避免的方法是，不要让自己失去那份应有的热忱与警觉，自动搜索预示着麻烦或机会的信号，并及时采取行动；培育自我批判的作风，学习美国保持强大的一个不起眼的方法：不停地批判自己，在批判中不断地改进。另外，多给自己一些自由时间，去“扫描”本职工作之外的空间。

多年前，比尔·盖茨在浏览Google网站时发现Google正在招聘软件工程师，但关于这个职位的描述并不符合Google通常的业务模式，反而更像是微软想找的那类人的简历。因此，盖茨最早察觉到Google有可能向桌面搜索方面行动。

◎给命运秘密一个通道和输出方式

“不满是历史向前的车轮”，不要把“现状”作为你的选择或认定是你的命运。比尔·盖茨提示你：“永远睁大眼睛，别挡了你自己的路。”如果你总是在自己的舒服区里打转，就永远无法扩大你的视野、拓宽你的道路。只有当你跨出舒服区，体验一些自己平时接触不到的东西，感受到了新生和活力，才能与命运互望和流通。

很多时候，你要审视自己的动机（这里藏有你的命运秘密）。“动机”总是比较低调，但从来不闲着，而且我们又很难意识到。麦克里兰（哈佛大学心理学教授）提示你，应当保持较高的影响力动机、适当的成就动机、相对较低水平的亲和动机。了解自己的动机特点和与之相应的行为模式，这个“特点”和“模式”时常输出你的命运秘密。

57. 既不能犯规，也不能犯傻

命运有时会利用你所犯的错误来促进你的成长和转运。一个人如果从来不犯错，就失去了理解许多对他有益的东西的机会，也无法准确完整地破译命运秘密。在新事物上犯错是个自我更正的过程。正如德鲁克所说：“没有犯过大错的人必然是平庸之辈。更糟糕的是，没有犯过错的人将不会学到如何及早找出错误，并且改正错误。”几乎所有成功者都走错过一两步，并且为其付出过沉重代价。正是这代价，使他们正确锁定了对他们来说真正重要的东西。

有一种错误叫“当为不为”，即本应该做或做得更好的事情，而没有去做。这必将妨碍你的运势。

给自己有能力做到的事情设定心里界限，是给好运设定了“防火墙”。克服恐惧最好的办法就是立刻去做，而且每天多做一点儿。当你相信——真正地相信，某一件事确实可以做到，你的大脑就会帮你找出各种办法。科学家沃克有一句自问自答：能握住“禅”的那个把手在哪里？答案只有两个字——“去做”。勇气加信念通往天堂。卢斯·C·B（美国剧作家）说：“勇气是一架梯子，其他美德全靠它爬上去。”勇气加幽默还可以有效防御“小人”。另外，研究发现，最大胆的男人最容易发财和赢得女人的芳心。

请注意松下幸之助（日本松下电器公司创始人）的提示：要由风雅之道入门，少走功利之路。哈里·杜鲁门（美国前总统）也曾说过，“只要你不计功利，就能做成任何一件事。”

林肯在致朋友的一封信中，谈到年少时的一段经历：我父亲在西雅图有一处农场，上面有许多石头。正因如此，父亲才得以很低的价格买下它。母亲曾建议把那些石头搬走，父亲说：“如果可以搬走的话，主人就不会那么便宜卖给我们了，它们都是与大山连着的小山头。”有一年，父亲去城里买马，母亲带我们在农场劳动。母亲说：“让我们把这些碍事的东西搬走，好吗？”于是我们开始挖那些石头。不长时间，就把它们弄走了，原来它们并不是父亲想象的山头，而是一块块孤零的石头，只要往下挖30公分，就能把它们晃动。林肯在信的末尾写道：有些事情人们之所以不去做，只是他们认为不可能，而许多不可能，只存在于人的想象中。

58. 放开喉咙好唱歌

唱歌的时候，你越是自然、放松、真诚，效果越好。命运的事亦如此，你的坦诚，有将命运化繁为简的力量，而且简单得铿锵有力，能帮助你减免很多翻山越岭。韦尔奇说："真诚或许是你最好的卖点。"你做到了坦诚——尽管永远不可能做到绝对坦诚——你会发现，一切都运转得更轻松、更快速、更低成本、更快乐。

感动心灵乃至打动命运的一定是诚实的力量，如同里根所说："真诚，一定会感动上帝！"缺乏坦诚精神会从根本上扼杀敏锐创意，阻挠快速行动，妨碍你自己以及他人发挥才华和潜能，毁灭彼此的诚信，其影响绝对是毁灭性的。

有时候直率和承认自己的弱点是最好的办法。审视自己：在你生活的各个层面——包括个人生活、工作、家庭和社会生活中，你能坚持真诚如一的原则吗？如果不能，是什么阻碍了你？

很早以前，潮州府城外的桑埔山有一座古寺。云寂和尚已是垂暮之年，他知道自己在世的日子不多了，就把他的两个弟子一寂、二寂召到方丈室，交两袋谷种给他们去播种，到谷熟的季节再来见他，谁收的谷子多谁就可以继承衣钵，做庙里住持。到了谷熟时节，一寂挑了一担沉沉的谷子来见师父，而二寂却两手空空。云寂问二寂，二寂惭愧地说，他没管好田，种子没发芽。云寂便把袈裟和瓦钵交给二寂，指定他为未来的住持。一寂不服，师父说：我给你们俩的种谷都是煮过的。

请注意丘吉尔的提示："诚实是一件好事，但是正确也很重要。"

59. 请权威先坐到一旁

早日养成独立思考与判断的能力，不要迷信权威或专家。请注意，可以不迷信，也可以挑战，但不可以不尊重。亚里士多德说："我爱我的老师，但我更爱真理。"不是吗？很多人的前途与命运，都是被某些权威或"大师"们的"知识疗法"或不靠谱的偏方耽误与误导了。

很多的时候，权威会反对新思想。西蒙·克雷（美国巨型计算机之父）曾说过，他在没有成名的时候，提出一个新的思想，人们经常回答说："Can not do！（做不成的！）"——对"Can not do"的最好的回答就是"Do it

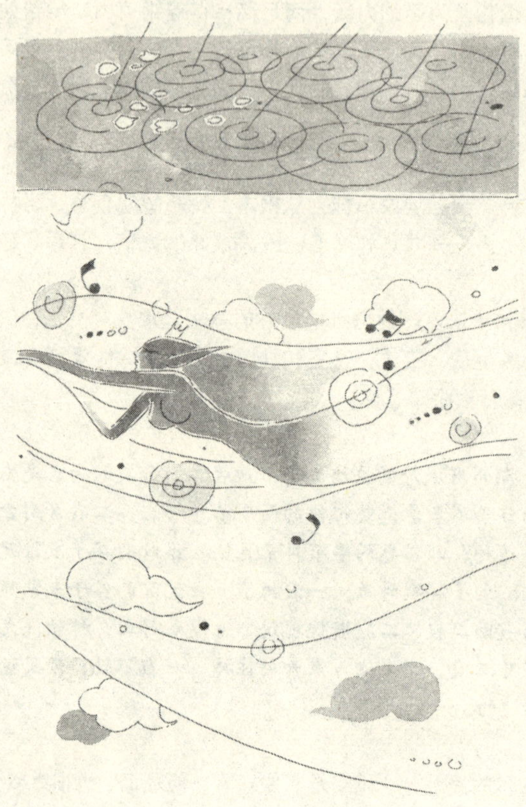

唱歌的时候，你越是自然、放松、真诚，效果越好。命运的事亦如此，你的坦诚，有将命运化繁为简的力量，能帮助你获得巨大成功。

yourself！（你自己动手做！）”

丁肇中（著名美籍华裔科学家、诺贝尔物理学奖获得者）的故事及启示：①1966年他做实验证明了电子没有半径，推翻了之前哈佛大学和康奈尔大学专家的理论。“所以我的第一个体会是不要盲目听从专家的结论。”②20世纪70年代，他坚持用实验的方法找到了当时普遍认为不存在的第四种夸克和粒子加速度。启示是：“永远要对自己有信心，做你自己认为正确的事。”③1979年，一套并非为胶子实验设计的实验仪器，却意外发现了胶子的存在。启示是：“对意料之外的事情要有充分的准备。”

60. 追求完美是魔鬼

完美不是目的，有用才是目的。想要达到完美状态是造成失败的一个重要原因，追求完美会制造出很多压力，同时会使你的生活变得复杂，会让命运秘密埋没，会使机会溜掉，会引起重大损失。只有当“完美”是为“有用”服务的时候，它才有意义。千万不要等所有的条件都十全十美后再行动。也别去坐等一切恢复正常，眼下一直都是新的正常。一旦有了想法就去实施，之后再“完善”这种想法或产品。“先推出、再改正”的做法，对注重创造性与灵活性的命运DNA至关重要。

熊彼特（著名经济学家）说：“必须在不考虑行动的细枝末节之前采取行动，在这里，成功与否凭的是直觉，是以一种尽管当时无法求证，但事发后证明是正确的方法看待问题的能力，是把握本质的能力……即使在做这件事时无法对行动的基本原则作出解释。”马云曾说：比如下围棋，我知道下了一步臭棋，就不要救，反过来看就是下了一步好棋。我在阿里巴巴10年中，有人说马云你很厉害，其实一开始是臭棋，现在看来都是好棋。千万不要迷信一个人和一家公司，创业者永远得有梦想，每天采取行动，去改变和调整。

要成事，必须具备这种雷厉风行、逢山开道遇水架桥的精神与气势。

61. 你专注于自我，好运将随风而去

如果你太把自己当回事儿了，或者把知道的一点东西太当回事儿，那就该敲敲自己的脑袋。什么时候都不要做一个唯我主义者，就是那种总是把自己当作“诸葛亮”，而把别人当成“阿斗”的人。总是专注于自我的人，会失去人缘，会因为忘了命运的存在而自己挡住自己的路，注定失败。要知道，宇宙里有23%的暗物质和73%的暗能量是我们看不见的。

人缘是命运缘分的核心。如果你希望别人怎样对待你，你就先怎样对待别

人；如果你希望命运怎样对待你，你就先怎样对待生活。而且不要起伏不定，应当真诚、一贯，善始善终。把注意力从自我身上移开，你的眼光和人缘都将提升3倍以上。

这里有一个深刻影响美国成长为强大国家的经典故事（也适用于你的成长和控制命运）：

1764年，14岁的乔治·华盛顿（美国第一任总统）在自家的房屋后面栽一棵苹果树，他父亲看到后，说：“你若想在将来吃到苹果，就应该把树栽到有阳光的地方，并且不断给它浇水、施肥。”在转身离开的时候，他父亲又从树说到了人：“如果你帮助别人得到他想要的，你就能得到一切你想要的。”

这件事深刻影响了华盛顿的成长和命运。据史料记载，他和他的同伴们在建立和制定美国民主制度的过程中，他曾多次提到这段经历。

另一个故事：

美国企业家比尔·乔治在很小的时候，父亲就经常鼓励他要成为一名领导者。可是不管他怎样努力，就是没有人愿意跟随他。中学时竞选学生干部总是失败。到了大学，他6次竞选兄弟会主席，6次失败。他还是不清楚为什么别人不愿意跟随他。这时，几个高年级同学对他说：“比尔，你是一个很有能力的人，但你总是想要超过别人，而不是去帮助别人做得更好。所以没有人愿意跟随你，这并不奇怪。”他猛然醒悟，于是开始跟人讨论自己什么地方做错了，准备怎样改正。后来，他终于被推选为兄弟会主席。

◎神秘源自简单

巴菲特在评价教人们如何赚钱的商学院时说：“商学院更喜欢复杂的行为而不是简单的行为，而简单的行为更有效。”神秘的中华武术智慧早已告诉我们：最简单的攻击最有效。

命运的神秘之处还在于，它可以通过某些不神秘甚至简单的东西而悄悄改变。控制命运的过程中，你需要不断对自己进行“删繁就简”（博览群书和不断思考，能使你拥有这种才能）。一旦你觉悟了，命运便会帮你，神秘将化为简单。

一个“重复的囚徒困境”博弈竞赛得出这样的结论：具备以下特点的人，

将总会是赢家：①善意的；②宽容的；③强硬的；④简单明了的。

62. 把复杂的世界简化，命运更容易控制

理解古希腊的一则寓言，然后按提示用功去做：

狐狸阴险狡猾，它知道很多事情，能设计无数复杂的策略偷袭刺猬，而且行动迅速，看上去准是赢家。刺猬毫不起眼，它只知道一件大事，整天到处走动，寻觅食物和照料它的家。

狐狸隐蔽在路口不动声色地等待着。刺猬只想着自己的事情，一不留神转到狐狸所在的路口，狐狸迅速扑过去。刺猬立刻蜷缩成一个圆球，浑身的尖刺指向四面八方，心想："真是冤家路窄，又碰上了，它怎么就不吸取教训呢？"狐狸只好停止攻击。撤回森林后，狐狸继续策划新一轮的进攻。刺猬和狐狸之间的这种战斗每天都以某种形式发生，尽管狐狸比刺猬聪明，但刺猬总是赢家。

狐狸正是因为"聪明"而使自己的思想扩散纷乱，并多层次发展，不集中也不连贯。刺猬正好相反，它注重本质，忽略其他，它懂得深刻思想的本质是简单。

把那些成就显著的人与那些和他们同样聪明但无所作为的人区别开来的，就是"刺猬理念"。盖茨之于电脑软件，巴菲特之于投资，马云之于电子商务——他们都是"刺猬"。他们把复杂的世界简化了，从而使命运更容易控制。

吉姆·柯林斯（著名管理大师）告诉你如何找到属于你自己的刺猬理念：①能够在哪方面成为世界上最优秀的，那方面就是你具有与生俱来的天赋，并且运用天赋可能成为最好的，即"我觉得我生来就是干这个的"。同样重要的是，你不能在哪方面成为世界上最优秀的。②你对什么充满热情。就是什么能使你充满激情、热情洋溢地去干，即"我希望一起床就立刻投入工作，并且笃信我做的一切"。③是什么在驱动你的经济引擎，使你从事的工作有丰厚的回报。

你需要对这三个方面坦诚、深刻的理解，并向它们的重叠部分努力，把它变成一个简单明确的概念，用来指导你的人生选择，你就能得到一个属于自己的"刺猬理念"。然后像近乎宗教信仰一样坚守，并把它与实现梦想（目标）的无畏精神结合在一起，你会得到一个强有力的、近乎神奇的组合（这个组合里有你的命运秘密）。

请注意，刺猬理念不是一个目标或策略，它是一种感悟。要坚持完成感悟的周期。在给定的时间里，增加完成整个循环的次数，能够加快获得刺猬理念的过程。

有了你自己的“刺猬理念”之后，还要注意下面三点：

(1) 在某方面很有能力，并不表示就有潜能成为最优秀的。很多人因为受制于能力的祸害，而没有发现自己的潜能，反而很少在所从事的领域获得大成功。要懂得，做你擅长的事只是使你变得很好；一心专注于你有潜能比其他人做得更好的事，才是通向卓越的途径。

(2) 更多的时候，你的预算不是估算某件事应投入多少钱或时间，而是决定哪些事最符合你的“刺猬理念”，应该重点做好，哪些应该完全放弃。

(3) 聪明的人更容易毁于机会太多而不是机会太少。问题不在于创造机会，而在于选择机会。如果它不适合你的“刺猬理念”，即便它是“一生中唯一的机会”，也要敢于说“不”。

63. 最简单的进攻最有效

几乎在一切领域（包括导演命运剧本），复杂方法对现实都不适用。外行使问题复杂化，内行追求简洁。巴菲特说：“早在50年前本·格雷厄姆与多德写出《证券分析》一书时，价值投资策略就公之于众了，但我实践价值投资长达35年，却从没有发现任何大众转向价值投资的趋势，似乎人类有某种把本来简单的事情变得更加复杂的顽固本性。”

一个意外的真相是，追求简洁，结果却是与众不同。简洁或许就是成功的重要原因之一。如同赛吉·丹尼（著名电影评论家）所说：“坏导演没想法，好导演有太多想法，伟大的导演只有一个想法。”

余秋雨（著名学者、作家）告诉你：一个成功的大企业，它的经营模式一定是简单的；一个伟大的人物，他的人际关系一定是简单的；一个危机处理专家，他抓住问题核心的思路一定是简单的；一部划时代的著作，他的核心理念也一定是简单的。美国著名的富国银行提示你：并没有那么复杂，我们只是坚定不移地从事我们的工作，并且决心完全专注于我们能够超过别人的几件事上，而不是分散精力去做我们不擅长的，以满足我们的虚荣心。

简单将使你更富有感受力。当你理解了那些捆绑住自己的障碍（如，某些人、财产、理念、欲望、动机等）、依附或恐惧时，可以实现你内心的简单。

“将其简单化，使之明确易懂。”简单化，就是简练、集中、重复；就是用类似抽象的方式确定重要的，排除多余的。有效方法是设定限制，比如，现在只需把问题分解出三条事实，科学以后再说。当事情出现混乱时，简化问题、谈论基本事实，用浅显易懂的语言解释事情的来龙去脉，看能不能取消它、能否与别的合并、能否用更简单的代替。当听了你的说法之后，觉得事情竟然是如此简单而清晰，那你就是把复杂的事情简化了。

松下幸之助给你讲故事：

20年前，我从松下电器公司的社长转任会长后的一天，一位记者来访。他问道："松下先生，请您告诉我，贵公司为什么得以高度成长？"

突然被问及这个问题，我还真答不上来，转念间，我反问这位年轻的记者："如果下雨，你会怎么办？"

或许他根本没想到我会反问，显得很吃惊而犹豫了一阵子，不过最后还是说出我预期的答案："当然要打伞嘛。"

"不错，遇到下雨得打伞。这就是我使企业经营上轨道的要诀。"……

这道理看起来很简单，也是当然的事情，但唯有能及时且适当地实践它，才算是把握了生意或经营管理的秘诀。

这位记者听了我这番话，似懂非懂，大概把它当成了笑话。其实，不论生意或经营管理，甚至世间的一切事情，不是都应该如此吗？

64. 只是做了对的事情

高速巨大的信息量和流行文化的"快钱"，很容易使人的"虚（或假）实力"大增，从而给自己的命运带来巨大的不确定性。很多命运问题都出于更正确地做了错误的事情。控制命运不是管理——布置和指示的过程，而是领导——培育和提高的过程。罗纳德·海菲兹（领导力大师）说："管理者正确地做事，领导者做正确的事。"做对的事情比把事情做对更重要。

好运，某种意义上说，就是在正确的时间做了正确的事情或遇到了正确的人。正确的时间和人（机会）是动态的，很难一下子看准和抓住。那么，明智的做法就是，很有纪律性地长期坚持做正确的事（修为、准备和积累），一旦遇上正确的时间或人，便形成了你的运势。

生活上是对的事，命运上也将是对的。对的事，常来自对的问题，例如，先问自己想成为什么样的人，再去做你必须做的事（包括必须不做什么）。就是说去做某件事情的时候，不要先想能够获得什么，而首先要想你会因此而成为什么。同时要懂得，命运的事，都是峰回路转的长期回报，即从长远上看而不是眼前上看是对的，才是真正对的事。

做对的事情，另一种意义上说就是按常识办事。林语堂（著名学者、文学家）说："智慧包括两个层面的内容，是对生活和常识的思索。"常识就像沉默的“指路明灯”，让你清醒、理性，使你避免陷入困境乃至“崩盘”。山姆·沃尔顿（沃尔玛公司创始人）曾说：“我们这些人的做事原则一点都不深奥。事实上，它们都是常识。”

常识是控制命运的杠杆。让常识陪伴身边，时常思考一下常识问题，例如：己所不欲，勿施于人；小胜凭智，大胜靠德；道不同，不与为谋；骄兵必败等等，会使你的命运更趋真实、稳健、美好。

巴菲特给你的建议：

(1) 只买你真正需要的东西，用同样的态度培养你的孩子，教育他们也这样做。

(2) 你之所以正确并不是因为别人同意你的看法，而是因为你的事实和推理正确。

(3) 积少成多也能干很多事情。鼓励你的孩子做一些生意。

(4) 不要想着炫耀，做好你自己，做你乐意做的事情就够了。

(5) 过尽可能简单的生活。

(6) 不要去问理发师你是否需要理发。

(7) 不要别人说什么就做什么，听着就行了，做你自己觉得好的事。

(8) 不要追求名牌，穿你觉得舒服的衣服。

(9) 不要把钱花在不必要的事情上，而是用在真正需要的地方。

(10) 要从容进行，不能突然进行。没有任何的魔法。我们花了很多年时间做同一件事情，此外，今后我们还要花上数年时间继续做这同一件事情。

65. 别粉碎了你的灵性

“一个发现越具有独创性，到后来它看上去越显而易见……各组成部分越常见，崭新的整体越惊人。”兰德（美国著名企业家）也对创造力的这一特点备感惊讶：“这是研究过程的一个奇怪的特征……即问题被解决之后，其解决方法总是显得一点都不足为奇。过早地试图解释让你激动不已的东西，不但不会增强你的认知能力，反而会破坏它。因为你往往解释个没完，却没有真正探索到什么东西。”（理解和解释之间通常存在深不可测的鸿沟，命运也是这样。）破译命运秘密的过程亦如此。

发现的经典模式是：你寻找你知道的东西，结果发现了一个你不知道的东西。如同芒德勃罗（著名科学家）所说：“伟大的发现都是概念从一个领域转移到另一个领域引起的差错的成果。”例如，亚历山大·弗莱明（英国著名科学家）在清理实验室时，发现青霉菌污染了他之前的一个实验样本。于是他在偶然间发现了青霉素的抗菌性。阿佩勒斯（古希腊著名独臂画家）在画一匹马时，希望画出马嘴吐出的泡沫。在非常努力地尝试并且失败之后，他愤怒中拿起用来清洗画笔的海绵扔到画上。被海绵砸中的地方，完美地表现了泡沫。

“美妙之物和平凡之物的联系”足以解释创造力之谜。创造力或独创性更依赖于性格而不是能力或技艺。许多关于创造力的说法都把直觉——念头突然闪现，从而破解谜团——作为核心内容。直觉是一种让人难以捉摸的东西，它根植于潜意识中，因而它总在意料不到的时刻悄无声息地出现了。

相信和培育你的直觉（尤其是当直觉告诉你千万不要做某些事的时候），它能提升你的灵性。人的直觉很脆弱，容易被扰乱，千万不要试图解释直觉。犹豫不定只能减弱人的判断力（当你对某件事情犹豫太多时，最好不去做）。乔布斯曾说：我跟着我的好奇心和直觉所做的事，事后证明大多是无价之宝。

破译命运秘密也是这样，必须抓住某些直觉“暗示”。“当你准备做决定时，第一步就是要搜集到所有必要信息，然后，在简单决定面前，最好听从有意识的思考，而把复杂决定交给下意识。”这是美国《科学》杂志上刊载的消费研究报告中的一段话，报告指出，在选购大件商品时，直觉判断往往比缜密思考更能获得满意结果，而且这一原则还能延伸到其他领域。比如运气。

请注意，不要在心里种下那些完全是主观意念在捣乱的虚暗示。也就是你得忘掉“暗示”，它才会在该来的时候不请自来。另外，在投资市场（例如股市）上不要听从直觉，那是要经过深思熟虑的步骤，去寻找明确原理与关键真相的纯理性行为。

牛根生如是说：

直觉不是撞大运。直觉是从起点直达终点的跳跃，是一种顿悟；顿悟只发生在有准备的人的身上。

一位象棋大师的直觉可以把棋局导向胜利，而一位象棋爱好者的直觉却可能把棋局引入死地。

苹果落地，物理学家牛顿可以直觉到“万有引力”，放羊娃“羊顿”大概只能直觉到该为牲畜过冬备草料了。

直觉是伟大的，因为这世界先知先觉的人毕竟只是少数；直觉也是渺小的，因为它居然只是某人大脑中飘出的一根“游思”。

慎用直觉！敢用直觉！善用直觉！

◎人生无法打草稿，但命运可以“彩排”

比尔·盖茨说：“你所在的学校也许已经不再分优等生和劣等生，但生活却并不如此。学校会不断给你机会让你进步，然而现实生活完全不是这样。”生活从不给人打草稿的机会，生活崇尚变化，变化喜欢优胜劣汰。命运却不是这样，命运有其与生俱来的戏剧性，你可以彩排，甚至它还可能重演。你如果看不到命运演进的模式，就会被命运抛弃。

66. 为了更好的“表演”

命运仿佛是你内心里最真实的梦想和兴趣所展开的表演。意识上的“彩排”，可以帮助你感知和设计命运，也可以提高应对厄运的能力（研究表明，对高度承压情况——如遭遇灾难或犯罪事故——的对策作过认真思考的人，更有可能幸免于难）。

但是，命运并不是一场拍电影式的游戏，只会扮演其中的角色而不会真正生活的人，错过的东西一定比他想象的要多。命运的“神秘”还在于，每一件事都可能拐弯抹角地改变它。有效的应对办法是，不放过能引起你关注的事实与问题，从中感知变化，彩排命运。尤其是潜意识（包括梦，特别是亲人或朋友梦到有关你的梦，应重视，但不要迷信）或意外一再提示你的东西，都可能是你命运的“点拨”。例如，林肯在遇刺前几天曾做过一个总统被暗杀的怪梦，他是在剧院里看歌剧时遇刺的，在去剧院前他还曾有不祥的预感。绝不可粗心大意，请多一分庄重与小心，因为稍不留神，某一时刻就改变了你的命运，而你本来可以让它这样而不是那样的。命运里最悲哀的、也是最该避免的就是“本来可以……”

迈克尔·乔丹说：我对平时的训练和正式比赛一视同仁，绝不厚此薄彼。你不能期望训练中的马马虎虎会给以后的比赛带来好成绩。有很多人临阵磨枪，说到做不到，这正是他们失败的原因。要知道，在成功的崎岖之路上，困难和艰险对谁都是均等的，不留情面的。

然而你不必因此踌躇不前。要是前面有一堵墙，不要折回头放弃努力，想办法爬过去，超越它，即使被撞到也不要回头！

67. 危险在于猜测

在形势变化中获得优势的途径，是把自己的命运紧密联系未来发展的趋势。约翰·斯库利（百事和苹果公司前CEO）说：未来属于那些在可能性变得明显之前看到它们的人。

“预见未来”与“对未来下注”不是一回事。可以做适当的预测，但只关注你所在的领域。应该避免的是对大范围的有害预测的依赖，避免那些可能损害你的未来的大主题，即在小事上当傻瓜，而不是在大事上。沃伦·巴菲特说：“在董事会会议或其他讨论中，我们从不谈论经济预测这个话题，我们并不深入这个领域。”巴菲特认为，作为一名投资者，没有必要去预测经济走向，而是应该将精力集中到企业个体价格的评估上。

分析趋势的危险同破译命运秘密的危险一样，都在于猜测。实际上，命运（未来）根本没有正常可言。预测命运的最好方法是设计它、创造它，把精力放在准备（修为）而不是预测上。

约翰·奈斯比特提出的11条“定见”，能有效地帮助你指引方向，让你有勇气按照你的设计向前迈进：

（1）变化中的大部分事物都有章可循。①很多情况下，发生变化的并不是事物本身，而是我们做事的方式。只要你能够分辨出常量（比如，家庭、工作、运动、唱歌、季节仍然决定着生活的节奏等）与变化，就能够有效应对新的市场，并从变化中获利。②不要为琐事所牵绊，而是要牢牢盯住那些已经或将要对你的生活产生重大影响的事件。③不管你接触到什么样的信息，都应该区分表面变化和实际变化、本质变化和一时风尚，记住，在世界历史上，大部分事物都是稳定的。要区分：要素与修饰、规则与技巧、趋势与风尚、突破与改进。技术上的改变经常会带来无穷的发展潜力。

（2）未来隐藏于现在之中。①预测未来的最可靠方法就是在现实的事实基础之上进行思考。但这并不意味着一定要研究现实中所有细节，小心前面的陷阱。②如果你想发现导向性的事件，就要与之拉开一定的距离，以免当时的潮流蒙蔽你的视线。③基本变革都是多种因素综合的结果，在做出判断之前，考虑一下是否有多种因素在推动事物向不同方向发展。

（3）要关注统计数据。聚焦你所发现的“比赛结果”，把它们想象成篮球比赛中记分牌上的比分。它们的明了、可靠就是衡量信息准确和相关性的标准。而复杂通常是用来伪装的工具，只有简单才能透明，才有助于了解现实。了解现实是了解未来的第一步。

(4) 尽情想象，错又何妨。①没有去和权威科学家进行探讨，纠缠不休，而是在独立的情况下任自己的思绪飞扬正是爱因斯坦的优势。他关注的是事物的本质，而不是自我。他关心的不是人们是否会反驳自己的观点，而是在探寻科学的路上不要遗漏任何事实。他所追求的是正确的理论，而不计较自己是否正确。但是只有卸下思想包袱，不去追求完美，才可以自由想象，并做出合理判断。②追求完美会束缚你的思维，会把自己困在一个小圈子中。一旦你允许自己犯错误，你的视线就会豁然开朗。

(5) 未来不过是一幅拼图。①顺序是发现规律的大敌。新发现都是从已有的事物中发展起来的，比如成熟的苹果一直都在从树上落下，但是只有牛顿看到“深层次的含义”。②天才们的发现总是建立在常人都能发现的事物之上的，但是常人都无法看到它们之间的联系和规律。比如爱因斯坦，他所摘下的树上成熟的果实是藏在树叶中的，只有非常敏锐的眼睛发现了它们之间的规律，许多单个的“果实”才能成为有意义的成果。③未来就是一系列的可能、趋势、事件、迂回曲折、进步和惊奇。随着时间的流逝，所有的事物都会各就各位，形成一幅关于世界的新的完整画面。预测未来，你就要预测这些单个画面的发展趋势，而且你对它们之间的联系了解得越透彻，你所预测的完整画面就会越精确。

(6) 愿景不要太超前于时代。①避免过度地陷入未知世界中，否则你就不是在预测未来，而是在盲目地猜测了。②发送者必须要和接收者处于同一频率之内。

(7) 要变革，先让人们看到好处。①只有首先使人们了解改革能够带来的利益，改革才会受到他们的欢迎。②在心中思考：什么会给你带来回报？什么会使你受到惩罚？比赛的结果可以告诉你什么时候变革会带来回报，什么时候鼓吹变革只是在追求海市蜃楼。

(8) 改变是需要时间的。

(9) 成功靠的不是解决问题，而是利用机会。①当你探寻未来时，应该去寻找、利用机会，而不是仅仅解决问题。②有时只要你向前迈出关键的一步，结果就意味着一个新的开始。③人们与周围环境之间的关系发生变化就会带来新的需要和欲望，从而产生新的机会。你应该关注那些机遇寻找者，并与他们合作。

(10) 旧的不去，新的不来。①在社会和人际关系中，分辨出什么是有益的和有害的，可以帮助你很好地了解人际和社会关系。②量力而行，要集中关注那些真正满足自己需要和兴趣的信息。

(11) 科技，始终来源于人性。①当一项新技术问世时，考虑：什么将会得到加强？什么将会被削弱？什么又将会被取代？它会给你带来什么样的新机遇？②仔细考虑科技可能带来的双重影响。③人们经常会因为担心落伍而盲目花钱，过去和现在都是如此。

68. 从别人那里感知你自己

感知力，是“彩排”和导演命运的关键能力。感知命运，先从感知人（包括你自己）开始。就像你能从别人的脸上读到自己的表情一样，你可以从别人对待你的态度上感知自己的时运气象。

如果别人喜欢你，他们就会包容你所有的不足之处。反之，就算你做得再好，也没用。运气常常也是这样。

如果谁都不喜欢你（包括命运），那么应当相信，这是你的过错。怎么办？一、你可以先从接受别人或命运开始，就是表现得你能包容别人，欣赏别人——懂得欣赏别人的人通常会让别人感到更舒服。二、真正关心他人的感受，从不假惺惺地说话，也从不敷衍了事。三、积极乐观。如果你能经常想到别人可能需要你的支持和理解，如果你能牺牲一点自己去帮助别人，每个人都会喜欢你。连好运也会喜欢你。这样，可以使自己更放松、更自然，也更敏锐，从而进入到一种感知状态。

有效控制自己命运的人都是这方面的高手。例如，里根在1984年总统连任竞选期间，和几位参与他竞选活动的“普通人士”春风满面地聊了15分钟他以前做广告卖东西的事情，之后开玩笑说：“我觉得我该走了，还是给大家留点神秘感吧。”然后他跟大家一一握手，和来时一样自信地走了出去。他使在场的每个人都感到很舒服。

很多人努力地想变得让人喜欢，却总是事与愿违。这多是因为他观察到的情形和他的表现不适宜。如果你对此不清楚，不妨试试这个方法：大部分人喜欢对他们很感兴趣、又不是主导谈话的人，你可以试着从此入手。例如，华盛顿邮报的一名记者曾说，她第一次采访亨利·基辛格时，就被他真诚的微笑和问话征服了——他说：“在采访我之前，先跟我聊聊你自己吧。”

什么能产生人际吸引呢？心理学家说：①接近。频繁见面、亲近会催生友谊，增进对彼此的喜爱。②相似。人们通常会觉得，与和自己拥有相同态度、兴趣、价值观和经历的人交朋友能够收获更多。相似会让人彼此心生喜爱。③自我表露。这不仅会让人们更加了解彼此，而且会更加互相信任。通过他人的自我表露，你可以判断他对你信任到何种程度。④外表吸引力。也许很不公平，但美貌一直是真正的社会资产。男性和女性都会受到外表的巨大影响，男性受到的影响似乎更大。研究发现，由各种平均特性组成的脸是最吸引人的。

69. 以未来的眼光看现在

明确目标的一个好方法是以未来的眼光看现在：假设现在是三五年之后，你的努力奋斗已经有所成就，你开始得到他人的承认。假设一位记者对你进行采访，而且已经将你写成了封面故事。这篇封面故事里会有哪些内容呢？是什么成就使你令人钦佩？你是如何达成这些成就的？

周迅（著名演员）给你讲故事：

18岁之前，我是一个不知道自己想要什么的人，每天就在艺校里跟着同学唱唱歌、跳跳舞，偶尔有导演来找我拍戏，我就会很兴奋地去拍，无论角色多么小。直到1993年的一天，教我专业课的赵老师突然找我谈话："周迅，你能告诉我，你未来的打算吗？"我愣住了。我不明白老师怎么突然问我如此严肃的问题，更不知该怎样回答。

老师问我："现在的生活你满意吗？"我摇摇头。老师笑了："不满意的话证明你还有救。你现在想想，10年以后你会是什么样？"

老师的话很轻，可是落在我心里却变得很沉重。我脑海里顿时风起云涌。沉默许久，忽然我坚定地说："我希望10年后自己能成为最好的女演员，同时发行一张属于自己的音乐专辑。"

老师问我："你确定了吗？"我慢慢咬紧嘴唇回答："Yes"，而且拉了很长的音。"好，既然你确定了，我们就把这个目标倒着算回来。10年以后，你28岁，那时你是一个红透半边天的大明星，同时出了一张专辑。"

"那么你27岁的时候，除了接拍名导演的戏以外，还要有一个完整的音乐作品，可以拿给很多唱片公司听，对不对？"

"25岁的时候，在演艺事业上你就要不断进行学习和思考。另外在音乐方面要有很棒的作品开始录音了。"

"23岁就必须接受各种各样的培训和训练，包括音乐上和肢体上的。"

"20岁的时候就要开始作曲、作词。在演戏方面就要接拍大一点的角色了。"

老师的话说得很轻松，但是我却感到一阵恐惧。这样推下来，我应该马上着手为自己的理想做准备了，可是我现在却什么都不会，什么都没想过，仍然为小丫鬟小舞女之类的角色沾沾自喜。我觉得一种强大的压力忽然朝自己袭来。老师平静地笑着说："周迅，你是一棵好苗子，但是你对人生缺少规划。我希望你能在空闲的时候，想想10年以后的自己。如果你确定了目标，希望你从现在就开始做。"

想想10年后的自己——当我意识到这是一个问题的时候，我发现我整个人都觉醒了。我始终记得10年后我要做最成功的明星，所以毕业后，对角色我开始很认真地筛选。渐渐被大家接受，也慢慢地尝到了成功的快乐。

2003年4月，恰好是老师和我谈话后的10周年，我不知道是偶然还是必然，我居然真的拥有了属于自己的第一张专辑——《夏天》。

其实你和我一样，如果你能及时地问自己一句："10年后我会怎么样？"你会发现，你的人生就会在不知不觉中发生变化。时刻想着10年后的自己，你会朝着自己的梦想越走越近。

70. 变化就是舞台

面对各种无法控制的变化，明智的抉择就是用主动和乐观的心态去拥抱它。当然变化往往是痛苦的，但机会（包括命运秘密）却恰恰在适应变化的痛苦中获得。一些人在适应变化时表现出高度的敏感，另一些人则反应迟钝、行动勉强，还有一些人进行激烈反抗。事实证明，后两类人的做法是深具欺骗性和自我毁灭效果的。请记住，"把花掐断，并不能阻挡春天的到来"。

IBM2008年全球CEO调查发现，所有1130位受访的世界顶级CEO，惊人相似的成功特质之一就是：渴求变革，有实施颠覆性业务创新的魄力（另一个特质是：发自内心的真诚，而不仅仅是慷慨）。

历史告诉我们，懂得去了解变化（尤其是变化的细节）、适应变化的人更容易成功。有效控制命运的人正是能够在别人看来是不可能，甚至是危险、陷阱、灾难……的变化中冷静地找到机会的人，而真正的高手还善于制造变化以创造机会。例如，毛泽东就很善于制造变化来调动敌人，在运动中伺机消灭他们。

令人不安的事例在帮你确定真相方面非常有力。塔勒布（美国著名随机科学教授）教给你一些谨慎技巧（越谨慎，越有效）：①区分正面意外和负面意外。学会区分，从事哪些事在不具可预测性时会对你有利？从事哪些事在你无法预测未来时有害？②不要寻找精确和局部的东西。不要狭隘。让意外进入你的生活。把精力放在准备而不是预测上。请记住，达到无限警惕的状态是不可能的。③抓住一切机会，或者任何像机会的东西。机会很少，比你想象的少得多。正面意外事件有一个前提：你必须把自己置于它的影响之下（比如，深入生活，积极参与社会活动，增加美妙偶遇的可能性）。许多人在好运降临时并没有意识到它的降临。④不要浪费时间与预测者、证券分析师、经济学家和社会学家争论，除非是拿他们取笑。

1967年，香港爆发了历史上最严重的劳资骚乱。这场动乱使香港许多人担心，内地会否趁乱强行收回香港。与之相应，香港楼价大幅探底。

李嘉诚回忆道，看到骚乱发生的时候，自己同样出现信心动摇。但“一晚之后，我想通了一个简单的道理——若中国要收回香港，毋须用这种方法。”于是逆市抄底，用多余的资金买入不少房产。后来，李嘉诚承认当年因此赚了不少钱。抓住了变化中的机会，成为李嘉诚资本积累的重要一环。

◎认真的人改变自己，执着的人改变命运

投入、专注、认真和执着，是控制命运的“四核驱动器”。科学家研究发现，吃食物的积极投入程度，决定着营养的吸收程度。命运的事亦如此，你对生活和你应该做的事情的投入程度，决定着命运的改变程度。

专注和精细一直是我们许多中国人的短板。一旦你优先进入专注、执着到精细的状态，你将进一步揭开命运的面纱，甚至优化命运剧本的组合。这时你将经历王国维（清代大学者、国学大师）所说的，成大事业大学问者必经“三种境界”的第二境界——“衣带渐宽终不悔，为伊消得人憔悴。”

71．古老的通用秘诀

吉姆·柯林斯的基业长青理论告诉你：“没有几家高瞻远瞩的公司一开始就拥有伟大的构想，但是一定要有核心价值观和超越赚钱的使命感。”命运的长青也得这样，必须在使命感的驱使下“从一而终”，把精力专注在“一件事”上。只要你全力投入，所有的事情就会水到渠成。这就是命运的简单的一面。

卓有成效的秘诀，就是善于集中精力。总是把重要的事情放在前面先做，而且一次只做好一件事。爱默生说：“专注，是政治、战争、商业中显示力量的秘诀。简言之，也是处理所有人类事务的秘诀。”非常专注，几乎是所有成功人物都拥有的一种品质。这使得他们能够有效排除外界干扰，在同一时间内可以完成好几件不同的事情，并保持清醒的头脑。专注于你能够改变的事情，例如“运”，能使你当初不能改变的事情也改变了，例如“命”。

这种集中注意力的能力得以形成的主要原因是，在作决定的时候先不去计较结果——真正的忘我。一旦进入忘我的状态，“智慧宝库”的大门便会自动打开。

史蒂芬·茨威格在一个周末拜访雕塑大师罗丹。

“或许你愿意看看我的工作室？”罗丹和蔼可亲地说着，陪他来到工作室。

卓有成效的秘诀，就是善于集中精力。总是把重要的事情放在前面先做，而且一次只做好一件事。

简朴的房间里，桌子上堆满了草图，地上摆着一些雕像和雕塑局部。茨威格正看得出神，罗丹已经穿上了工作服，站在工作台前面。

“这是一个新作品，”说着，他小心地掀开湿布，一座逼真的用黏土雕塑的少女半身像出现在眼前。茨威格忍不住赞叹：“太美了！”

罗丹侧头看了看雕像，后退一步，盯着少女像出神。“这里还差一点儿……”他边轻柔地自言自语，边拿起木质的刮刀专注地修改着。

这样半小时过去了，一小时过去了……罗丹再没跟茨威格说一句话，他把茨威格给忘了。

不知过了多长时间，罗丹舒了一口气，扔下刮刀，满意地笑了。他拿起盖布，小心又温存地盖上少女像。然后向门口走去，突然他看见茨威格，吃了一惊，凝视半晌才记起来。

罗丹为自己的失礼感到尴尬：“对不起，先生，我完全把你忘记了，我的意思是……”茨威格毫不介意地握着大师的手，心里充满崇拜。这个周末，茨威格得到了一个寻找很久的答案：成就艺术大师乃至一切伟大事业的秘诀——专注。

72. 命运的火种

比尔·盖茨和巴菲特在被问到“是什么特质让你们与众不同”时，巴菲特回答：“我们拥有激情。我们从事现在的事业是因为热爱它，并不是为了发财才从事当前事业的。我们可能是觉得，我们能够做好它，能够成功从而致富。我觉得激情是极其重要的。”自知没有能力但以燃烧的激情对待命运，最终将比具有先天资质优势的人更有收获。激情，将点燃你命运里的圣火，将帮助你顺利突破命运的“模糊地带”或“暗礁区”，而使很多“不可能”变为“可能”。

有一个人类学调查说：在世界500强企业里，对排名前100位的CEO和排名100名以后的CEO做了一个EQ（情商）的调查发现，这些人的智商、知识层次没有什么差别，真正的差别在激情方面。微软公司的创办正是源自于比尔·盖茨的“不做就一辈子都不会甘心”的创业激情，为此他放弃学业，全身心地投入到软件创业的梦想中。盖茨说：“我们公司的核心文化就是激情文化，员工必须要有激情，才能全身心地投入到工作中去，而技巧是可以培养出来的……”

所谓激情，是指对某件事情由衷的、强烈的、真实的兴奋感；不学习、不进步、不创新都不行；发自内心的在乎亲人、朋友或同事是否取得了成功；当周围的人跟你一样时，你会感到极大的兴奋，血管里始终奔流着旺盛的生命力。

找到或培育能让你产生激情而且你又有潜力的事情（它来自你的人生故事），然后永久保持它。永远为你所抱有激情的事情（这里有你的命运秘密）激动下去。

比尔·盖茨告诉你：

找到真正激发你激情而且你又擅长的事情，有时候可能得花上不少年。沃伦（沃伦·巴菲特）和我都挺幸运的，某种程度上可以说是直接就撞到了。那时候我甚至不知道它是不是软件，也不知道能不能算一份职业，我只是迷上它了。这事发生的时候，感觉好极了。我想大部分人都是在20多岁的时候开始尝试一些不同的东西，经历中的有些事情会带给你不同的感觉，也带来不同的工作机遇。你该在最初的工作中尽量寻找接触不同东西的机会，然后当你发现你为之着迷的事情之后，直接开始干吧。

73. 命运的“调节器”

耐心和等待是两码事。耐心是一种力量和在安静中积蓄力量与创新的执着，并且含有信念和精神。耐心有时能避免或改变厄运的降临，而等待却不能。巴菲特提示你：“等待是愚蠢的。我写过这样的文章。如果你一定要等到你看到知更鸟的时候，春天都结束了。”乔治·W·布什说：“我不会让漫长的时间和寒冷的日子弄湿我的精神。”

用耐心与执着磨练心志、陶冶情操、抑制怒气、消除嫉妒、防止骄傲、管住舌头、储备力量，在适当的时候，就能得到应得的回报。如同江南春（分众传媒创始人）所说：“最终你相信什么就能成为什么。因为世界上最可怕的两个词，一个叫执着，一个叫认真。认真的人改变自己，执着的人改变命运。”大卫·罗斯柴尔德说：“对于像我这样没有天赋的人，要采用农夫的方式——长期观察，然后总结出适合自己的方式。”盛田昭夫（日本索尼公司创始人）说：“我们早在1953年就得到了晶体管的专利权，但用了10多年时间才把晶体管变成赚大钱的生意。因此，我们在这10年中投入了耐心和信心。”破译命运秘密和导演命运剧本，需要这种“农夫的方式”，也有“晶体管”的特征。

你必须比兔子跑得快，但又要比乌龟更有耐心。郎咸平（经济学家,香港中文大学教授）说：“巴菲特和一般人不一样之处，在于这个人耐得住寂寞。有超人的耐心与执着，同时具有当机立断的另一面。”巴菲特的好运，与他这“超人的耐心”加“当机立断”关系重大。

74. 控制命运是“持久战”

有效控制命运，应该按照这辈子只做成功一两件大事去打算，其他的都是副产品。避免无谓的体力和精力消耗，好钢用在刀刃上是责任。

人的能力来源于精力。精力包含四个方面：身体、情绪、意识、精神。它们都可以被管理和更新。适当休息、经常运动可以使身体充满活力；积极思考、勤于思考可以避免消极情绪；避免被经常打扰、习惯投入可以提高注意力；参加各种活动可以让精神更加丰富。

命运的事，必须养精蓄锐，从长计议。不要对所有的事（尤其是有趣的事）都执着、对所有的烦恼都招惹，即使早已风平浪静，却还不依不饶。正所谓世上本无事，庸人自扰之。这是烦恼痛苦的根源，也是导演命运剧本最容易“跑题”的内耗。

培养注意重点的习惯，这样可以让你避免小题大做。荣毅仁（国家前副主席）告诉你：发上等愿，结中等缘，享下等福；择高处立，就平处坐，向宽处行。

登珠峰时，在海拔近8000米营地宿营，夕阳血红，宏伟壮观。同伴们都出去看，并招呼王石，“风景这么好，王总快出来。”王石没吭声。过了10分钟，他们又说：“你再不出来会后悔的，这是我们登了这么多山所看到的最美的风景。”王石说：“老王说不出去就不出去！”

为什么不去看夕阳呢？王石说：“我知道我的目标是登顶，任何与登顶无关的消耗体力的事都一概不做。整个登顶过程中，我一直保持这个态度。”

当时的登山队伍中，有一个队员比王石小10岁，是国家级登山运动健将。他被寄望第一个登顶，但是，他在登山过程中要接受记者采访，每天要回答网上的帖子，还要跟踪拍摄登山过程并将图像传回家乡的电视台。这些太多地消耗了他的体力与精力，到8300米时，他的精力已消耗殆尽。

◎导演命运剧本不像想象的那么易，也不像想象的那么难

当你开始用心导演自己的命运剧本时，命运就会帮你。

前进的道路上免不了发生错误、蒙受耻辱，成功控制命运的人内心深处往往埋着一段屈辱的经历。但是在其中学习到经验教训之后，就应当彻底忘却错误和耻辱本身，至少把它们深深埋在心里。对于自己的错误，最明智的做法是，以分析而不是充满内疚的态度看待它。实际上，你越是幽默点、从容点、无忧无虑点，就越能够从中吸取教训。

对待命运、对待成功也应当这样——忘掉它——超越它。如华盛顿所说："由于剑是维护我们自由的最后手段，一旦这些自由得到确立，就应该首先将它放在一旁。"

破译了命运秘密之后，你就可以把命运放在一旁。这样你将逐渐进入到李嘉诚推崇的"建立自我，追求无我"的极高境界（李嘉诚说：建立自我能让个人梦想成真，追求无我能让更大的理想成真）。

至此，你将经历王国维所说的"三种境界"的第三境界——"众里寻他千百度，蓦然回首，那人却在，灯火阑珊处。"

75. 命运如酒，看你如何举杯

命运更看重你的自我表现。爱默生说："人仅仅是他自己的一半，其另一半是他的自我表现。"

自我表露，令人际关系更亲密。把你内心真实的想法与感受，用生动的语言（包括身体语言）或故事，简单、有序、准确地表达出来，就是你的口才。有中心思想、动人、有趣、戏剧性的故事常驻大脑，更有机会影响行为。活力胜过技巧，有效表达你的观点，不仅要生动，也要巧妙和幽默，更要震撼人心。丘吉尔说："伟人的特性就是具有留给他所遇见的人以永恒印象的力量。"方法是，展现出你的性格和情感，只想着你要表达的观点本身——观点的核心，尤其不必过分改变自己，绝不装腔作势，只需展示你最好的一面。

1937年，爱因斯坦等科学家委托萨克斯（美国时任总统罗斯福的私人顾问）约见罗斯福，要求美国抢在纳粹德国前面制造出原子弹。罗斯福听了萨克斯的建议后，冷淡地说："现在政府无力投巨资研制这种新炸弹，你最好不要管这件事情了。"

事后，罗斯福觉得自己的态度不妥。为表歉意，他邀请萨克斯共进早餐。萨克斯苦思冥想，准备利用这个机会说服总统。翌日清晨，萨克斯与罗斯福一起来到餐厅，刚一落座，罗斯福便说："那天我的态度不好，抱歉！科学家们老爱异想天开。今天可不要再提原子弹的事了。"

"那我就谈点儿历史好吗？"萨克斯平静地说，"当年拿破仑横扫欧洲，不可一世。但是他在海战中却不尽人意。有一回，一个叫富尔顿的美国人去见他，建议他砍断法国战舰的桅杆，安装上蒸汽机，把船板换上钢板，并说这样会所向无敌，很快占领英伦三岛。拿破仑心想：船没了帆就无法行驶，船板换上钢板肯定会沉没。他认为富尔顿是个疯子，把他赶走了。历史学家们说，如果拿破仑当时采用了富尔顿的建议，那么整个欧洲的历史就会改写。"

罗斯福听罢，沉思片刻，然后对萨克斯说："你赢了，我们马上着手研制原子弹！"

慢慢地说，但要迅速地想。话语中永远不要带有恶意、嫉妒和嘲笑，说话不是要找出别人的缺点，不要夹枪带棒。从亲切平静的谈话中，才能看到你有一种压倒一切的勇气和一颗挚爱的心。

你的人格是你表达中最伶俐的"口齿"。愚蠢的人只用嘴说话，聪明的人用嘴和大脑说话，智慧的人用嘴和大脑通过心灵说话。和别人接触的时候你是什么样的品格与风格对对方的心理影响很大。与其告诉，不如展示。就是你传递给别人的信息不仅包括语言，还得通过眼神等面部表情（眼神交流非常重要，但不要从头到尾一直盯着对方的眼睛看）、肢体语言、语音语调、幽默感以及其它因素，向别人表述你是一个什么样的人[研究结果显示：听者对信息的理解55%来自说者的非语言表达（面部表情、身体语言），38%来自声音（音质、语调、音量、声音变化），只有7%来自语言本身]。你的任何行为都是你语言的一部分（身体语言），它也必须要简洁、大方、正直、潇洒、有感情，要标示出你心灵的高度。把你的注意力放在谈话内容上，身体语言会自然而然随着你的交谈而发生。

有时候你并不需要讲很多道理，只要耐心地听就可以了。每个人都讨厌说话啰嗦的人，学会长话短说，"要知道什么时候谢幕"。有时候适当地含糊其辞和技巧高明的吹捧也很有帮助，但是说谎话会使话语乃至人格大打折扣。

给别人提一些好的建议，不但要看说话的时机，要用对方接受得了的方式，而且必须具体。例如，奥普拉·温弗瑞（美国著名电视节目主持人）采访克林顿时问道："你的女儿有了男朋友，已到了谈婚论嫁的时候。作为父亲，你给她关于男人的最好建议是什么？"克林顿毫不犹豫地说："我只对具体的男人给她提出建议，从不对男人进行整体的评价。"

忠言如雪，越是柔和地飘下，越能长久深入地铭刻于人心。但不能将言行"和风细雨"与理解他人的观点混淆。李·艾科卡（美国克莱斯勒公司前董事长）提示你："与人谈话，要用他们自己的语言。如果你做好了，他们会说：'天啊，他说出了我的想法。'当他们开始尊重你，他们会铁了心追随你。"

当有人不同意你的观点时，你可以说："你跟我有不一样的看法，这很好。"你不一定要对他表示赞同，但可以表示肯定，并尽量给予理解。你可以继续说：我不同意你的看法，但是我支持你。注意忌用不招人喜欢的词，例如，"你懂我的意思吗？""你清楚吗？""基本上……""老实说……"

一位日本议员在新一届选举落选后十分沮丧，许多朋友安慰他，都没有什

么效果。他对自己越来越没信心。

一天，他到一家食品店买食品，一位认识他的收银员轻松地对他说："议员先生，谢谢你的光临。另外，我多么希望看到以前那个自信和笑容满面的人。"这句话，让议员十分感动。面对这位并不熟悉的人，他差点掉泪。

3年后，议员再次参选，他顺利当选。他很感激收银员，是收银员那句话帮他重新找回了自我。

请注意，上帝赋予你一张嘴两只耳朵，不只是要你少说多听。还要懂得，说比听更要严格、小心。埃及谚语说：舌头往往毁人一生。美丽的秘密请小心保存，因为人的好奇心理，常常隐藏着破坏欲。科林·卢瑟·鲍威尔（美国历史上第一位黑人国务卿、参谋长联席会议主席）忠告你：急事慢慢说，大事想清楚再说，小事幽默地说，没把握的事小心地说，做不到的事不乱说，伤害人的事坚决不说，没有发生的事（或没搞清楚的事）不要胡说，别人的事谨慎地说，自己的事怎么想就怎么说，现在的事做了再说，未来的事未来再说。

对于那些靠自己的语言达到行动目的的人，命运最为关键的时刻正是在他们缄口不言之时。例如，喜欢说话、总是滔滔不绝的丘吉尔，在命运攸关的情况下，却总是保持着足够的沉默。沉默可以给对方和自己都留有余地，而且还会促使事情朝着你所希望的方向发展，甚至可以挽救你。

爱迪生想卖掉自动发报机专利。与夫人商量卖多少钱好，她发狠心地说："要2万美元吧。"爱迪生说："2万美元太多了吧？"

一位商人打算买下这项发明。商谈时，商人问价钱，爱迪生觉得要2万美元太高，不好意思开口，夫人又不在家，只好沉默不语。商人几次追问，爱迪生始终不好意思说。商人终于耐不住了，说："那我先出个价吧，10万美元怎么样？"爱迪生大喜，当场成交。

如果你需要谈判（包括与命运谈判，有些时候，你需要沉静下来，用你的灵魂和你的命运谈判，你得了解它、征服它），请记住：①倾听。认真、连贯地把对方的话听完整。②十秒钟策略。当对方总结陈词之后，静静地等待十秒钟不要吭声。如上述爱迪生的故事，你的沉默对对方相当有杀伤力。③提问。有时是促使对方多说，有时是明知故问，来考验对方。④在句子与句子之间停顿一两秒。停顿能帮助对方更好地理解你所表达的意思。⑤退缩，微笑。此时你同样要保持沉默，但传递出的信息却非常明确。退缩表示你不喜欢刚才听到的；微笑表示你有兴趣，并鼓励对方继续说下去的意思。有些人还喜欢在这时耸肩，表示不在意刚才听到的，或者对对方刚才的话毫无兴趣。

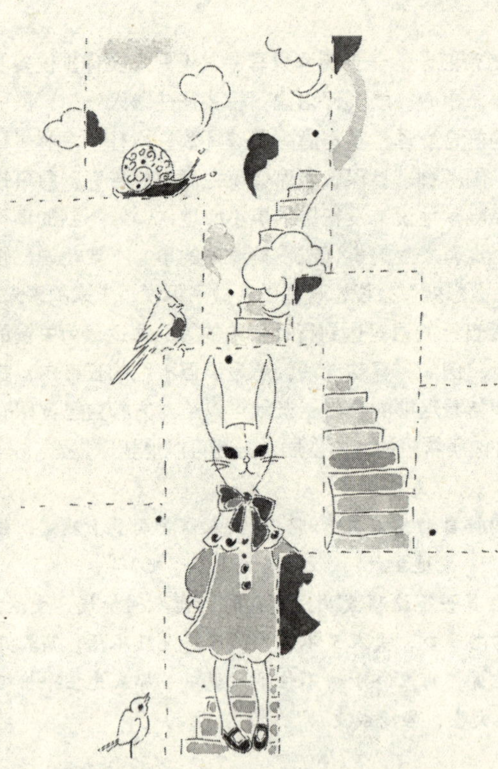

有时候，沉默可以给对方和自己都留有余地，甚至可以挽救你。

请注意，在任何谈判中，永远对原则问题表示赞同，并把最后一点利益留给对方，不要把桌上的钱都拿走（这也适用于其他生活中）。

如果你要演讲，那请记住：分析到位但不能打动人心的演讲不会产生效果。要晓之以理，更要动之以情。只要能触及人们内心深处的欢乐、担忧、梦想和热情，任何表现形式——不管多么传统——都不会过时。这一点适用于生活中很多方面。“伟大的领导者赢得的是别人的心和头脑。”注意，是“心”在前面。

林肯当律师时，有一天，一位老态龙钟的妇人来向他哭诉自己被欺侮的事。这位老妇人是美国独立战争时一位烈士的遗孀，每月靠抚恤金维持风烛残年。前不久，出纳员竟要她支付手续费才准领钱，而这笔手续费等于抚恤金的一半。这分明是勒索。林肯听后怒不可遏，答应帮她打这个没有凭据的官司，因为那个出纳员是口头进行勒索的。

法庭开庭。原告申诉之后，被告果然矢口否认。因无证据，形势对老妇人不利。这时，林肯缓缓站起来，首先以真挚的感情述说独立战争前美国人民所受的深重苦难，述说爱国志士如何揭竿而起，怎样忍饥挨冻地在冰天雪地里战斗，洒尽最后一滴血。讲到这里，突然，他的情绪激动地说：“现在事实已成陈迹。1776年的英雄，早已长眠地下，可是他们那老而可怜的遗族，还在我们面前，要求代她申诉。不消说，这位老妇人从前也是位美丽的少女，曾经有过幸福的家，不过她已牺牲了一切，变得贫穷无依，不得不向享受着先烈们争取来的自由的我们请求援助和保护。请问，我们能熟视无睹吗？！”

发言至此嘎然而止。听众的心被深深感动：有的捶胸顿足，要扑过去撕扯被告；有的为老妇人流下同情之泪；还有的当场解囊相助。在听众的一致要求下，法庭通过了保护烈士遗孀不受勒索的判决。

76．从你学会倾听那天起，一切都已自发开始

《西拉书》中说，“如果你喜欢倾听，就会获得知识；如果善于倾听，就会变得智慧。”好运需要倾听。认真倾听使你更具有影响力，而这正是影响别人的关键，也是影响命运的关键。美国中央情报局曾说：想成为一名优秀的间谍吗？忘记那些高科技吧，一名间谍最重要的工具始终是他的眼睛和耳朵。

导演命运剧本，是从你学会倾听那天开始的。倾听的含义由耳朵——眼睛——大脑——心灵组成。倾听的最佳方式——平易近人，对人专注。你要有能让人信任和开阔的人格，要带着听取的动机，而不是回答的动机，并以理解

为目的去倾听，即“移情聆听”（它还具有治疗作用）。

善于倾听的几个有效技巧：①身体放松，头脑清醒，自然地去听取。②不因为刚开始的几句话就形成对他人的认定，认为你已经听得很明白了，这会错过也许很有用的内容。③不因为你不喜欢一个人的外貌、声音或整体形象而不听他说话。④说话人的观点与你的想法冲突时，不要过于情绪化反应，听人把话说完。⑤保持耐心与适当的沉默，让说话人充分表达完他的想法。⑥有些人经常在说一件事情时，却表达成另一种意思。听懂他人的意图和听懂谈话内容同样重要，在你听的同时也要注意观察，确定说话人的眼睛、身体和面部所传递出的信号是否与他的声音、语言一致。如果不一致，要及时弄清楚。请他当场重复某些东西，比出现一系列的误解要好得多。⑦尽量去听而不要自己去分析，或者打断别人说话。⑧要听得准确无误就必须反应快，要反应快，就得集中精力并重视起来。

学会倾听尽量多的语言和信号，任何人、事、物乃至命运，在大的变化之前必有迹象。

小马里奥特（万豪国际酒店集团董事长、CEO）有一次巡视酒店，注意到顾客对餐厅女招待的服务评分不高。他问问题出在哪里，经理说不知道。小马里奥特注意到了经理不安的身体语言，接着问女服务员的待遇是多少。得到回答之后，他问为什么待遇比市场标准低。经理说：加薪要总公司决定，而他不想提出来。

对话不过30秒钟，但是小马里奥特通过倾听发现了三个严重问题：一、总公司管得太多；二、高层重视利润胜过顾客满意度；三、经理不敢提出加薪要求，说明他的上级是糟糕的倾听者。

77. 需要解码的是细节，而不是小事

命运渗透在你人生的所有细节中。而上帝与魔鬼往往都出现在细微之处。

老子说：天下之难作于易，天下之大作于细。拿破仑说：我成功，因为我了解战争的所有细节。细节是这样一种东西，因为它而造成了不同的结果，轻视它必然要受到惩罚，过分重视它又干不了大事。就是说，细节本身有时很难决定什么，而是你对待细节的态度和反应在决定着一切。

细节和小事是两码事。细节，是那些将产生重大或深远影响的细小环节——紧要的细微之处。细节都跟变化的趋势有关，而小事则不是。放弃鸡毛蒜皮的小事（要学会按事情的影响来确定大小，而不是事情本身），贪小则失大，而且会积累种种额外负担拖累你。也不要老是盯着一些毫无影响力的小毛

病——不管是自己的还是别人的小毛病。很多聪明人不成大器，多是因为在小得失中耗费潜能。《论语》提示你：勿欲速，勿见小利；欲速则不达，见小利则大事不成。

细节是不可跳过、并且必须要下功夫揣摩的。但它不是牵绊，不能让它阻碍大胆地进行设想和行动。范安德［大众汽车集团（中国）公司总裁兼CEO］提示你：不可能把每个细节都做到完美无瑕，只要有80%作对了就OK了。在大方向上也是，80%对了，后面的事情自然就会走上正轨，剩下的20%在工作中修正。市场瞬息万变，你不可能制定出一个100%尽善尽美的目标。不确定的那部分就可以变成灵活性，随时可以调整，以便于赶得上变化。只有这样，你才不会被时间所抛弃。

1929年华尔街股市崩溃前，一个街边擦鞋童替洛克菲勒擦鞋时，送给他一条炒卖股票的所谓秘密消息。当时洛克菲勒感觉这不是个小事，而是个细节，他对这个细节“解码”后领悟到：当擦鞋童都参与股票市场时，便可能是应该离场的时候。他随即将股票兑现，此举令他躲过股灾，得以保存财富。

78．走自己的路，行路就不难

其实每个人的成功都不像他想象的那么难。成功与“劳其筋骨，饿其体肤”、“头悬梁，锥刺股”没有必然联系，关键是你得踏上自己的路。李明博（韩国总统）说：一些人对我能够20岁当理事、30岁当社长、40岁当会长不理解而提问，问题经常是：“你快速提升的秘诀是什么？”回答这类问题，我感到十分困惑，因为我从来没有过什么秘诀，我的职位和职责有利于我做事，没有别的理由。

是的，没有别的理由，只是走上了自己的路。沿着自己的道路前行，鲜花将不断开放。

他出生在美国新泽西州一个贫穷的移民家庭。从小他就腼腆内向，要命的是他什么也不会。尽管他也很努力，可是每次考试，都是倒数前几名。同学们嘲笑他是失败的难兄难弟，甚至学校也在考虑劝其退学。

一次，他看到一个老人因为一张1美元钞票被老鼠咬坏而痛哭。为不让老人太伤心，他悄悄回家将自己积攒的硬币换成一张1美元钞票送给了老人，说是他用魔法变回来的。老人激动不已，夸他是个善良聪明的孩子。

父亲知道这件事后，开始耐心地启发他，鼓励他。

逐渐地他对魔术表现出浓厚兴趣，并在父母的鼓励下跟随一些魔术师学习魔术。他克服心中的怯懦，有了自己的梦想并开始为之奋斗。

教他魔术的老师发现他在这方面的悟性很高，学得不但很快，而且每次都能在原有的基础上创新。老师的技巧很快便被他学光了，他不得不换老师。就这样，两年时间里，他换了4个魔术老师。他走上了自己的路，之后举重若轻，接下来便走出了辉煌。

他就是闻名世界的魔术大师大卫·科波菲尔。

79. “捷径”和“苦干”

勤勉加智慧能够创造好运。学会更智慧而不是更辛苦地生活与工作（学习）——让“苦差事”不苦。有效的办法是，建立一个“清除”的习惯（这个习惯也是一个有效的过滤器），分清楚“想要”、“必要”和“不要”，给他们排出座次，依时机适当清除、拒绝，按照顺序做事（包括花钱）。

格林斯潘（美联储前主席）讲给你的故事：

大学期间，为支付学费，我为一个投资机构当兼职调查员。当时冷战刚开始，五角大楼大量制造军用飞机。投资家们都想预测备战计划对股市的影响，因此他们很想知道政府对铝、铜和钢材的需求量。

不过这些数据可不容易搞到。1950年，朝鲜战争一打响，五角大楼就把所有军用物资购买计划列为保密文件。我对金属市场有所了解，所以自告奋勇去当这个“侦探”，老板同意了。

首先我找到1950年国会听证会的会议记录（这些资料是向大众公开的），但军事会议是保密召开的，我无法看到他们的记录。

怎么办？我想到了1949年的会议记录。那时朝鲜战争还没开始，军事会议在正常听证会期间召开，记录也很详细，通过研究政府公告和一年来的新闻报道，我知道1950年和1949年美国空军的规模和装备基本一致。于是我从1949年的记录中找出每个营有多少架飞机，每个空军联队有多少个营，新战斗机的型号、后备战斗机的数量和预计损耗量。有了这些数据，就基本上可算出每个型号战斗机的需求量了。

接下来我必须找出每种型号飞机需要多少铝、铜和钢材。我找来各种飞机制造厂的技术报告和工程手册，一头扎进数字、图表和工程专业术语的海洋。渐渐地，凌乱的资料中呈现出规律，政府的购买计划变得清晰了。

调查结束后，我写了两篇报告，题目是《空军经济学》，后来都发表在《经济记录》报上。时隔30多年，我当上美联储主席后不久，一个曾在五角大楼工作过的同事说：“还记得你写的《空军经济学》吗？你那时计算出来的数字跟政府保密文件里的数字非常接近，当时我们差点儿就要派秘密警察跟踪你！”

如果你问我成功的秘诀是什么？我会给你两个答案：“捷径”和“苦干”。比如《空军经济学》这项调查，1949年的会议记录是“捷径”，在浩如烟海的资料中计算整理出各种型号飞机的数据是“苦干”，这两项缺一不可。

80．集中所有的才能干一件最重要的事情

要有效地利用你的才能，最好的办法，莫过于集中你所有的才能于一件最重要的事情上。

安德鲁·卡耐基（伟大的企业家、美国钢铁工业之父）告诉你：获得成功的首要条件和最大秘密，是把精力和资力完全集中于所干的事。一旦开始干哪一行，就要决心干出名堂，要出类拔萃，要点点滴滴地改进，要采用最好的机器，要尽力通晓这一行。要把所有的鸡蛋放入一个篮子，然后照管好这个篮子，注视周围并留点神，能这样做的人往往不会失败。要胸怀大志，要梦寐以求登峰造极。不要失去耐心，因为正如爱默生所说：除自己以外，没有人能哄骗你离开最后的成功。

巴菲特也喜欢把鸡蛋放在同一个篮子里，当然那只篮子必须是他所熟悉的。他喜欢下大注。他的投资行为有点像种树，他有的是耐心等着一大片树开花结果。

请注意，《福布斯》杂志曾认真研究了200多位失败者，发现他们之所以没有能够守住财富，主要原因是投资过分集中。具有讽刺意味的是，当初这些人创造巨额财富的原因，也是过分集中的投资。

它提示你，创造财富时，可以集中在一个行业的某一个项目上，但“守住财富”和发展财富时，可以集中在一个行业，但不能集中在一个项目上。而且这个行业与项目必须是你所理解的。集中应该是手段，而不是目的。

81．不到最后决不放弃，到了最后更不放弃

英国心理学家研究发现，幸运者和不幸者的一个巨大差异在于：在玩儿同一个复杂的智力游戏时，幸运的人坚持更长的时间。当你想放弃的时候，往往是离成功最近的时候。当别人停止前进时，你仍然坚持自己的“长征”，你会发现——所谓遥远的地方，其实真的并不遥远，最终——有时甚至比你期望的还快——你将抵达自己的目的地。

“长征”可以把你造就成为一个将思想和行动结合在一起的人，这对你

破译命运秘密和导演命运剧本至关重要。卡尔文·柯立芝（美国前总统）说："世上没有任何东西，能够取代坚持。能力不能，有能力但失败的人比比皆是；天赋不能，有天赋而碌碌无为几乎快成定式；单受教育也不行，世界上满是受过教育的可怜虫。坚持和决心，有这两条你就无所不能。"马云也曾说："今天很残酷，明天更残酷，后天很美好，但是多数人都死在了明天晚上，而看不到后天的太阳……很多人比我们聪明，很多人比我们努力，为什么我们成功了？一个重要的原因是我们坚持下来了。"

永不放弃，不管有多艰辛——有时候事情会变得非常艰难。有句古老的谚语是这样说的：当你智穷计尽的时候，上帝就会出现。

昙花肯为你开放，是因为你在暗夜仍不放弃坚守。刘长乐说得好：不放弃本身就是一种创新，一种魅力；而让一些听起来"荒唐"的事变成现实，是创造力的另一种境界。

要学会坚持，可参考以下建议：①自问：下一步怎么走？符合我的原则与方向（目标）吗？②然后问：这样做会碰到什么困难？③消除或完全不管这个障碍。④采取这个行动。⑤回到第一项的步骤。

理查德·尼克松（美国前总统）说："被打败不等于完蛋，放弃才等于完蛋。"这个世界上，每个时代的杰出人物，都是在各自的道路上坚持到最后的那些人。这方面的事例举不胜举。最重要的就是，你若在心里树立一个和你生命同样重要的目标（或使命），它就能持续地给你坚持的信心和办法。

三、做仁慈的狮子
——命运的修为

成功控制自己命运的人，始终如一地恪守他的核心价值观、原则和目标（或使命），同时不断转换策略和方式以适应和改变变幻莫测的命运，总是能够准确判断和导航命运下一步的位置。这就是修为“命”和创造“运”的奇妙结合。

◎ 锁定高贵的“命运感”

你知道到什么是“命运感”吗？命运感就是你（包括你的身体、精神、思想、情感、意志等）与你的命运、你的现实生活以及梦想（不是幻想）的和谐程度，是一种由体验到感悟而获得的感觉，如同舞蹈中的“舞感”（真正的舞感在技术以外还含有高贵的信念、精神和情感），只是伴随的不是音乐而是生活，舞动的不是身体而是人生。

找到并锁定自己高贵的命运感（这里的高贵是指安静、从容、尊严、仁爱、超越自我、贡献等），可以摆脱命运的局限性，准确把控命运的节奏，协调不确定性，从而完整破译你的命运秘密，给自己的命运定调，而不是让命运给你定调。

82. 命运的藏宝图在自己设定的目标里

每个人的命运都是一座“离不开靠不住”的宝藏，很值得花一番功夫去挖掘。但是，命运不会向你透露它的想法，你要根据自己设定的目标去挖掘，而不能顺着惯性去漂流撞运。

你带着指南针生活，让别人带着时钟生活吧。比如，你决定今天阅读并理解书中的三条内容（这是带着指南针阅读），而不是读30分钟（这是带着时钟阅读）。这一习惯将给你带来效率、速度、轻松和力量，将悄悄地使你发现自己的命运节奏，并使你与众不同。这也是导演命运剧本的习惯基础。

哈佛大学25年跟踪研究发现，3%有清晰长期目标的人几乎都成为各界顶尖成功人士；而27%没有目标的人，几乎都生活在社会最底层。你的长期目标里，按步骤分解、简化成具体明确的一件件事情，就构成了清晰的长期目标。你想象到越多的细节，就越容易觉察带你走向目标的线索。此外，对清晰长期目标的全神贯注，有助于你平安度过命运风暴。

把你的目标分成事业（学习与工作）、家庭、社交三种。然后，结合你的梦想与使命、潜能和优势，以及有效资源，细分它们的来龙去脉，并按大体步骤设计路线，像画军事作战图一样，不要只考虑单线，重要的是它们的“交集”和“节点”。随着它的逐步修整完善，命运的藏宝图便会越来越明瞭。不要求精确，也无法精确，要的是一种感悟和提示。

请注意，不要将别人认为重要的东西当作你的人生目标，不要功利化，也不要过度规划，更不能从虚张声势的角度，而应该从感悟的角度树立目标。最根本的是，依据你的命运秘密设定的目标，才是真正适合你的目标，才能有效避免你向目标攀登的梯子搭错墙。此外，目标和结果不是一回事，目标是指你要做成什么样的事情，结果是指这个事情的收获。

83. 所有精彩的命运均由平淡的尽职开始

每天早上醒来先搓搓手和脸，然后再起床。起床后先空腹喝一杯温白开水（250毫升），同时默念你的目标。然后，充满希望和快乐地去尽你在家庭和社会中的职责，就像小鸟、蜜蜂、玫瑰花和小狗每天有条不紊地尽它们在宇宙中的职责一样。你得成全你的才能，并让它开花结果，才是顺乎命运的天意。

所有精彩与高贵的命运，都是从这最平淡的尽职开始的。尽职能激活并净化心灵，心灵连通命运。拨动纯洁的心灵之弦，才能准确感知命运的节拍；在清澈的心灵水面上，才能清晰看到命运的倒影。

你现在应该尽的职责很简单——好好学习，好好锻炼，花点儿时间来当儿女，再花点儿时间感恩生活；将来也很简单——好好工作，好好享受，花点儿时间来当父母，再花点儿时间贡献社会（当今世界最富盛名的企业领袖杰克·韦尔奇40多年来奉行的就是这个原则）。

84. 让你的命运感和命运合拍

别吓唬自己，担心自己做得不好。幸运之神眷顾勇者。每天对自己说一遍：我必须行！家族荣耀，由我开始（也许你真的有希望和责任对家族的命运进行一次革命）！

奥巴马（美国总统）提示你：“不要轻易地自我否定，要给‘希望’一个机会。”丘吉尔说：“我把我的生命更多地用于自我表现而不是自我否定。”威廉·詹姆士（哈佛大学心理学家、哲学家）说：“一般人的心智能力使用率不超过10%，大部分人不了解自己还有些什么才能。如果我们以应该做到的为标准，其实还有一半以上的潜能是沉睡未醒的，只应用到一小部分身心的能力。可以说人只活在自己所设定的限制中，我们拥有各式各样的资源，却常常不能成功地运用它们。”

迈克尔·乔丹在谈到自己和其他球员之间的区别时说：“他是只有后面有一群狼在追着自己时才发动进攻，而我是任何时候任何位置（哪怕没有追逐的狼群）都会发动进攻。其实这种区别是巨大的，所带来的威力的差异也是不言而喻的。”

正是这样的心态，能够使命运更多地呼应你的命运感，而不至于使自己总是追赶或等待好运。也是这种心态使很多相同的人的命运不同。

请注意，不要因此而认为自己比别人更重要。要懂得，每个人都一样珍贵，每个生命的价值都同样重要。每一朵花开得都不容易，它准备了一个冬季。

他出生在法国巴黎一个移民家庭，10岁那年的一段经历，让他在心里开始改写自己的命运剧本。

那天，他正得意地骑着自己心爱的山地车。几个和他年龄相仿的孩子拦住他，夺过他的山地车猛摔在地上，纷纷用脚踹车轮。那个领头的孩子恶狠狠地说了句“你这个外来的小崽子，不配骑山地车！”便扬长而去。

他看着自己的山地车伤痕累累，不停地哭，直到傍晚父亲找到他。“他们总是一起来欺负我，说我是外来的小崽子！”他委屈地说。父亲帮他擦去眼泪并说道：“对于那些带给你屈辱的人，你应该勇敢地去还击！外来的小崽子又怎样？没权利骑山地车吗？不！别说骑山地车，就是总统也一样可以当！”

他想，没人敢把总统的山地车摔在地上用脚踹。那天晚上，他在自己的日记本里写下这样一句话：“我不是想成为总统，而是我必须成为总统！”

15岁那年，家里实在拿不出钱来供他读书了。他擦干眼泪，放羊、当乐队号手、做泥瓦匠和糖厂工人，饱尝了生活的艰辛。后来，在半工半读的情况下，他考上了巴黎政治学院。毕业后，与一位校友一起经过10年创业，公司资产近亿法郎。然而，正在生意场上春风得意的他却去参加议员竞选。校友到他家里劝他，他拿出一个发黄的日记本说：“你们看，这里记载着我的梦想，尽管我从来没对任何人提起过，但它一直在我心里，我要去实现它，请祝福我吧。”

从此，他走上从政之路。在不平坦的仕途上，他也遭遇了不少危机，但他从不曾言退。终于在2007年5月当选为新一任法国总统。他就是“我必须成为总统”的萨科齐。

85. 用春风把云化作雨

如果天下雨了，你在路上行走又没带雨伞，也绝不要有耸肩缩脖的狼狈相，要像对待生活中其他很多突如其来的事情一样从容。从容镇定，可以避免命运“乱码”，也会使你更幸运。“事从容有余味，人从容有余年。”

从容就是坦然面对现实及其突变而不乱阵脚。任何命运都包含沉浮，任何属于自己的都应当从容接受，不论快乐与悲伤。应该学会享受生活中属于自己的一份悲伤，关注的不是“这个是什么”，而是“这个会成为什么”。

沉住气，可以使你从容。在孤独、痛苦或疑云重重的时候，能够帮助你更从容的有两件法宝——友谊和信念。除了与家人和朋友共度美好时光，还积极参加体育锻炼、参加志愿活动、参与社区服务，经常回到养育自己的故乡看看。情绪过于低落时，不妨去访问孤儿院、养老院、医院。此外，吃一块松饼或一片涂有蜂蜜的面包、一小碗爆米花，它们含有色氨酸，可以稳定情绪。

这些都很有助于你从心里扬起从容的春风，把现实的“乌云”化为滋润命运的春雨。这样，你便能体会到什么叫做高贵的命运感。

电视脱口秀节目现场，主持人和三位嘉宾都坐在演播室小露台的椅子上。一位身材庞大的嘉宾坐在一把椅子上参与着节目，他总是前后摇晃着椅子，有一个椅子腿儿离露台边缘越来越近，可他不知道，还在讲着他的故事。终于椅子腿儿挪出了露台，连人带椅子一下向后翻了过去，他还正说着话，突然不见了。演播室的观众都惊得吸了一口凉气。

然而，这位先生竟然如此从容，他爬起来，把椅子重新放好并坐下，继续讲着他的故事，一刻都没停，就像什么都没发生。现场所有的人都为他的从容报以热烈掌声。

86. 让高贵的命运感在你心中升起

伴随着你阅读和运用这本书，你的行动与心态会悄悄地日渐积极（实验显示，态度积极的人比消极的人体内有更多增强免疫系统反应能力的细胞），并开始冷静观察世界，热心感知命运。会有一种高贵的命运感在你心中悄然升起。

你在某些时刻表现得礼貌友好、不卑不亢的时候，能够传递出更多的自信。正如比尔·盖茨所说：“你必须在一些重要时候拥有自信。你会有一些时刻，必须相信自己，你必须抓住这些时刻。”心理学家说的“被洞悉错觉”告诉你：大多数人认为，当自己紧张时，所有人都会知道，但事实并非如此。记住这一点可以让你更自信。在脑海中勾画自己想要的结果，会激发你的自信。提前做足准备，记住你曾经自信满满的时刻，想一想最支持你的人或你的榜样，给自己几个咒语，如“我能做到”、“保持镇定并继续”，这些都能帮助你建立自信。

自信可以使复杂的问题（包括命运）简单化，而简单的程序可以保证快速的应变。以后要始终以自信的形象示人，不要今天一个样，明天又一个样。充满自信的缺陷，远比缺乏自信的完美更富有魅力。马克·吐温（著名美国作家）告诉你：“要活得起劲，即使死去，也好叫殡仪馆老板为你流泪。”

请注意，不要让过度的自信蒙蔽双眼，以至于看不清现实。自信和狂妄自大之间只有一线之隔。古人告诉我们：势不可使尽——势若用尽，祸一定来。卡莉·费奥瑞娜提示你：“要在自信与谦卑之间保持平衡。要有足够的自信去发挥作用，但也有足够的谦卑去请求帮助。”《圣经》说：尊荣以前，必有谦卑。谦卑的词源是泥土，当你想到谦卑时，你想到的是脚踏实地。这里的谦卑是一种心态，而不是形式。研究发现，女性厌烦男性谦逊和阴柔，女性认为阴柔的男子没有吸引力，影响工作和潜在收入。男性却不讨厌女性谦逊。

◎ 激活命运的翅膀

命运因梦想而成为你的翅膀。

大胆地梦想你的未来，至于你能走多远，第一天的梦想很重要。让年少时的难忘经历和梦想一路相伴，“不忘初心”，那里藏有你导演命运剧本的根和翅膀。詹姆斯·卡梅隆（著名导演）曾说：《阿凡达》是我童年的一个梦想，我在电影里创作的环境、土地、生物，都是我小时候乱画出来的。

87. 没有梦想的命运不是翅膀，而是拐杖

越是人们司空见惯的，越有可能藏有奥秘，比如梦想。人类因梦想而伟大。例如，诺基亚梦想在每个人的口袋里放入一部手机；微软梦想在每个人的口袋中放入一台PC；苹果想放入的是一个生活；Google想放入的是一张互联网。

对各行业卓越人士的研究表明，他们都拥有远大的抱负，即使他们被其他人讥笑为“空想家”。孙正义（掌握日本70%互联网经济的软银集团创始人、董事长）说：“最初所拥有的只是梦想和毫无根据的自信而已，但是所有的一切都从这里开始。”马云说：“人总是需要有些狂热的梦想鼓舞自己，做阿里巴巴不是因为它有一眼可见的前景，而是因为它是一个不可知的巨大梦想。”奥普拉·温弗瑞告诉你：“一个人可以非常清贫、困顿、低微，但不可以没有梦想。只要梦想存在一天，就可以改善自己的处境。”

海菲兹提示你：“只能表述梦想但不能拷问现实就像在沙滩上建高楼一样危险。另一方面，如果你善于拷问现实，却没有激情和梦想，那也无法创造出任何有价值的事物。”如同柳传志所说：人要有理想，但不能理想化，要脚踏实地，一步一个脚印。联想的成功就是靠拧毛巾的功夫，湿的毛巾有水就要拼

大胆地梦想你的未来，至于你能走多远，第一天的梦想很重要。

命地拧。所以联想有宏伟的理想，但是在执行的时候靠的却是非常实在的“拧毛巾”的功夫。

当上帝把一个似乎不可能的梦想放在你心中时，他是真心要帮助你完成的。李安（著名导演，第一位获得奥斯卡最佳导演奖的华人）给你讲故事：

1978年，我准备报考美国伊利诺大学戏剧电影系，父亲十分反感，他给我列一个数据：在美国百老汇，每年只有200个角色，却有5万人一起争夺。当时我一意孤行，登上了去美国的班机，父亲和我的关系从此恶化。

等我几年后从电影学院毕业，我终于明白了父亲的苦心所在。在美国电影界，一个没有任何背景的华人要想混出名堂来，谈何容易。从1983年起，我经过了6年多的漫长而无望的等待，大多数时都是帮剧组看看器材、做点剪辑助理、剧务之类的杂事。最痛苦的经历是，曾经拿一个剧本，两个星期跑了30多家公司，一次次面对别人的白眼和拒绝。

那时，我已将近30岁了。古人说，三十而立。而我连自己的生活都没法自立，怎么办？继续等待，还是就此放弃心中的电影梦？幸好，我妻子给予我最及时的鼓励。

妻子是我大学同学，但她是学生物学的，毕业后在当地一家小研究室做药物研究员，薪水少得可怜。那时候我们已经有了大儿子李涵，为缓解内心的愧疚，我每天除了在家读书、写剧本外，还包揽了所有家务。每天傍晚做完晚饭后，我就和儿子坐在门口，一边读故事给他听，一边等待“勇敢的猎人妈妈带着猎物（生活费）回家”。

这样的生活对一个男人来说，是很伤自尊的。有段时间，岳父母让妻子给我一笔钱，让我拿去开个中餐馆，也好养家糊口，但好强的妻子拒绝了，把钱还给了老人家。我知道这件事后，辗转反侧想了好几个晚上，终于下定决心：也许这辈子电影梦离我太远了，还是面对现实吧。

后来，我去了社区大学，看了半天，最后心酸地报了一门电脑课。那几天我萎靡不振，妻子很快发现了我的反常，细心的她发现了我包里的课程表。那晚，她一宿没和我说话。

第二天，在上班之前，她快上车了，突然，她站在台阶下转过身来，一字一句地告诉我：“安，要记住你心里的梦想。”

那一刻，我心里像突然起了一阵风，那些快要湮没在庸碌生活里的梦想，像那个早上的阳光，一直射进心底。妻子上车走了，我拿出课程表，慢慢地撕成碎片，丢进了门口的垃圾桶。

后来，我的剧本得到基金会的赞助，我开始自己拿起了摄像机，再后来，一些电影开始在国际上获奖。这时，妻子重提旧事，她才告诉我：“我一直就

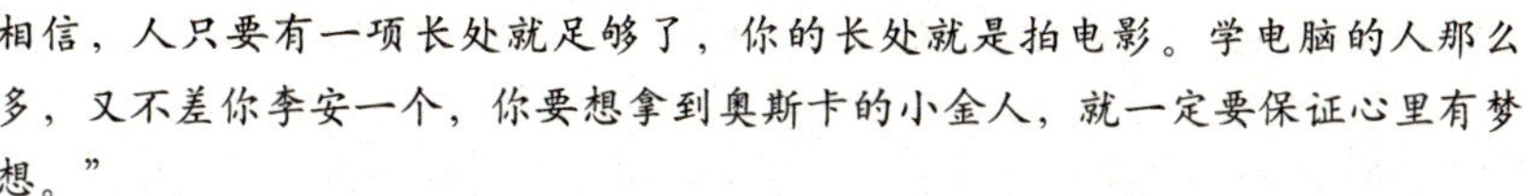
相信，人只要有一项长处就足够了，你的长处就是拍电影。学电脑的人那么多，又不差你李安一个，你要想拿到奥斯卡的小金人，就一定要保证心里有梦想。”

如今，我终于拿到了小金人。自己的忍耐、妻子的付出终于得到了回报，同时也让我更加坚定，一定要在电影这条路上一直走下去。

因为，我心里永远有一个关于电影的梦。

88. 把真正吸引你的东西找出来

兴趣是隐形的翅膀。洞察你的兴趣和热情，比尔·盖茨告诉你：“在你最感兴趣的事物上，隐藏着你人生的秘密。”艾森豪威尔（美国前总统）说：“一旦兴趣和雄心被唤起，一个人能超越自己心中认定的极限，我天生看好人的这种能力。”

无论做什么，热爱远比勤劳重要。热爱能使事情变好一百倍（包括命运）。热爱的定义是：持续的激情，对生命的渴望，全身心的投入，对责任的承担，想要与众不同的雄心，对变化永无止境的追求。就是“这是很了不起的！”那种热情和干劲。朱棣文（著名华裔科学家、诺贝尔物理学奖获得者、美国能源部长）说：“当你开始生活的新阶段时，请跟随你的爱好。如果你没有爱好，就去找，找不到就不罢休。生命太短暂，所以不能空手走过，你必须对某样东西倾注你的深情。”吉姆·罗杰斯说：获得成功最快的方法，是做你喜欢做的事，然后全力以赴。（调查显示，最不后悔的活法是：第一、做自己喜欢做的事；第二、想办法从中赚钱谋生。）

海为龙世界，云是鹤家乡。在这个世界上能出人头地的人，都是那些懂得去为自己的兴趣和热情寻找理想环境的人，如果他们不能如愿，就会自己创造出来。

请注意，永远留在你有竞争力的圈内。沃伦·巴菲特提示你：“我觉得对一个人来说，最重要的，就是呆在那些你有优势的领域，不要随便走到别的领域去……我保证，只要这个领域令你着迷，你就能取得成功。”

下面是Robert K.Cooper（著名领导力顾问）提出的几条简单实用的方法，可以帮助你更好地发挥潜力，以准确找到真正吸引你的东西：

（1）重在方向，而不在行动。走得多快不重要，重要的是朝正确方向走了多少步。思考一下，你希望在三年内达成什么目标。要注意这些目标应使你走得更远（符合长远目标与使命）。问自己，首先取得哪些成功对你最重要。之后，将三年压缩成三个月，然后再问，我怎样做才能实现这个目标呢？

（2）重在专注，而不在时间。妥善规划自己的时间不是什么坏事，但是，重要的是要把注意力放在最要紧的事情上，不论这事情是原计划的，还是意外出现的。你要不断自问：我最想要什么？我现在应该怎样达到这个目标？回想你最近某天的情况，那天最突出的两个时机是什么？你为这时机做过何种准备？哪个时机是意料之外的？关注到事情的变化，你就不会迷失前进的方向。

(3) 重在才能，而不在从众。只有大胆地释放并好好利用自己的潜能，才能取得最大收获。从众，你就会毫无特色。习惯调整自己的感知，看看有何独特之处，并将本能和直觉摆在首位。如果一开始就分析或采取行动，可能一直压制你的直觉。出色的决策者面临压力时，很少只考虑一个步骤，而是会关注随后几步应该采取的方案。面对重要问题或挑战时，在决策之前先停留5秒钟。问自己：我的本能反应是什么？我的经验是怎么说的？这两者之间有何差距？有没有可能实现突破？下一步怎么办？更深层次的问题是什么？坚持练习一段时间，它能将你的注意力、能量、勇气提高1～3倍。

(4) 重在能量，而不在努力。工作多长时间不重要，重要的是你如何轻松地做好正确的事。与能量（而不是努力）利用有关的关键因素在于自我导向学习，即有意识地选择和加强有助于达成目标的技能，而不是任由大脑“自动驾驶”。

(5) 重在实效，而不在意向。你的愿望有多崇高或想实现多少改进不重要，重要的是你在实现最大目标时取得了何种成效。必须使智力专注于成效，而不是愿望。

89. 不能总在鸡群中张望

总是在鸡群中张望的凤凰，也终将是鸡的命运。野心是你应当有的——那不只是你激情燃烧的火焰，更是命运活力的源泉和腾飞翅膀的引擎。真正的野心是一种内在的定向的“涡轮增压器”，它含有傲骨和诚信，而不是外在的虚妄的张狂，这是被傲慢和假象所愚弄。

法拉奇（意大利记者、作家，以采访著名政治人物蜚声世界）说：“我发现这些掌权者并不是出类拔萃的人，决定我们命运的人并不比我们优秀，并不比我们聪明，也并不比我们强大和理智，充其量只比我们有胆量，有野心。”

请注意，野心和职业欲望是两码事。过强的职业欲望会导致一些危险的毛病：阴谋诡计、投机取巧、不择手段，侮辱、贬损或诋毁自己周围的人或同事，只为自己一枝独秀；掩盖自己的失误，甚至嫁祸于人；夸夸其谈，搬弄是非，成绩归功于自己，幸灾乐祸等等。如果你也有这些毛病，那必须克制它、战胜它，立刻把它们“驱逐出境”。

白手起家的法国富豪巴拉昂，1998年去世前留下的遗嘱里有这样一条：将100万法郎作为奖金，奖给猜中他留下的一个谜底的人。

法国科西嘉人报刊登了他的这条遗嘱：去世前，我不想把我由穷人成为富人的秘诀带走，现在秘诀就锁在法兰西中央银行我的私人保险箱内，保险箱的3把钥匙分别在我的律师和两位代理人手里，谁能回答“穷人最缺少的是什么”而猜中我的谜底，他将得到我留给他的100万法郎。

万千人积极竞猜，有回答是机会的，有回答是技能的，还有的回答仁爱、帮助、美貌等等，答案千奇百怪。

在巴拉昂逝世周年纪念日，律师和代理人按他生前交代打开了保险箱。在近5万个答案中，有一位叫蒂勒的小姑娘的回答和巴拉昂留下的秘诀完全一致——野心。

颁奖之日，科西嘉人报带着所有人的好奇，问年仅9岁的蒂勒，为什么想到野心，而不是其他答案？蒂勒说：“每次我姐姐把她的男朋友带回家时，她不让我和他们一起玩，所以总是警告我：不要有野心！我想，也许野心可以让人得到自己想要的东西。”

巴拉昂的谜底和蒂勒的回答见报后，引起了世界性的震动。

90. 让你的根和翅膀有信仰

没有经历过贫穷和苦难的人生，是不完整的人生。贫穷和苦难绝对是有志者的根和翅膀。

王永庆（台塑集团创始人、“经营之神”）说：“我幼年无力进学，长大时必须做工谋生，也没有机会接受正式教育，像我这样一个身无专长的人，永远感觉只有刻苦耐劳才能补其不足。直到今天，我还常常想到，由于生活中受过的煎熬，才产生了克服困难的精神和勇气，幼年生活的困苦，也许是上帝对我的赐福。”李明博在总结自己今天的成就时，认为动力是“贫穷”、“母亲”和“肯定的力量”。罗曼·罗兰（法国思想家、文学家，诺贝尔文学奖获得者）告诉你：清贫不仅是精神的导师，也是风格的导师（还是控制命运的导师）。

自古以来，绝大多数各行各业的杰出人物都曾经历贫穷和苦难。这方面的故事同样不胜枚举。你只需记住：当你把贫穷和苦难当作一个恩赐给你的熔炉时，你便能自发找到应对它的办法，之后，你将在与它的相处中得到一个含有信仰的根和翅膀，这样的根能使你顶天立地，这样的翅膀能使你飞到梦想的地方；而当你把它当作一个不幸时，你就辜负了你的命运，那你可能就真的完了。

◎ 导航命运的坐标

李嘉诚说："每个人一生都要扮演着很多不同的角色，也许最关键的成功方法就是寻找到导航人生的坐标。"命运秘密仿佛是你生命之歌的坐标，导航你的命运不跑调。在保持真我的同时，亦能扮演不同的角色，挥洒自如，活得更快乐更精彩。

命运之歌很长，但其主旋律偏向慈爱、正直和善良。

91．用信仰开出一个命运无法拒绝的条件

能自救的，除了仁义还有信仰。人生与命运的最高挑战是信仰，其次是道德与精神格局，然后是习惯与性格，最后才是知识与金钱。

信仰和责任感能使你更加优秀，并能使你从优秀到卓越（追求卓越，成功就会出其不意地找上门来）。郭广昌说："做企业到现在，我越来越感觉人是需要相信一点什么的，你最真诚相信的东西，往往就最有力量。"《财富》杂志选出的2010年最聪明人物中，没有一个人是单凭智商成功的，他们都有勇气坚持信仰，即便是面对众多质疑。"信仰在你的关键时刻具有重大贡献，甚至能够改变你的精神格局和发展进程。信仰真理的力量，使人有更大的勇气面对致命的打击；使人有宽宏的心量包容人世的不平，继而改写命运。"例如，中国历史上的农民起义、占山为王到军阀割据，都是昙花一现、秋风落叶的命运，而共产党却迅速发展壮大并一统天下，根本原因正是信仰及其精神之下的行为文化（对个人来说就是习惯性格）。前者开始就给自己的命运注入了"大碗喝酒，大块吃肉"（捞钱或割地）的DNA，后者注入的DNA则是纯洁的信仰（理想与使命）。个人乃至家族（包括家族企业）的命运亦如此。

我们人类最原始的信仰，就是永不止息的追求智慧与探索真理的精神。一位大师说过这样一段话：做一个宗教徒，不等于他就有了信仰。不是宗教徒，不等于他就没有信仰。古希腊的苏格拉底，不是宗教徒，但他有坚定的毫不动摇的信仰。人生的价值在于追求智慧、热爱智慧。人要用理性来关照生活，尤其人要有崇高的道德生活，人不能没有道德。这就是苏格拉底的信仰。

坚定并纯洁的信仰所带来的某种精神与意志，命运无法拒绝。如同巴菲特

所说："你一定要相信，信仰是很重要的，你要相信某个东西，到时候，这些坏的事情或暂时失败的事最后都会自己化解，变成一个好事。"

请注意，信仰既纯洁又简单，没有任何乌烟瘴气，不要被那些拿着"信仰"作恶的人所迷惑。一定要保持信仰的健康，即不迷信、不歪信，否则不如不信。此外，对信仰缺乏敬畏之心，只信能给自己带来好处的东西，那不是真正的信仰，也不具备信仰的力量。

92. 有一种坐标叫使命

要清楚自己"从哪里来"，更要知道自己"到哪里去"。有着很多兴趣，而没有单一使命感的人，很难导演自己的命运剧本，而且对自己的命运乃至这个世界一点儿影响力都没有。歌德（著名德国诗人、伟大的作家）说："如果追求过多，并且斤斤计较于细枝末节，就易于陷入糊涂。"

研究发现：那些失败的公司（包括很多曾经辉煌的世界500强公司）和那些持续成功的公司，都是同样的一直在努力奋斗，也足够警惕。但最后造成不同结果的，却只是因为他们的想法和做法不同。那些长期成功的公司始终有超越利润的目的——使命。而且，当他们忘记这一点的时候，当他们开始专注于更多地赚钱，或者更快地增长的时候，他们开始失败。例如，乔布斯能够重振苹果，主要原因是他重振了苹果曾经失落的原始目的，不仅仅是赚钱。他说："我们创立公司的时候，是为了让大众享有技术，把计算机做得像是大脑一样。人们可以利用技术的威力，做许多事情。"这正是他的使命。

控制命运也是如此，不管是那些有成就的作家、企业家、歌星还是技术精英或是总统，有一个根本的DNA，一方面有不断进步、变化、进化的动力，另一方面有一个经久不变的信念、原则与使命。如同乔治·默克二世（默克制药公司创始人之子）所说："我们努力铭记——药是为病人而制的……并非为了利润。如果我们记住这一点的话，那么赢利又是自然的，利润也总是难免的。我们更好地记住这一点，我们的利润就越大。"有了使命感，你就会勇于担当。马云曾深有感触地说：怎么走下去，我很迷茫，那时我凭什么作出一系列决定？就是凭着使命感。

真我的呼唤，就是使命感。使命感将指引你往何处前进，让你正确回答：我最强烈的欲望是想做什么？我想改变什么？我打算怎样去赢得我什么样的生活与事业？它要求你在各种资源与条件方面做出取舍，分清自己的优势和劣势，明白自己能够在哪里赢，避免陷入常见的盲目出击的陷阱中。你想清楚之后，永远坚持这一点。例如，爱迪生企业的使命是"让全世界亮起来"，迪士尼公司的使命是"让世界快乐起来"，阿里巴巴公司的使命是"让天下没有难做的生意”。

斯蒂芬·茨威格（奥地利著名作家）说：“一个人生命中的最大幸运，莫过于在他人生中途，即在他年富力强时发现了自己的人生使命。”确立个人使命必须从你的影响圈的核心开始。这个核心还是安全感、人生方向、智慧与力量的源泉。在确定你的使命时，多一份具体和细致是永远不为过的。

93. 迷失自我，命运便开始离谱

一个人在三种情况下最容易犯错误，一是太贫穷的时候，二是有太多钱的时候，三是面对太多机会（诱惑）的时候。之所以会如此，一个简单而又根本的原因是，他远离了或根本就没有导航自己的坐标，而迷失在自己的“聪明”里。

当心,有几样东西可以毁灭我们，“没有道德观的政治，没有责任的享乐，不劳而获的财富，没有是非观念的知识，不道德的生意，没有人性的科学，没有牺牲的崇拜。”迷失自我，迷信命运（英国心理学家研究发现，迷信的人更不幸）。命运里的很多苦难，都可归咎于这几样东西。

任何时候都不要被自己的经历或命运——不管是多么光荣或可耻的经历所迷失。

俞敏洪如是说：

刘澜（俞敏洪的学生）是个很聪明的人。对于这样的聪明人我一直心存敬畏。后来经历多了，也开始觉得聪明的人并不一定是有思想、有追求和抱负的人，他们常常以聪明示人，然后就迷失在聪明里了。有时候，我碰上这样的聪明人，就不免为他们感到可惜。

但刘澜却不在我的可惜对象之列。因为我从他身上看到了聪明人所不具备的一些特质。他和你聊天的时候，显得随和而踏实，没有那种咄咄逼人的态势。对于一些问题的问法，他采取了请教的方法，使你不知不觉把自己的心声吐露了出来。他是一个有幽默感的人，看他写的文章、听他讲话都很有意思。幽默感是一个人个性成熟的标志。他是一个很有抱负的人，有着国家强盛、匹夫有责的抱负，这就不是仅仅聪明能够做到的事情，必须要有大胸怀和大智慧。

坦率地说，像刘澜这样的人，我从来不为他们的学习而担心，不管哈佛大学的课程多么艰难，他们一定能够相对轻松地过关。我所担心的是一种迷失，一种从名牌大学出来之后自以为是的迷失。7年后当我再次见到刘澜时，我发现我的这种担心在他身上是多余的，就像他当初出国尽管也有虚荣，但更多的是对于真理和智慧的追求一样，他的哈佛身份尽管也给了他虚荣的资本，但更多的是给了他国际的眼光和思想的力量。

从北大和哈佛出来的人，当你忘掉北大和哈佛，把眼光转向人类的命运和地球的未来，希望用自己的思想和智慧来为世界探索一条光明大道时，你瞬间就变得无比伟大。

94. “美好”总是带有迷惑性

当下的世界，各种泡沫此起彼伏，随之就会不断出现海市蜃楼，甚至陷阱，从而污染或动摇你的坐标。不要被你并不完全了解的“美好”所迷惑，“天上的星星之所以显得美丽和纯洁，只是因为它们离你如此遥远，而你又一点不了解它们的私生活。”比花儿还美的，大都是虚假的，尤其是网络上的。社会上的事，“冷”中机会多，“热”里陷阱多。

人因他的弱点或爱好而容易上当。如果听上去太好而不像真的，很可能就不是真的；内心里感觉太离谱的，就真的是不靠谱的。“天上掉馅饼，不是圈套就是陷阱。”从观察获得的任何知识中都可能有陷阱，陷阱不是用眼睛看出来的，依据全面的客观事实的理性判断（全面性，将使你防止错误、防止僵化），才不会被别人或命运设计了。

英国曼彻斯特医学院曾发生过这样一件事：一位教授在课堂上讲授糖尿病知识时，当着学生的面，用手指沾了一下糖尿病人的尿液，然后用舌尖舔了一下手指。接着，他要求学生重复他的动作。学生迫于老师的压力，只得勉强照着做。之后，这位教授说：“这样做是为了使大家懂得观察细节的重要性。如果你们看得仔细，就会注意到，我伸进尿液的是食指，而舔的却是中指。”

提高观察力的一个练习方法是“回想游戏”:当你走进一个房间之后，尽可能回想走进房间之前你看到了什么，越详细越好。更进一步是，根据你的观察问自己，这些都代表什么意义。答案正确与否不是重点，重要的是你能从观察到的线索中得出合理的推论。

洛克菲勒给你讲故事：

很早以前，有一家农户圈养了几头猪，一天忘了关圈门，那几头猪逃跑了。经过几代以后，这些猪越来越凶悍，以至开始威胁路人。几位猎人很想为民除害捕获它们。但这些猪很狡猾，从不上当。

一个老人赶着一驾驴车，车上拉着许多木材和粮食，走进了野猪出没的村庄。村民好奇地问：“你从哪里来，要去干什么呀？”老人说：“我来帮你们抓野猪啊！”村民们嘲笑他：“别逗了，连好猎人都做不到的事你怎么可能做到。”但是，两个月后，老人回来告诉村民，野猪已经被他关在山顶上的围栏里了。

村民们惊讶地问老人："真不可思议，你是怎么抓住它们的呢？"老人说："我先去找野猪经常出来吃东西的地方，然后在空地中间放一些粮食作诱饵。那些猪起初吓了一跳，后来还是好奇地跑过来闻粮食的味道。很快一头老野猪吃了第一口，其他野猪也跟着吃起来。这时我知道肯定能抓到它们了。

第二天，我又多加了一点粮食，并在几米远的地方树起一块木板。那木板暂时吓跑了它们，但是白吃的午餐很有诱惑力，所以不久它们又回来继续大吃起来。此后，我每天在粮食周围多树起几块木板，又挖坑立起了角桩。每次我加进一些东西，它们就会远离一段时间，但最后都会再回来吃免费的午餐。围栏造好了，陷阱的门也准备好了，不劳而获的习惯使它们毫无顾忌地走进围栏。就这样那些习惯了白吃午餐的猪被我轻而易举地抓到了。"

95. 让"错过"也美丽

不要错过和委屈你生活中一些微小的美丽事物，也不要为任何的错过与失去而过于伤感。若不及时调整好命运的节奏，可能连续失去好运，即所谓一步错步步错。不是你错过的，而是你所选择的才能带给你成功。泰戈尔（印度伟大作家）告诉你：如果错过太阳的时候你流泪了，那么你也要错过群星了。

拥有最好的东西，不一定就能控制命运；珍惜遇到的东西，才能导演好命运剧本。暂时的错过与失去或许可以改变一个人的命运，从头再来很少是坏事。只要你用心，任何事物中都有对你的祝福。

史蒂夫·乔布斯讲给你的故事：

我在人生初期便找到了热爱的事业。20岁时开创了苹果公司，10年后价值超过20亿美元，也就是那一年，由于和董事会意见分歧，我被亲手创立的公司炒了鱿鱼，成了公众眼里的失败者。但我依旧热爱自己的事业，决定从头再来。成功的沉重被凤凰涅槃的轻盈所代替，我以自由之躯进入了我整个生命当中最有创意的时期。我创建了两个公司——NEXT 和PIXAR。NEXT制作了世界第一部电脑动画片《玩具总动员》，后来苹果收购了NEXT，我也重返苹果，实现了苹果公司的复兴。我当时没看出来，但事实证明，我被苹果开掉是我这一生所经历过的最棒的事情。如果没有被苹果炒掉，这一切都不可能在我身上发生。生活有时候就像一块板砖拍向你的脑袋，但不要丧失信心。

另一个故事：

一猎人带儿子打猎时活捉了一只小山羊。儿子想饲养这只小羊，父亲答应

了，要他先把羊带回去。在回去的中途，羊在小河边喝水时忽然挣脱绳子跑掉了。小猎人既恼火又伤心，坐在河边一块大石头后哭泣。糊里糊涂等到傍晚，父亲来了。他告诉父亲失羊一事，父亲很惊讶：那你就一直这么坐在石头后面吗？小猎人赶忙辩解：我没追上它，也四处找了，没有踪影。父亲摇摇头，指着河岸泥地上一些凌乱的新鲜脚印：看，那是什么？小猎人仔细察看后，问：刚才来过几只鹿吗？父亲点头：就是！为了那只小山羊，你错过了整整一群鹿啊！

如何对待意外“失去”，展现了一个人的心态和胸怀，也反映了他命运秘密的内涵和外延。

〇印度的“圣雄”甘地乘坐火车出行，当他刚刚踏上车，火车正好启动，他的一只鞋子不慎掉到了车门外。这时，甘地麻利地脱下了另一只鞋，朝第一只鞋掉下的地方扔去。有人奇怪地问他为什么，甘地说：“如果一个穷人正好从铁路旁经过，他就可以拾到一双鞋，这或许对他是个收获。”

〇阿根廷著名高尔夫球运动员罗伯特·德·温森赢了一场球赛，拿到奖金的支票后，正准备回俱乐部时，一位年轻女士走到他面前，悲痛地诉说，她的孩子不幸得了重病，因为无钱医治正面临死亡。温森二话没说，在支票上签了自己的名字，将它送给女士，并祝福她的孩子早日康复。

一周后，温森的朋友告诉他，那个向他要钱的女子是骗子，她根本没有病重的孩子，甚至都没结婚。温森听后惊奇地说：“你敢肯定根本没有一个孩子病得快要死了这回事？”朋友回答：千真万确。温森长出了一口气，微笑着说：“这真是我一个星期以来听到的最好消息。”

96.曾经战胜前者的打法不一定能打胜后者

进入成长的新阶段，使上一个阶段取得成功的公式就过时了（此处说的不是原则，不能把方式方法与原则混淆）。它意味着简单重复过去的方法或模式，不能保证取得未来的成功，因为那些模式已经把环境改变了。塔勒布告诉你：过去是有误导性的，而且我们对过去事件的解释存在很大的自由度。但未来对过去的偏离有无数种可能。

练就一种“权变取向”的观点和眼光：世上没有单一最佳方式，要视具体处境与规则，了解具体客观情况，因地制宜，才知道哪些特质、风格、智慧，最后最管用。因此，须保持平和谦虚心态，不时提醒自己：现在看似理所当然的成就，换了另一种制度，另一个处境，另一种游戏规则，随时可能是一场水月镜花。

经验大概能够占到30%的重要性，而且它还有个负作用，就是有时会成为负担，会教你“不敢”。一味沉迷于个人经历常常会让你陷于信息资源匮乏的危险境地。

总是全心全意地把事情当做是第一次做，是个很不错的心态，更能培育和发挥你的灵性。

有一个人喜欢逗狗玩，他看到一位老人带着一条小狗，他问：“你的狗咬人吗？”老人说：“不咬。”他便逗小狗玩。之后，他又看到一位老人坐在路边，旁边趴着一条狗。他走过去问：“你的狗咬人吗？”老人抬头看了看他，说：“不咬。”于是，他开始逗这条狗，这狗差点咬掉他的手。他跳起来对那老人喊：“你不是说你的狗不咬人吗？”老人抬头看了看他，说：“那不是我的狗。”

97．风格能加重你胜出的砝码

在竞争差距越来越小的时候，风格能加重你胜出的砝码。当下发达国家的消费者。有一个趋势，是基于制造商的个性来购买产品。你的命运也正是基于你的个性风格来演变色彩。

守着风格就是守着自己藏宝的土壤。风格就是强调优雅的个性和高品位的价值观，就是不仅仅满足于外在素质，还必须将内在的文化价值附加上去。独立的人格、自由的精神、钢铁的意志，不想或忘掉“个性”，能使你更富有个性。但风格是不断积累和磨练中的意外所得，无法预先预料，也不能有意设计。如果说风格也有什么窍门儿，那就是功底深厚并充满个性的独具匠心或离经叛道。

将你的心、头脑和灵魂一起投入到你最细微的言行中去。用心去发现自己独特的一面，找到适合自己的格调，精心培育它，并对它充满信心。钱永健（美籍华裔科学家，诺贝尔化学奖获得者）说：“你的科研应当理想地贴合你的个性。这样，当你面对那些不可避免的失败时，才会有一些内在的快乐支持着你。”

请注意，你的个性特征，需要与时代的社会特征紧密相连。要调整个人风格（研究发现，尝试一下改变你的固有风格，可以帮助你挖掘潜能），以适应时代文化。例如，当今世界最重要、最有名、最富有的皇室家族——英国温莎王室，就是因为随着时代的变化，不断调整王室的行为和权限，从而让家族以超强的生命力延续下去。

在竞争差距越来越小的时候，风格能加重你胜出的砝码。你的命运也正是基于你的个性风格来演变色彩。

时代文化和流行文化不是一回事。如果说时代文化是现代的“满汉全席”，那么流行文化就是味道似乎鲜美但营养不良甚至有害的“小食快餐”。

此外，在展示你个性的亮丽色彩时，要注意到不能伤害他人的感受。

1941年丘吉尔访问加拿大，加拿大总理麦肯齐·金请摄影家优素福·卡什为丘吉尔拍照。丘吉尔总是习惯地叼着雪茄，卡什请他拿开雪茄，他不同意。卡什略作思考后，先调好相机的光圈和焦距，然后突然上去夺下丘吉尔的雪茄，与此同时按下相机的快门。一幅惟妙惟肖表现丘吉尔个性的照片诞生了。后来这幅经典作品刊登在《生活》杂志等很多著名出版物上，优素福·卡什的名字也随着这幅作品而传遍世界。

98. 做仁慈的狮子

想要准确完整破译你的命运秘密和导演命运剧本，不能忽略三千年来我们的“祖传秘方”——自强不息，厚德载物［来源于《易经》：一句是“天行健，君子以自强不息”（乾卦，“乾”表示向上生长，进取、成长、开创事业）；一句是“地势坤，君子以厚德载物”（坤卦，“坤”解为柔性、顺从、安静，代表阴柔之美，涵容一切的德行）。两句意谓：天（即自然）的运行刚强劲健，永不停息。相应于此，君子处世，应像天道一样，自觉发愤图强，刚毅坚卓，不屈不挠，不止不息；大地的气势厚实和顺，君子应像大地一样增厚美德，容载万物。自强不息的目标是“成德”，厚德载物的目标是“积善”］。

仁慈更容易深入人心。中华文化本性上讲的是“道”而非“术”，“大道之行也，天下为公。”此“大道”与善有关，以“仁”开端。儒家说“止于至善”，道家说“上善若水”。“至善”、“上善”即现在的“大爱”。控制命运的“大道”来自仁爱的因缘和力量。

请注意，仁慈和软弱不是一回事，仁慈是情怀的力量，它含有的那种精神对好运有强大吸引力。软弱是性格与能力的缺陷，它趋向厄运。

李嘉诚说：“我告诉我的孙儿，做人如果可以做到‘仁慈的狮子’，你就成功了！仁慈是本性，你平常仁慈，但单单仁慈，业务不能成功，你除了在合法之外，更要合理去赚钱。但如果人家不好，狮子是有能力去反抗的，我想，做人应该是这样。very kind，非常好的一个人，但如果人家欺负到你头上，你不能畏缩，要有能力反抗。”

做仁慈的狮子，不但要具备在你真正感兴趣的领域的性情智慧基础（本书其他部分已有说法），还要具有与此相应的精神气质和力量。

一是学习中华武术中“静功”的练习方式，很有助于你精神气质的练就。就是盘腿坐地，微闭双眼，双手合十。逐渐地一坐能到几个小时。佛教的坐禅也类似这样，它可以加深思维，把自己的感觉磨得很尖，敏锐地感受到大自然的声息。例如，雷·戴利奥（全球最大的对冲基金布里奇沃特公司创始人）为了保持头脑活跃、富于创意，每周要打坐五次左右，每次20分钟。

许多静坐练习的一个核心思想就是“放弃”，你注意到你想的内容，然后“放弃”。这是对你心智模式的一个基本实践（心智模式即对现实的心里内在诠释。我们与现实生活打交道的一切都有心智模式，因为我们每个人都是通过意识在打交道）。不是说你要摧毁你的心智模式，而是你要释放它。

二是学习水的无常之势——灵活而有力量，尤其在艰难的环境中。孙子（春秋时代军事家，《孙子兵法》作者）说：“兵形象水，水之形，避高而趋下；兵之形，避实而击虚，水因地而制流，兵因敌而制胜。故兵无常势，水无常形，能因敌变化而取胜者，谓之神。”岳飞（南宋时期名将）说：“运用之妙，存乎一心。”这里的“妙”，就是水的灵活性。“在水面前，一切阻碍都是线索，所有陷阱都是路径。”

这里的灵活，来自于似流水紧贴地面的从实际出发，山不转水转，把原则和智慧同当时的具体情况灵活结合；力量，来自于水滴石穿、顺势而为的坚持与力道，大江东去、百折不挠的信仰（信念）与使命的风骨。

三是不断地觉悟。觉悟，来自于对真、善、美的知识和智慧的相信与实践（真，就是真实、真情、真理；善，就是友好、尊重、理解、关心、爱护、贡献；美，就是真和善的统一和谐），从而使你的灵性更多地不期而至。它是在一种经验之先、知识之先的超越的境界中获得，它是一种没有受到“概念”污染的“明白”。具体请结合本书其他内容领会。

99. 你成熟了，命运才成熟

修为命运的一个境界标志是成熟。就像农作物的命运，成熟了才能够做粮食，不成熟的，只能做饲料。

成熟是敢作敢为与善解人意之间的一种平衡状态，就是在表达自己的情感和信念的同时又能体谅他人的想法和感受的能力。平衡意味着恰当地选择和取舍，并承担相应的后果。它很简单，却又不容易。因为它一直是在矛盾、变化、发展的动态中，需要你依照自己的价值观和原则不断地快速斟酌、当机立断。

成熟就是：信念越来越坚定了，杂念越来越少了；自信越来越多了，自恋越来越少了；能耐越来越大了，脾气越来越小了；思想越来越深了，幻想越来越少了；亲情越来越浓了，矫情越来越少了；感动越来越多了，冲动越来越少了；从容越来越多了，虚荣越来越少了；大气越来越多了，小气越来越少了；幽默越来越多了，忧伤越来越少了；感激越来越多了，偏激越来越少了；慈爱越来越多了，怨恨越来越少了。如同老子所说：方而不割（有棱角而不显得倔犟），廉而不刿（廉直而不至于伤害别人的尊严），直而不肆（正直而不至于肆无忌惮），光而不耀（明亮而不刺眼）。有一句格言说：成熟的果子不会招蜂惹蝶，甚至连它的敌人也是深沉的。

成熟的命运亦如此。

◎ 命运秘密的信号隐藏在你性格的镜子里

好人和好运有时并不能划等号。命运的表现形式是事件，而品质和事件没有必然的因果联系。只做个好人还远远不够，如何用品质应对不可预知的事件——运气，才是焦点。弱者只有命，没有运。命运鄙视前怕狼后怕虎的人，二喜欢那像自己一样不可捉摸的强者，并热烈地把他们高高举起。列夫·托尔斯泰（文学巨匠、19世俄国最伟大的作家）说，“相比起一辈子不犯错误的绵羊，上帝更喜欢迷途知返的羔羊。”

是出类拔萃的人创造了精彩的命运，而不是相反。其结果更在于性格而非品质。如同奥利佛·温德尔·霍姆斯（曾任美国联邦最高法院大法官）评价富兰克林·罗斯福的那句名言：“他只有一个二流的大脑，但有一种一流的性格。”

中医讲的人体穴位是指某个器官的反射区，刺激它便可以直接作用于它所对应的器官，以调节该器官的健康。你命运的反射区有一半在你的性格里（另一半见本书“不要把糟糕的习惯与命运混为一谈”）。拿一个你最了解的人或者你自己为例，分析他的性格，联系他的命运，你会发现，在这面叫做“性格”的镜子里，反映着他命运秘密的信号和位置。

把你的性格都列举出来，尽量细致全面，然后不客气地分析这些性格将给你带来什么。再把它们可能给你带来的东西，与你想要的东西对比一下，看看又将发生什么。

100．增强你命运的免疫力

用哪种方式活着对于一个人的命运，就像用哪种方式给一个病人治病一样重要。你个人可以不热衷名利与权势，但是不能放弃关怀社会、服务众生的责任。是责任感在调动性格力量来应对生活中不可预知的事件，如何应对这些事件是产生不同命运的动力。如同洛克菲勒所说：“我一直财源滚滚，如有天助，这是因为上帝知道我会把钱返还给社会。”李连杰说：“你可以仍然用你的习惯，99%的时间照顾你个人的家，但是可以用1%的时间照顾我们共同的家。”社会责任和你的德关联，德和命运关联。责任心有多大，你的舞台就会有多大。我们每个人都有责任让人性最美好的一面展现出来，让它光芒四射，普照命运。

请牢记，幸运（拥有金钱、权力、名望和幸福等）应当成为一种责任。当它是责任时，就会稳如泰山；而当它变成一种享乐时，那么一切也就完了。

在一档嘉宾是吕良伟（香港著名演员）的电视访谈节目现场：

一个13岁的厦门小姑娘说：“我可能是吕叔叔最小的影迷，从5岁起就开始喜欢上他了，因为他长得很像我爸爸，而我爸爸很早就去世了……这次，我特地从厦门赶来，就是想对吕叔叔说声谢谢！请吕叔叔放心，我很乖，我已经长大了。”吕良伟不住地点头，并露出欣慰的笑容。小姑娘7岁那年，吕良伟去厦门做活动，特地与她见面，他回忆道，当时听到这个小姑娘的经历后，无形中感到了一种担当她精神爸爸的责任。吕良伟说这些话时，眼里充满泪水，话语几次停顿。在这个银幕硬汉的眼泪里，在他给予小姑娘所需要的那份珍贵而特殊的“父爱”里，呈现出他作为一个公民对这个社会的一种责无旁贷的责任感。

鲁迅（伟大的文学家、思想家）曾说，“无穷的远方，无数的人们，都和我有关。”一旦你心中落定这种博爱与担当，将持续增强你命运的免疫力，而使你的命运更加趋向和谐与美好，并照进更多人的命运。

101．兼具钢铁与丝绸的特质

这种特质里面更多的是意志而不是才华，它十分神奇，总是能战胜命运，甚至能把命运秘密里可能存在的“负数”改变为“正数”。缺乏意志力，是很多有才华的人的命运事与愿违的重要原因（还要懂得才华是重要的资源，并不是成果）。

把你意志力的支点找出来，这里有你的命运秘密。在这个越来越不确定的世界里，一个意志坚定的人，有更多的良机与世争雄，那些补偿他所遭受的不公平待遇的机遇才会降临到他身上。穆罕默德·阿里（美国拳王）说："冠军不是体育馆里造出来的，造就冠军的是冠军内心深处的某种东西——渴望、梦想、愿景。他们需同时拥有技能和意志，但是意志必须强于技能。"

李嘉诚告诉你：必须要有金钱之外的思想，保留少少自己值得自傲的地方。比如毅力就是你非有不可的东西。毅力是一种心态，而不是一种生活。真正有毅力的人清楚自己的人生目标，且愿意承担责任，有颗坚强、非凡又充满希望的心，知道什么是原则、事实与正义，有极大的勇气和谨慎。

星云大师告诉你：①做一个骨气硬的人。有骨气的人，为人尊敬，为人信赖，为人看重。②做一个耐力强的人。不因一时一人一言而影响自己的情绪。③做一个勇气足的人。④做一个眼光远的人。看得远，看得高，不计较一时得失，才能够掌握先机，而且能进能退，能前能后，能有能无。⑤做一个脚步稳的人。必须自己站稳立场，先要自己不做易被人打倒的事。⑥做一个信心坚的人。只要对自己的志节、道德、人格、信用防守严谨，就不容易被人打倒。

"总统之为总统，不在于智力，而在于意志力和决断力能否经得起考验。"

他生下来就一贫如洗，为了改变现状，他努力奋斗，但似乎挫折和不幸一直都追随着他：21岁——生意失败；22岁——角逐议员落选；23岁——再度生意失败（后来他花了17年才把债还清）；26岁——爱侣去世；27岁——精神崩溃，卧病在床6个月；34岁——角逐联邦众议员落选；36岁——角逐联邦众议员再度落选；47岁——提名副总统落选（得票不到100张）；49岁——角逐联邦众议员三度落选。这个"大失败者"就是亚伯拉罕·林肯。凭着非凡的意志、信心与热情，终使得他在52岁时登上总统宝座，并成为美国人民最爱戴的总统之一。在失败时，林肯对自己说，"这不过是滑一跤而已，并不是死掉爬不起来了。"

102. 关注他人的敏感点

成功控制自己命运的人物，在他们的性格里有这样三个共同特质：他们都能忠诚待人，令人乐于亲近；他们待人的方式虽各有不同，但都把人际关系建立在"贡献"的基础上；他们能与人密切合作，凡事都设身处地替别人着想。

你的满腔热血，只能用来激励自己，而对待他人，最重要的是他最关心的是什么。要赢得各种盟友的支持，关键在于倾心关注他们的敏感点，比如个人抱负，如果你抓住了他们的最敏感点，他们的心灵和大脑就会跟过来。你命运的信号也会跟着增强。

如果要了解并影响你的朋友，你不能把注意力集中在宏大而抽象的问题上，而应该密切注意和他们个人关系最大的那些事情。有效方法是：①从不卖弄自己的学问，不宣称自己有丝毫优越于他人的地方，也不非议他人，而是友好并恰当地提出正确的问题，尤其是请教式的提问，能使他们在不知不觉中吐露内心的想法。②把注意力集中到他的目前处境上，他的问题不管在别人眼里多么微不足道，但对你来说却是最重要的事情。

Bill Mariott讲给你的故事：

那是1954年12月，我父母在我家的弗吉尼亚农庄款待艾克·艾森豪威尔总统夫妇。我们在那里有位朋友酷爱打猎，他往野地里放出几只野鸡准备请总统打。艾森豪威尔抵达后，我父母问："总统先生，您是愿意去外面打猎还是待在屋子里烤火？"他转过头来问我："你说我们该干什么，比尔？"当时，我是个22岁的海军士兵，正在家里度假。我想，这位领袖能够率领盟军赢得战争，很可能是因为他与人打交道时经常问这个问题。我还认识到，他之所以能取得胜利，是因为他会提出正确的问题，使大家觉得自己也在参与。于是，在我整个职业生涯中，我总是设法使别人对我说出他们的想法。那天我们没有去打猎。我说，我们应该待在屋里，艾森豪威尔听了很高兴。我想他这一辈子冬天夜里在外面待的时间够多的了。

103. 给压力的源头一个说法

无论好运还是厄运，都会产生一定的压力。你总是碰到什么压力，以及你如何应对这些压力，这里有你命运秘密的信号。

有效控制压力，首先是不去用其他的猜测或解脱来遮掩真相和逃避现实，而是集中于你的影响圈去扫描压力的源头，然后根据其特点进行分散、转移、放任或消灭。

优雅面对压力，就是遇事别怕，不是先给自己一个心里负担，而是积极"面对它、接受它、处理它、放下它。"培养充满希望的人生态度（关注变化或压力中的机会）和自尊感、拥有更多的社会支持、觉得自己能够掌控自己的命运，能减少你所承受的压力，并促使你更好地控制它。这些可以通过设定和完成现实目标来做到。

再大的压力，把它拆分成小部分来解决，而且先解决起决定作用的部分，也就不难了。有时将问题留到第二天睡醒后解决，往往会找到更好的解决方案。德鲁克提示你：认为碰到问题时，就必须采取行动，这种想法纯属迷信。

培育你的韧性和认知坚强，能够帮助你有效预防和处置压力。心理学家告诉你如何培养这两种人格特质：

(1) 如何增强韧性：①找出你身上的一种总是导致失败，而且你一直想要改进的行为。你应该如何改变自己的思维模式才更有利于改掉这种不良行为？②列出一些能够让你的生活充满意义和活力的因素。这些因素如何帮助你克服逆境？③别人对你的看法和你对自己的看法有何不同？如何缩小这些差距？④你是否会犯一些让你无法与他人有效沟通的错误？如何减少这些错误？⑤描述一下理想的自己应该是什么样的。你现在最不具备哪种你想要具有的特质？你在哪些方面最接近理想的自己？请记住，你所设定的增强韧性的目标，一开始就要切合自己的实际。还有，这些练习的目的是为你变得更加健康和坚韧而改变行为，而不是改变你的信仰和价值观。

(2) 认知坚强。确立三种独特的态度：①挑战，把变化视为挑战，而不是威胁；②承诺，全力投入有目标的活动，致力于解决问题，以及应对挑战；③控制，觉得自己能够控制自己的行为和体验，不会成为习惯性无助（即因为重复的失败或惩罚而造成的听任摆布的行为）的受害者。

可以减轻压力、促进健康的策略：

(1) 心理应对策略。①防御和应对。防御行为旨在减少压力的表面症状；应对行为旨在采取行动减少或消除导致压力的原因。在你着手解决问题之前，不要反应过度，先冷静一下，做做深呼吸，洗个澡，休息一会儿，吃点有营养的东西。让自己感觉更强壮、更有力。②社会支持。是指他人提供的、用来帮助你应对困难的心理和实物资源。那些爱你、尊敬你，与你有着密切联系的家人和朋友，都可以用语言或行动给予你支持。③认知策略。乐观的思维方式：将不愉快的经历归因到具体的原因，而不是盲目扩大范围；倾向于将问题归因到外部原因，而不是内部原因；会假设导致痛苦的原因是暂时的。认知重建：可以重新评估和重建任何一种情境，你会觉得将要发生的这些压力情境更加确定，从而使你对这些情境的控制力更强。

(2) 生理应对策略。①锻炼。研究结果显示，那些经常锻炼身体且锻炼强度相当于每周行走5小时的人，与那些很少锻炼的人相比，死亡率低了1/3。②营养和饮食。

还有一个有效的办法：把心里的感受写下来。选择一个主题来培养这个习惯，如果悲伤或恐惧让你有表达的冲动，那么就以此为开始。此外，也可以写一写生活中能够引发情绪和思考的快乐时光或重要挑战。不要只写感情，还要写想法。把回忆写成有开头、发展和结尾的故事，可以帮助你获得洞见与成长。

104. 控制命运的残酷游戏

竞争，是你控制命运不得不经历的残酷游戏。在你竞争的动机和手段里，藏有你的命运秘密。

从一开始你就要千方百计地掌握优势。在没有准备好弹药前，绝对不要拿起枪炮。韦尔奇说：充满活力、好奇心和“我能做到”的精神，以及不断改进的最佳实践经验，都是竞争优势。洛克菲勒给你三个策略：①一开始就要下定决心，关注竞争状况和竞争者的资源。就是注意自己和别人都拥有什么，都在哪里，数量有多少。设法预测会出现什么机会，理想的机会很少送上门，常有很多不理想但还算好的机会，好好利用这样的机会。②了解和研究对手的优点、弱点、做事风格和性格特点，然后善用这种知识。当然，也要知道自己是谁。在别人不把你高看为对手的时候，就是你为未来竞争赢得最大资本的时候。首先发现对方弱点并狠命一击的人，常常是胜者。③必须拥有正确的心态。你必须在道德的限制下，表现得积极无情。必须全力以赴。与此同时，还要积极而勇猛，要有吞下鲸鱼的胆量。

竞争的最大价值，不是战败对手，而是发展自己。请牢记：绝不“不惜一切代价取胜”，而是“在有价值的地方取胜”。李嘉诚说：我绝不同意为了成功而不择手段，如果这样，即使侥幸略有所得，也必不能长久。洛克菲勒说：“我不需要不光明的胜利，我要赢得美满、彻底而体面……不计代价获得的胜利不是胜利，丑恶的竞争手段让人厌恶，那等于是画地为牢，可能永远无法超越，即使赢得一场胜利，也可能失去以后再获胜的机会。”

有个不同寻常的竞争者是值得庆幸的，伟大的竞争者总是让你保持警惕。迈克尔·波特（管理大师）认为，“合适的竞争对手能够加强而不是削弱企业的竞争地位。”让你的对手站在你的面前，而不是躲在你的身后。并让他感觉到自己已经知道你的意图了。克里斯·马修斯告诉你：“削弱你的对手的最有效方法之一就是承认对手的长处，并为他的潜力给公众设立一个不合情理的期望值……搅乱竞争的阵线，乘机夺取对手的后方地盘。”贺利得（杜邦公司董事长兼CEO）提示你：“在面对竞争对手时，不是超前他们10%，而是要比他们的发展速度快一倍。”

请注意，与螳螂作战，你的胸怀会越来越小；与蜗牛赛跑，你离冠军宝座不是近了而是远了；与结巴辩论，你有成为第二个结巴的危险。另外，别和没什么可失去的人竞争。

美国著名的实战型电视节目“幸存者游戏”可以告诉你几条有用的规则：①不受欢迎的人最先被淘汰。如，第一个被淘汰的是一名碰伤了腿、行动不便还得别人照顾的参赛者，然后是一个不懂礼貌而且说谎的人，还有一个不愿与大家沟通和交流——“不合群”的人。②只有能力是不够的。如，一个业绩出色的有功之臣，因轻蔑女性成员，搞个人英雄主义而很快被淘汰。③准备充分以及对变化的敏锐反应格外重要。如，一个有实力的小组领袖，在两组合二为一的比赛后期，尽管意识到了曾是另一小组领袖那个人的“四人联盟”阴谋，却反应迟钝，没有在对手行动之前做好准备并积极应对，而被暗算淘汰出局。④一个团队不团结一致，每个成员都会输。如，那个被“四人联盟”暗算掉的小组领袖手下的其他三人，最后均被“四人联盟”除掉。⑤“老好人”可能被当成“公敌”、被利用。如，一个没有立场不参加任何联盟，并愚蠢地按照字母顺序依次投票的“老好人”，两次被“四人联盟”利用铲除对手，当他意识到自己的危险时，他已经被全票淘汰。⑥拉帮结派者多是阴谋家。如，两组合并后，搞“四人联盟”的那个小组领袖，利用联盟首先分别淘汰合并前另一小组的所有四人，然后又淘汰了原来自己小组的三人，成了最后的赢家。⑦好运不可少。那个搞联盟的小组领袖的最终胜利，也有很多好运的因素。不过这些好运大都是他自己创造的。

2008年，约旦国家核电站项目向国际招标，最后入围的是一家美国公司、一家中国公司、一家比利时公司和两家日本公司。这5家公司，工程设计大同小异，报价也十分接近，都在35亿美元左右。

竞争激烈，各显神通。美国公司聘请了两位诺贝尔物理学奖获得者担任工程顾问；日本两家公司联手，合两家之长拟定了一份新的计划书；中国公司派出了一个大型公关团，两位负责人都是约旦原子能委员会主席图坎在外留学时的同学；比利时公司没有新举措，只与约旦原子能委员会进行了几次例行谈判，据说还把报价又提高了五千万美元。

最后胜出的却是比利时公司。他们是这样解释的：核电站计划建在沙漠里，不会占用有限的土地资源，多出的五千万美元是用于核电站周围的绿化建设，另外免费从比利时运10船湖底淤泥到约旦，用做植物生长的基肥。建成后的核电站将是一座鸟语花香的花园。

约旦国土4/5是沙漠，他们对环保特别是绿化异常重视。约旦人说：“他们考虑得如此周到，我们有理由相信他们能做得更好！”

比利时公司这种对人性的洞悉，使得他们考虑得比约旦人自己想的还周全，完全超出了约旦人的预期。这是其胜出的根源，也是竞争的最高境界。

105．挑战，更能激发好运

时常迫使你面对严峻的考验，这是命运的本性。你不能说服一座大山为你变矮一点，也不能向迫近的暴风雪解释你已经够冷了。将人区分开的不是“大山”或“暴风雪”的有无，而是对待它们的态度。导演命运剧本乃至人生所有

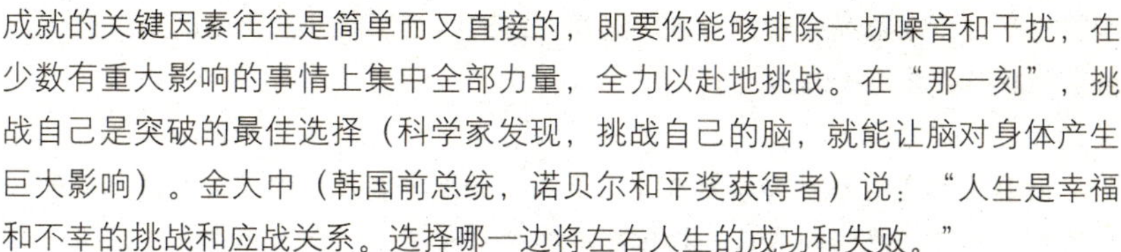

成就的关键因素往往是简单而又直接的，即要你能够排除一切噪音和干扰，在少数有重大影响的事情上集中全部力量，全力以赴地挑战。在“那一刻”，挑战自己是突破的最佳选择（科学家发现，挑战自己的脑，就能让脑对身体产生巨大影响）。金大中（韩国前总统，诺贝尔和平奖获得者）说：“人生是幸福和不幸的挑战和应战关系。选择哪一边将左右人生的成功和失败。”

在风口浪尖处有所作为，更能够开创出命运盛世。那些取得了巨大成功的人，没有一个只是因为工作了更长时间而取得的。而且，他们也并不比你聪明。这些人之所以成就卓著，是因为他们在风口浪尖处做了一些挑战性的艰难工作。王选（著名科学家、汉字激光照排之父）说：我有一个终身的体会，或者作为一个工作原则，就是年轻人如何出成果，如何出创造性的成果，一个必要的办法，就是把他们推到需求刺激的风口浪尖上，这会使他们创造出难以想象的成果。比尔·盖茨也曾说：“我喜欢推波助澜，只有在浪尖上你才能有最佳表现。”

2000年世界花样滑冰冠军关颖珊，在最后一场比赛前，她总分排名第二，在最后的自选曲项目上，她选择了挑战自己，全力突破，而不是保守的少出错。在4分钟的曲目里，她结合了最高难度的三周跳，并且大胆地连跳两次。她可能败得很难堪，但是她成功了。她说：因为我不想等到失败，才后悔自己有潜力没发挥。

人世间任何精彩的命运，都是不甘平庸的平常人创造的。一旦你在心里播下不甘平庸的种子，便激活了你命运中创造与超越的密码。王石（万科集团董事长）说：“命运这东西很有意思，它本想按照它的命数来安排你，可你不服，你拼了命跟它斗，它就服了，它就听你安排了。”

这里的关键是兼顾信念与原则的平衡。坚持原则的挑战和强硬蛮干是两码事，绝对不能把你的信念与原则搞混，去做那种幼稚的乐观主义者。圣奥古斯丁（著名神学家、作家）说：“信念就是相信我们看不见的东西，有了这种信念我们就能看见我们相信的东西。”信念所指的是你坚信一定会成功——这个千万不能丢，美国谚语说，“飞得最高的鹰靠的不是翅膀，而是信念。”克洛克说：“我把对麦当劳的信念当成一种宗教情感……我就是这么想的。”而原则说的是你一定要面对眼前的全部事实，无论它们是什么、多残酷。必须——也只能一切从实际出发，具体事物具体分析。

请注意，挑战更要讲究策略，比如弥补对方的弱项，用自己的优势挑战对方的弱点。如马云所说：“不要贪多，做精做透很重要，碰到一个强大的对手或榜样的时候，你应该做的不是去挑战他，而是（要挑战自己）去弥补他。”

控制论的提出者维纳提示你：在已经建立起的科学部门间的无人的空白区上，最容易取得丰硕的成果。

他49岁那年突然被公司解雇了，虽然他一直够努力，但命运有时很残酷。他顾不上悲伤，找到和自己一样被解雇的老朋友亚瑟·布兰克商量："当一扇门对我们关上时，一定还有另外一扇窗为我们打开。为什么我们不自己开办一家公司呢？"他们决定挑战命运。

很快，他们筹建的家居仓储公司就开业了。但是"创业艰难百战多"，一个初创的小公司，在与众多大公司的竞争中，他们很难获得客户。如何生存？

正在他苦苦思索的时候，无意中他被一档电视节目吸引：在瀑布附近生活的棕熊，经常在夏天集体去瀑布捕食鲑鱼。因为鲑鱼喜欢向瀑布上跳跃，以便获得更多的氧气，棕熊掌握了鲑鱼这一特点，便站在瀑布的上端，一般庞大的棕熊总能占据较好的位置，等鲑鱼一跃起，棕熊立即张嘴去接，鲑鱼便自动落到它的嘴里。

可是那些较小的棕熊因占据不到好位置，却没有这个"口福"。但它们不想总是看着大棕熊们大吃大喝，便想出了自己的办法：当看到大棕熊叼到了鲑鱼，其中一只小棕熊便立即攻击它，它便本能地张口还击。结果，在张口的刹那，嘴里的鲑鱼掉到了河里，鲑鱼已被大棕熊咬伤，只能顺水漂流而下，站在下游的小棕熊便轻松叼起流下来的受伤鲑鱼，转身跑了。

这个有趣的节目使他茅塞顿开：弱者该如何生存呢？那就是用自己的优点去挑战强者的弱点。与强大的对手竞争，就要从他们无暇顾及的小处着手，在他们的薄弱环节上突破。

他立即调整发展方向。锁定中低收入者群体，并集中对付大公司不愿顾及的"难缠户"。这些办法很有效，很快他们便拥有了大量客户，并稳步壮大。

20年后，他的公司发展成为年销售额达300亿美元的世界500强企业。他就是著名的美国家居仓储公司创始人波尼·马库斯。

◎顿悟方知"命"，修为才有"运"

如果说"命"是天意，那么"运"在人为。"上帝会给每只小鸟虫子，但决不会扔进它的巢里。"命运秘密不会为了向你献媚，自己闪亮登场，好运也

不会为了讨好你，自己找上门来。不管是破译命运秘密还是导演命运剧本，最有效的方法只有一个——修为——按正确的方向（目标）刻苦用功，每天专心把自己该做的事而不是“有趣”的事做好。有些人看起来天生就有一些福分，其原因难以真正明白，但有一点已经明确，那就是，这个福要边修为边享受才能绵长。如古人所说：福不可受尽——福若受尽，缘分必断。

可能有难以言说的“命”，但是没有无缘无故的“运”。“最有权势的黑人女性”、“美国价值的最佳代言人”奥普拉·温弗瑞在最近的一期节目里宣布，将在“奥普拉·温弗瑞秀”开播25年（2011年9月）后说再见，在即将告别自己创造的经典美国梦时，她感慨地说：“走到今天，我深信，我可以用自己的奋斗向世人证明事在人为的道理。”

106. 从心开始，刷新天赋

如果你不满意自己的命运，想力求改变，则首先应该“由内而外”地改变自己——改变自己对命运的看法、想法和做法。把外在环境视做问题症结的想法本身就成问题。要改变天赋的东西绝非易事，但改善运用天赋的方法却不难。威廉·詹姆斯（美国著名心理学家）说：“我们这代人最伟大的心理学上的发现，莫过于我们可以借由改变我们内在的世界而达到改变我们外在的世界。”

你可以通过与自己内心的对话来启迪灵性，灵性会告诉你某件事情是个机会，而不是阻碍。

在行为上要将你的主要力量——智慧、资源（包括人脉关系、技术与金钱等）集中于抓住最适合自己的机会，即能使你达成目标的机会，而不是所有的机会（必须抵挡住诱惑），创造运势，以图发展，而不是被你解决的最大难题所拖累。刘长乐告诉你：其实一个人的成就，并非纯粹的智力使然，通常是与他善于发现事物的价值、善于利用机缘、善于调配安排、善于使事物的价值最大化有关。

请注意，仅靠某种技巧或某一个好运，改变不了旧的命运模式。“换汤不换药”肯定于事无补。

107. 最重要的资产

是你的影响力在不断改变着自己的命运格局。影响力的根基是品格的塑造。如同大卫·麦库卢（历史学家）在评价哈里·杜鲁门时所说：“人品是一位总统身上最为重要的资产。”成就李嘉诚商业帝国的，并非是他外在的神秘的经营技巧，而是内在的永无止境的好奇心和不停反思的自制力构成的健全人格。

这种品格资产的修炼不能一蹴而就，只能积累——用我们古老且唯一的方法——“一砖一瓦，水滴石穿”。当你真正专注于细小品格的积累，就给命运创造了惊喜和美感，影响力和命运格局便随之扩展。正如佩因（美国政治思想家）所说：“得之太易者必不受珍惜。唯有付出代价，万物始有价值。上苍深知如何为其产品订合宜的价格。”

人格和命运会产生交互作用，命运可以塑造人格，就像人格会影响命运一样。心理学告诉我们：生理倾向也会影响我们的基本人格。5种主要人格因素：开放（也称为探求知识、好奇、独立，另一端是思想封闭）、责任感（也称为可靠性、谨慎、坚定不移、超我力量、审慎或约束，另一端是冲动、草率和不负责任）、外倾（也称为社会适应性、自信、善于社交、大胆，另一端是内倾）、友善（也称为顺从、讨人喜欢、友善地遵从、温和，另一端是冷漠或消极）、神经质（也称为焦虑或情绪性，另一端是情绪稳定或情绪受控）。

现在就依据你的价值观和原则，开始给自己的命运输入精神价值。在品格和速度方面发生矛盾时，最先考虑高品格，在命运的灰色地带作出高品格抉择。别让你的技巧胜过品德，否则会使你的命运阵脚大乱甚至不可收拾。

确立了自己的人格，你对自己的命运会有更大的控制力。西点军校认为，只有学员具备了以“责任、荣誉、国家”为重的价值观，才能培养出品格高尚、尽职尽责的领导者。这正是其能超越哈佛大学，成为培养出最多首席执行官（CEO）的学校的根本原因。吉姆·柯林斯研究发现：这些成功控制命运的领导者或CEO，都具有“平和而执着（即不管多困难都会勇往直前，为建立卓越事业绝不降低标准，承担责任而不是埋怨别人）、谦逊而无畏（即从不自吹自擂，行事从容冷静，雄心勃勃，把成功归结于别人、外因和好运）”的双重人格。

请注意，可以是实用主义者，但必须是有责任和品行的实用主义，即“道德上敏感的实用主义者”。如果是纯粹的实用主义，那会有大麻烦。人格的可贵，是在功名富贵之外。高尚与尊严加在一起是很令人愉快的，也将令命运愉快。

108. 幸运的土壤

好运是人格的芬芳，人格是道德的芬芳。德行的美犹如空谷幽兰，自然高贵。有美德才有人缘、才有荣誉，有美德必然会有好因、好缘、好运。

首先占据道德上的优势。老子说：“重积德，则无不克。”“深其根，固其柢，长生久视之道也。”司马光（北宋著名政治家、史学家）说：“才者，德之资也；德者，才之帅也。”

得之太易者必不受珍惜。唯有付出代价，万物始有价值。上苍深知如何为其产品订定合宜的价格。

一个人的财与运，都与他的德密不可分。美德是幸运之根的土壤，是巨大财富的支点。当你的财富失去时，其实你什么都没失去；当健康失去时，有些东西就失去了；当德行失去时，那一切就都失去了。

1973年6月的一天，美国丹佛大学校园里，一位老太太来找国际关系研究生院约瑟夫·科贝尔先生。她绕了半天也没找到，正站在一个路口不知去向，一群路过的女生知道她的意思后，其中一个黑人女孩说：我带你去吧！

她们很快找到了科贝尔。老太太提议相互认识一下：老太太，波兰大使夫人；黑人女孩，英国文学系大三学生；科贝尔，丹佛大学国际关系研究生院创办者，著名国际问题研究专家。

黑人女孩出来时，有人在散发一个讲座的宣传单，主讲人正是她刚才带老太太找的那位科贝尔。她想，既然认识了，就去捧捧场吧。

她坐在大教室第一排，对科贝尔所讲的《时代与政治》充满兴趣。科贝尔认出了她。中午吃饭时，科贝尔特意邀请她。席间，他发现这个黑人女孩不但果敢、聪慧，而且对问题有独到见解。所以动员她报考他的政治学研究生。

1974年，19岁的她考入丹佛大学国际关系研究生院；26岁，她获得政治学博士学位； 1989年，34岁的她出任老布什总统的国家安全事务特别助理，成为有史以来美国政府中职位最高的黑人妇女。2005年，出任美国国务卿，是继奥尔布赖特之后美国历史上第二位女国务卿。她就是康多莉扎·赖斯。而那位科贝尔先生则是奥尔布赖特的父亲。

赖斯的成功，有人说是她运气好。但纽约时报每日评论上的那句话才真正道出了她好运的根源：一些人之所以能交上好运，多数是由于具有细微而不起眼的美德。

109. 改变“运”由信守承诺开始

如果要取得别人的信任，你就必须做出承诺；要取得命运的信任，就必须做出对自己的承诺。但是绝不轻易许诺，诺言是指100%做到的事情，在做出每一个承诺之前，先等一分钟，把所有的可能性都考虑到。一经承诺之后，便要负责到底，即使中途有困难，也要坚守诺言，贯彻到底。如果你有超过三次对同一个人没有履行诺言的记录，那个人就不会再认真对待你的言行，这就是所谓的信用问题。事实上，没有什么比对某人许下一个重要承诺后又失信造成的损失更大了。一个人所能做的最糟糕的事就是许诺他没有能力做到的事。

李嘉诚给你讲故事：

有人问我做人成功的要诀，我认为做人成功的最重要条件是：让你的敌人都相信你。要做到这样，第一是诚信。我答应的事，明知道吃亏都会做，这样一来，很多商业的事，人家说我答应的事比签合约还有用。

我有个对手，人家问他："李嘉诚可靠吗？"他说："他讲过的话，就算对自己不利，他还是按诺言照做，这点是他的优点。"答应人家的事，自己吃亏了还是照做。让敌人都相信你，你就成功了。

举个例子，有一次，我们和一家拥有大量土地的公司将要进行合作，他们公司有个董事跟其它的同业是好朋友，有利益关系，就问为什么要跟长江集团合作，不考虑其它的公司。他们主席（指董事局主席）说："跟李嘉诚合作，合约签好以后你就高枕无忧，麻烦就没有，跟其它的人，合约签好后，麻烦才开始。"这是家大公司，公司全部的人包括高级主管都知道，结果没有人敢讲话，所以一次会议就通过。这次合作，长江集团赚了很多钱，对方也赚了很多钱，是双赢。

敌人相信你不单只是诚信，敌人相信你是因为相信你不会伤害他。例如，我是他的竞争对手，但他相信我不会伤害他，不会用不恰当的手段来得到任何东西，或是伤害任何一个人。

控制命运的本质和最明白的表现就是对自己或别人有所承诺，然后从不食言。日常生活的种种事情都可以练就你养成由内而外的信守承诺的习惯。比如可以利用几周时间自我挑战一次，这期间把全部精力投放到影响圈内，从各种小事开始，许下承诺并予以兑现。

做一个一言九鼎的人；做一个支持者而不是吹毛求疵者，一个推动者而不是抱怨者；做一个成事者而不是败事者，一个马达而不是一个障碍；做一个团结者而不是分裂者。学会做照亮他人的蜡烛，而不是评判对错的法官；以身作则，而不是一心挑错；解决问题，而不是制造事端，更不是让自己成为问题。当别人不在场的时候，不参与传播关于他人的流言，不对别人冷嘲热讽，不说那些言不由衷的赞扬，同时，要尽量从别人的优点出发而积极地评价别人。尤其是不要人前人后判若两人，永远不伤害别人。这样，你不但可以成为一个别人眼中值得信赖的人，同时也给自己的命运注入了营养元素。

110. 好运偏向正直与厚道

《财富》杂志在评选2010年全球最受赞赏的公司时说：令受赞赏公司出色的原因常常难以弄清。但在2009年，正直成了中心话题。对上榜公司来说，信任与正直并不是一个模糊的术语，它们是可以产生财务回报的耐用资产。

我们个人的命运亦如此，好运始终贴近人性的道义。李嘉诚说：“‘义’字实在是终身用得着的。”是正义与宽厚这个“耐用资产”，在不断给你的命运增添温暖与回报。如古人所提示的，“过于厚（厚道）者常获福，过于薄（刻薄）者常近祸。”

在遇到不公正、不人道、不道德的时候，你应当愤怒反击。你可以不做英雄，但是，不可以不维护正义，不要错过一生中不站出来就会终生后悔的时机。如李嘉诚所说：“我相信世上每一个人都有义务去维护人类的尊严。”但不要把自己封为正义的化身。

享受生命的美，同时也帮助别人享受美。在命运的竞赛中保持绅士或淑女风度，以最大的勇气和决心克服自己的弱点，克服了弱点便强大了内心。内心的强大才能够“住烦恼而不乱”，能够使自己和命运同时宽厚。

2004年9月，哈佛大学教育研究生院学生会主席竞选进入最后阶段，最后的4人中，破天荒地闯进了一位中国女孩朱成。她的3个对手都是美国学生，分别是隆德里格斯、哈恩、吉米克。

隆德里格斯首先举出例证说明哈恩和吉米克的人品有问题，降低了他们的支持率。不久，他又爆出了朱成的丑闻，说她以救助南非孤儿为名侵吞了捐款。

朱成在学校召开新闻发布会，她把那个4岁的南非女孩抱到学校，并出具了她生活很幸福的证明。哈恩和吉米克还没有澄清自己，隆德里格斯又被证实有说谎行为，朱成的支持率一路攀升。

这时，哈恩和吉米克又爆光了一段隆德里格斯在一家中国超市被警察询问的录象，说隆德里格斯因为偷窃而被抓到。有利局势再一次倾向朱成。

竞选的最后一天，在4个竞选者一起召开的新闻发布会上，朱成令所有同学意外地说了这样一番话：同学们，我先告诉大家关于隆德里格斯在超市行窃的事。我认识那家中国超市的老板，我到他那里查明了事情的真相。事实上，隆德里格斯并不是因为行窃，而是因为帮助老板抓到了小偷，才被警察询问情况的……

竞选助理埋怨朱成帮了对手一个大忙。朱成平静地说：我只是希望这次竞争能够公平一些，这样赢得的胜利才有意义。

投票前15分钟，隆德里格斯宣布自己退出。他说，他无法像朱成那样真诚与宽容，他已经输了……并且号召自己的支持者把票投给朱成。

最终，朱成以62.7%高票当选，成为哈佛大学教育研究生院历史上首位中国籍学生会主席。在2006年5月，她又当选为有着“哈佛总统”美誉的哈佛大学研究生院学生总会主席。

那些支持她的学生说，他们相信，只有内心真正强大的人，才会追求公

平、公正。

111．沿着良知寻找好运的线索

良知决定你命运的走向，也决定你走多远。良知是一种天赋的道德观念，就是知耻——知道什么该做，什么不该做；知愧——知过即改；知恩——“滴水之恩，涌泉相报”。

良知，是你命运里的一个“手杖”，也是修理命运的武器。培养并遵从自己的良知，它会鞭策和指引你沿着自由、安全、智慧和力量的道路前行。

来自命运的东西并不脱离人的本性。一种好运气就是好的灵魂、好的心态、好的情感、好的原则、好的行为习惯的一种好的配置。而良知是这种配置的灵魂。杰夫·贝索斯（亚马逊CEO）提示你：“天赋和选择不同。聪明是一种天赋，而善良是一种选择。天赋得来很容易——毕竟它们与生俱来。而选择则颇为不易。如果一不小心，你可能被天赋所诱惑，这可能会损害到你做出的选择。”

请注意，不能用愤怒压制良知。能够行事不昧、自我反省的人，都是有良知的人。对于那些良心生起、忏悔过往的人，要给予包容、协助，这也是人性的善美、光辉、伟大之处。

第二次世界大战时期，曾为世界做出重大贡献的两位英国杰出人物，首相温斯顿·丘吉尔和细菌学家亚历山大·弗莱明（他发明了青霉素），在小时候都曾经面临厄运：丘吉尔在一次玩耍时不小心掉进了一个很深的粪池，如果没有人来救他很快就会被淹死。弗莱明家里很穷，没钱供他读书，如果得不到富人资助，他长大之后可能是个文盲。

幸好，在丘吉尔掉入粪池的时候，一位农夫闻声赶来将他救起。这位农夫就是弗莱明的父亲。丘吉尔的父亲是英国上议院议员，为报答农夫对他儿子的救命之恩，他把弗莱明送去上学，一直读到圣玛利亚医学院毕业。

正是这么一个有良知的平常的人，一个平常的善举，改变了两个人的命运，从而也改变了世界上千千万万人的命运。

112．最本性也是最神秘的力量

命运里总有一些事情，是智慧和财富所无法解决的，这时爱心往往能创造出惊人的奇迹。你无条件付出的爱会帮助别人确定并坚信自己的价值、身份和人品，他们会受到激励，从而更容易接受生活的基本法则——合作、奉献、自律和诚信——并发掘和运用自己的优势。同时，也将提升你自己的爱的能力。

爱的能力，是破译命运秘密乃至导演命运剧本不可或缺的关键能力。荒漠化的感情，不可能有生机盎然的命运；虚伪与冷漠的心，将为他和他的命运之间掘出一条无法跨越的沟渠。

在慈善与关爱别人的过程中，你可以培育或找回爱的能力。

爱——并善于布施爱（这是很多人的薄弱环节，薄弱环节里总是充满机会），能治愈所有的创伤——自己的和别人的创伤；能激活超乎想象的潜能——自己的和别人的潜能；能从根本上改变命运——自己的和别人的命运。爱因斯坦曾恳求同胞：把爱扩大到所有生灵及整个大自然吧。

美国的约翰·霍普金教授，在多年前给他的学生布置了一个作业：去贫民区，找200名年龄在12岁到16岁的男孩，调查他们的家庭背景和成长环境，预测他们的未来。

学生们耐心跟孩子们交谈，通过调查、分析得出预测结论：被访男孩中90%的人将有一段在监狱服刑的经历。

25年后，教授给另一批学生布置作业：检验25年前的预测是否准确。学生们来到那个贫民区，以前的男孩有的搬走了，有的已经去世了。最终与那200名男孩中的180名取得了联系。他们发现其中只有4人曾进过监狱。

究竟发生了什么？通过进一步了解，他们发现75%的孩子都是一位女教师教过的。

学生们在一个“退休教师之家”找到了那位女教师。这么多年过去了，为什么那些孩子还特别想念她？她是如何改变那些孩子的命运的？……

“不知道，”女教师说，“我真的回答不了你们。”她回想起当年和孩子们在一起的情景，脸上浮起笑容，自言自语道：“我只是很爱那些孩子……”

113. 与人为善最“给力”

行善是无意识的播种，也是修为命运。行善如种田，这块田又分为悲田和敬田。以慈悲心救济贫苦大众，叫做“悲田”；对父母、长辈、国家，尽孝尽忠，叫做“敬田”。在悲田、敬田里面播种，都会有收成，它将使你和你的世界越来越美好。

如果你做了什么好事被别人知道了（最好不被知道），要给你奖励，那些奖励你可以不在乎，或者你根本就不想要，但你必须接受（你可以用它再去做善事）。因为那不仅是对你个人的认可，也是整个社会对每个善举的尊重。对善举的尊重，是我们每个公民的责任，也让我们有资格去劝勉更多的人施援向善。

慈善是财富与心灵最好的出口。星云大师告诉你如何做功德：（1）以物质金钱来做功德（把储蓄拿出一部分作为善款布施，或以物质资助生活上有困难的人）。（2）以服务奉献来做功德（比如做义工）。（3）以语言赞美来做功德（多说好话）。（4）以心意祝福来做功德（别人做好事时我打心里欢喜，所有功德中以心的祝福功德最大）。

为善必穷理，否则行无益。善不在一时而在久远，不论一身而论天下。理解约翰·D·洛克菲勒的一段话：

一只动物要靠人供养时，它的机智就会被取走，接着它就麻烦了。同样的情形也适用于人，如果你给一个人一条鱼，你只能供养他一天，但是你教他捕鱼的本领，就等于供养他一生。这段关于捕鱼的老话很有意义。当你施舍一个人时，你就否定了他的尊严，否定了他的尊严，就抢走了他的命运，这在我看来是极不道德的。作为富人，我有责任成为造福于人类的使者，却不能成为制造懒汉的始作俑者。一个人活着，必须在自身以及外界创造足以使生命和死亡有点尊严的东西。

春秋时代，鲁国有一条规定，凡是鲁国人在其他国家看到有鲁国人沦为奴隶，可以自己先垫钱把他赎回来，回国后到官府报销，并给予奖励。孔子有个学生在国外碰到一个为奴的鲁国人，就掏钱赎回了他。回国后这个学生没有张扬，也没有到官府去报销自己垫付的赎金。那个被赎回的人把情况讲给众人，人们都称赞这个学生仗义、品格高尚。孔子知道后，却严厉批评他犯了一个有违社会大道的错误，是只为小义而不顾大道。孔子指出，由于此学生没有到官府报销其垫付的赎金而被人们称赞为品格高尚，那么其他人在国外看到鲁国人沦为奴隶，就要对是否垫付钱把他赎回来产生犹豫。因为垫付钱把他赎回来再去官府报销领奖，人们就会说自己不高尚；不去官府报销，自己的钱谁来补？于是，很多人会假装没看见。所以，这个学生所做的看似善事，但实质却造成了很大的负面影响，因此就不是真善。

牢记这个理念——做好事，求发展。不做恶事，也不占任何便宜。《三国志》提示你，“一为不善，众美皆亡。”（此处的“不善”并非不犯错，而是指“恶”。）

修为和积累好运不论大小。无论有钱没钱，都要保持一种勤俭节约的习惯；无论条件好坏，都要用心领悟生活、帮助他人、传播美好（在很多宗教文化里，都把传播美好善良的知识视为最大的慈善）；不要伤害穷孩子；不要讽刺善良的人；不要对他人的不幸表示欣喜，即使他是你的敌人。

如果在雨雪天里，遇见卖报纸的人，就一定要买一份，不管你是否需要；遇见卖菜或卖水果的人，如他剩下的货不多，就都买下，好让他也早点回家；

遇到出来打工或勤工俭学的学生，都力所能及地帮一把，哪怕一个微笑或一句温暖的“谢谢”。

请注意，行善施恩必须保持人的尊严。你绝不能在帮助那些需要帮助的人的同时，践踏他们的自尊。

114．不一定有求必应，但要有急必救

救急是美德，也是慈善、是修为。永远不要忘记雪中送炭的人——不管是给你或给别人雪中送炭的人，同时你也应当做一个雪中送炭的人。在你能够给别人救急（包括救苦救难，也包括给别人梯子、台阶）的时候，请慷慨出手，不要犹豫。

但绝对不要为了某种回报才救急（或付出）。救急，就是除了“救急”以外没有其他任何动机。如同那首获奖儿童诗歌表达的感觉：给我一张手纸！／好的／给你一张／于是／小昌平撒腿就往厕所冲／我也一下子／轻松。

救急就像“及时雨”，它不会因为受惠者是否向它致意而停下脚步。

在一次招待高官显贵的宴会上，气氛热烈，笑语喧哗。宴会进行到一半时，礼宾司的一名官员走到丘吉尔身旁，对他耳语说，他看见某先生把一只银制的盐缸塞进了自己的口袋。听了这话，丘吉尔当众将一只银制的胡椒粉缸塞进了自己口袋，好像无人看见一样。

宴会结束时，丘吉尔悄悄走到那位拿了盐缸的先生身旁，轻声对他说：“亲爱的，我们都被别人看见了。哎，最好还是放回去吧，你说呢？”

请注意，救急和帮忙不是一回事。罗纳德·海菲兹（领导力大师）提示你：揽下他人的问题，替他解决，可以帮你在职场赢得值得信赖的美名。这固然是一种美德，但是，最终你会面对无法解决的压力问题。而且，当你接手问题时，你在很多人的眼里就变成了问题本身，人们会自然而然认为解决问题的方法就是解决掉你。因此，你应当学会何时该“推卸责任”，把问题交给“系铃人”。

请不要误解，这里没有不负责任的意思。只要你坚守良知，它是更负责任的一种方法，要懂得，解铃还须系铃人。此外，“那些把任何事物都置于有意注意的人容易被过度辛劳的工作击垮。”

还要注意一个误区：不能给一个快要渴死的人送馒头，尽管你完全是出于善意的。

115. 有一种力量叫同情

命运的缺憾、人性的弱点是不可避免的，要去理解和同情。同情，既可以用来“过滤”（你偏向同情什么人与事），又可以用来“解码”（为什么同情他们）。

有时需要把你对自己事情的深度兴趣，跟你对其他事情的漠不关心互相作个比较，你就会明白，其他人也正是抱着这种态度。于是你已经掌握了从事任何工作的一个基础——与人相处能否成功，全看你能不能以同情的心理接受别人的特点（在每天所遇见的人中，有75%都渴望得到同情）。你虽然不能控制发生在自己身上的一切（不管你准备得多好），但总有一些事情你能够控制，例如你的态度、人格和爱。李嘉诚说得好：当你想起人生只是短短的旅程，便会希望趁着有能力做事的时候，尽量在世上播下好的种子，这才是值得的。

请注意，不要同情自己，这能使你保持清醒。也不要同情不可能改变的缺点和短处，但你可以设法使其不发生作用——包括他人的、你自己的以及命运的缺点。有效的办法是把它们扔到门外，把门关上，永远别碰它。另外，同情和同意或认可、赞同不是一回事。不能用同情来逃避责任，以及应当的承担。

丹尼尔·魏思乐（全球医药行业顶尖企业诺华公司董事长）给你讲故事：

8岁时，魏思乐得了肺结核，后来又得了脑膜炎，被送到疗养院住了一年。每次进行腰椎穿刺时，护士们都把他按倒让他不得动弹，那种痛苦和恐惧直到今天他仍记忆犹新。有一天，疗养院新来了一位医生，他花了很长时间给魏思乐解释了穿刺的整个过程。魏思乐问医生他可不可以抓着护士的手而不是被按倒在床上，医生答应了。“奇妙的事发生了，这次穿刺一点都不痛，”魏思乐回忆道，“结束之后，医生问我：‘感觉如何？’我探起身子，紧紧地抱住了他。这种人性化的做法体现出的宽容、关怀和同情给我留下了深刻的印象，让我知道了自己将来要成为什么样的人。”

116. 最好的“攒运气”是感恩

生活有恩于我们每一个人，能够生活在这世上本身就是一种幸运，我们已经受惠了诸如和平、天赋、机遇，那么生活也就有权期待我们反哺付出。每个月至少要用一种简单而高贵的方式，进行一次感恩的行动——为自己、为你所至爱的人们，也为世界的和平与美好。

愿你的希望流动／清澈如生命之泉／高远似明丽的蓝天／你所有给予／生命的爱／如浪潮般向你回还／愿那如梦的色彩／擦干你的眼泪／亦如晨曦的金灿／赐福于你的至爱者／岁岁年年（凯瑟琳·帕特雷滋：《至高的希望》）

学会感恩，就是把生命的每一天都当作最好的一天、当做上天给你的恩赐，从点点滴滴开始，不断积德（不做恶事，多做好事，不为什么）、行善（多帮助弱者，帮助别人消除痛苦、带来快乐，自己做也鼓励别人去做）、惜福（毫不含糊地珍惜你所拥有的一切和你身边的一切）、修福（严己宽人，习惯于勤俭、宽容与奉献）、造福（不只是为自己，更多的是为众生为社会努力工作，不断地积极进取、创造财富）。这些习惯是对自己好运的修为，要提早努力，有所储备，等你急需好运的时候才去修为，是来不及的。

心怀感恩的人身体更棒。美国科学家说，当你表现出善意的举动，大脑会释放出多巴胺，血液中复合胺的含量也会升高。带来的结果是，更善于对付日常生活中的压力，得了病能更快恢复健康，不太容易得冠心病，睡得更香。所以，感恩能使女人更漂亮，使男人更潇洒。

117. 冲淡命运的是非

宽恕，将冲淡命运是非，它无法改变过去，却能改变未来。宽恕是美德，也是财富，你的每一个宽恕，命运都将有所回应。它能发出映照命运色彩质感的光芒。

“紫罗兰被一只脚踩扁，它却把香味留在那脚跟上，这就是宽恕。”《圣经》上说，“宽恕人的过失，便是自己的荣耀。”有容就有气度、涵养、智慧、财富。少点计较，多点回馈，吉祥自然升起。

把你自身修养所产生的高贵品质用在对待别人上，宽容别人，但不丧失自我。多包容，少排斥，天下其实没有多少事情值得计较，如周杰伦所说：“不懂你的人，又何必计较？”不是吗？绝大多数事情都是“不过如此”。“N年后，谁会在意？”在你很较劲的时候想想这句话。凡事都留个余地，给对方留一半的空间，也就是给自己的命运留出了余地。以责人之心责己，以恕己之心恕人，能够选择自律心灵态度的人更容易备受欣赏（研究显示，自律还有益于长寿）。

为人做事尽可以“理直气和，义正辞缓。”不要试图排斥或改变他们，要善用他们。爱德华·布尔沃·利顿（英国外交家）提示你，“对他人的品位表示适当的尊敬和顺从，通常意味着他会在你的利益问题上投桃报李。”对于一个胸怀大志的人而言，保持必要的屈从与忍耐，恰恰是一条屡试不爽的成功策略，它在必要时的缓冲功效相当不俗。王炽（清朝末年“钱王”，封建社会唯一的一品红顶商人）论商道说：说我，羞我，辱我，骂我，毁我，欺我，骗我，害我，我将何以处之？容他，凭他，随他，尽他，让他，由他，任他，帮他，再过几年看他。乔治·W·布什说：“我以圣者的期望自勉：对关键事务——团结，对重大事务——求变，对所有事务——宽大。”

忍耐并非忍气吞声、卑躬屈膝，你需要冷静地考量情势，要知道你的决定是否会偏离或加害你的目标。“忍是智慧，是能量，是认识、担当、负责、化解的意思。”如果忍耐能化解不该发生的冲突，这样的忍耐永远是值得的。文化包容的气量与博采众长的智慧，能使你的好运持续上升。

请注意，有时候是我们伤害了别人自己还喊痛。对于你不喜欢的人，在某些问题上死死揪住不放的做法是最糟糕的。对待命运也是这样。此外，命运若给你应得的处罚，你当容忍之。这便是对自己命运的宽恕。

118. 好运是“栽种”出来的

你每天都在栽种——栽种着自己的盛衰荣辱。今天栽种什么，将来就会成倍甚至百倍千倍地收获什么，好的坏的都是这样（包括人与事）。如同宋美龄（中华民国时期的第一夫人）所说，“我们日复一日地写下自身的命运，因为我们的所为毫不留情地决定我们的命运。我相信这就是人生的最高逻辑和法则。”

李嘉诚给你讲故事：

我看到一段故事《三等车票》：在印度，一位善心的富孀，临终遗愿要将她的金钱留给同村的贫困小孩分批搭乘三等火车，让他们有机会见识自己的国家，增长知识之余，更可体会世界的转变和希望。“栽种思想，成就行为；栽种行为，成就习惯；栽种习惯，成就性格；栽种性格，成就命运。”这不知道是谁说的话，但我觉得适用于个人和国家。

你手中一直都握有好运的种子，你得刻苦耐劳地把它栽种在能够成长的土地上。张瑞敏说：“什么叫做不简单？能够把简单的事情天天做好就是不简单；什么叫做不容易？大家公认的、非常容易的事情，非常认真地做好它，就是不容易。”这种刻苦耐劳的精神，是你建立自尊自信的根，也是修为和觉悟的根。

理解“种子法则”：

农民在播种的时候，都要比预期出苗数多种几粒种子。为什么呢？因为并不是所有的种子都会生根发芽开花结果，它们因为种种原因有的不能发芽，有的即使发芽了也会半路夭折。命运也是如此，我们要想获得好收成，就必须不断地栽种。这就是“种子法则”。

得到一份理想工作，平均要参加20次面试；招聘到一个满意雇员，平均要进行40次面试；跟50个人逐个洽谈后，才有可能卖出一辆汽车；交友过百，运气好的话，才有可能遇到一个知己……

119. 用美好的小事带起命运的大势

有时候你一时很难选择自己的命运，但是你不能不顾命运的质量，否则它会回来找你算账的。那么可以选择做美好的事情，最小的善行胜过最大的善念。如果做不了大的善事，你可以做那些细小的，带着伟大的爱去做。这就给了你的命运以美丽的、终将燎原的星星之火。

每年至少做两件善事，哪怕是很微小的。比如，可以付出一部分看电影或去饭店就餐的钱来帮助更需要帮助的人。尤其是当你的收入超过了一定水平，你就一定要去做善事。

请注意，绝不能靠小技巧或小聪明来敷衍行善，那将弄巧成拙，适得其反。改变运气靠的是坦诚修为与智慧的积累。

一位穿着破烂外套拄着拐杖的老人，不紧不慢地走进一家餐厅。

年轻女服务生玛丽看到他缓慢地向窗边的一张桌子走去。玛丽跑到他跟前：“先生，我来帮您就座吧。”

他微笑着点了一下头。她帮他舒服地坐下来，并把他的拐杖靠在桌子旁边他能够得着的地方。他温和地说：“谢谢你，小姐，你真是个好人，上帝会保佑你的。”

“不用谢，先生。”她说，“我叫玛丽。如果您有什么需要，向我挥挥手就行了！”

在他吃完了一顿丰盛早餐后，玛丽把他结账后的零钱拿回来，帮他从椅子上站起来，把他的拐杖递给他，并陪他走到门口，把门打开，说：“先生，您慢走，欢迎您下次再来！”他眨眼一笑，温和地说：“你真是好人。”

当玛丽走过去清理他的桌子时，在盘子下面发现了一张名片和100美元的钞票。餐巾纸上的便条写着：“亲爱的玛丽，我非常尊敬你，你也十分尊重你自己。这从你对待他人的方式上可以看得出来。你已经找到了幸福的秘密。你那友善的举止会照亮所有遇到你的人。”

刚才那位老人就是她们从未见过的、她工作的这家餐厅的老板。

120．尊重，能使命运宽厚

和别人在一起时，言行举止要尊重对方——即使他是你的对手或手下败将或是一个乞丐。你对待知识分子的态度，也许反映着你的文明程度，但你对待工人农民，尤其是社会最底层人的态度，则标志着你的良心的纯度。

请尊重那些生活状况似乎不如你，但仍然诚实勤劳地用自己的双手创造生活的劳动者。体恤那些生活在社会底层的人们，我们很多的亲人就在这些人群中。善待他们就是善待自己的命运。尊重的内涵很深，还意味着倾听，真诚地从你身边的每个人身上学习。

请注意，永远别恨你的对手（也不要恨你的运气），那会影响你的判断力，会阻碍你发挥潜能。当对手赞美你时，你应该考虑自己做错了什么。普京提示你："柔道等运动能教你如何处理人际关系——教你尊敬对手。同时也让你懂得，如果松懈轻敌，最弱的对手也有可能爆发出最强抵抗，甚至会击败你。"

年少时的贝利在一次踢球中，故意露了个空子给顽强阻拦他的对方，对方一伸脚被他一个不起眼的绊子放倒了。他父亲看到了，把他一顿痛打，之后问道："知道为什么打你吗？"小贝利摇了摇头。他父亲说："踢球靠的是技术取胜，而不是靠下流的'小动作'。不管在任何时候，任何场合，你都要尊重你的对手，并且，你自己也要做一个值得对手尊重的人！"

此后，贝利把父亲的话作为导航成长的坐标。在后来的众多比赛中，他曾不止一次地被对方球员"铲"伤过，甚至因伤重有几年都无法上场踢球，但他从不以牙还牙。他有一句名言："报复对方的最好方法就是再进一个球！"他没有让父亲失望，尊重对手并值得对手尊重，使他成为一代"球王"。

121．选择和谁一起走，决定命运的49%

破译自己的命运秘密和导演命运剧本，最终成为命运的赢家，都同你身边的人的成长有关。有句非洲格言说：如果你想走得快，那么你就一个人走；如果你想走得远，那么就一起走。

你会获得你周围的人的大部分思想、举止与个性。如果你尊重自己的名声和命运，一定要和品质好的人交朋友。和坏人交往，不如自己一人。箴言告诉我们，"滥交朋友的，自取败坏。"如同《塔木德》中的那句话：和狼生活在一起，你只能学会嗥叫。和那些优秀的人接触，你就会受到良好的影响，耳濡目染，潜移默化，成为一名优秀的人。

君子以道为友，小人以利为友。道不同不相为谋。尽量跟那些道德高尚、性情良好、富有爱心和奉献精神、站在人生光明面、永不屈服的人交往，这样所得到的好处十分惊人。比尔·盖茨告诉你：让你身边拥有伟大的人。卡罗尔·图梅在被记者问及能担任世界500强企业中很少的女性首席财务官的秘诀时回答：秘诀就是保证身边的人都非常优秀。内森·罗斯柴尔德（罗斯柴尔德金融帝国创始人）留给后人的祖训是："我们一定要和国王一起散步。"

奥普拉·温弗瑞提示你："没有人不想和你坐同一辆豪华轿车，但你需要的，却是轿车坏了还会和你一起搭巴士的人。"离开你身边的三种人：心术不正的人（比如，趁火打劫、见死不救、幸灾乐祸、乘人之危、落井下石、损人利己甚至损人不利己的人）；完全投降、安于现状或没有正当职业混日子的人；不能将挑战进行到底的人。还要避免与西装革履却不读书的"成功者"为伍。

另外，要时常对友情进行重新评估，珍惜会"修理"你的朋友，和"有毒的朋友"（美国心理协会已经认可这一词，是指那些经常消极无益地耗费你的时间和精力，或有意无意地用一些副作用来扰乱你的计划、秩序和心情的朋友）划清界限：可以让他们继续留在你的生活里，不过少和他们来往。

"行路有良伴就是捷径。"身边有更多的仁慈、正直、积极、智慧的朋友，能加速你破译命运秘密，能促进你的命运更美好。

122．别让贵人无动于衷

当你有困难时，明智的做法是找第一流的人物来帮你。人的命运里最难得有贵人相助，贵人常常是在你一心一意努力奋斗，根本没有刻意去寻找的不经意间出现的。不过，没有几位贵人乐于帮助你发现自我，那必须依靠自己去完成。怎么把握？理解下面这段故事就会了。

李嘉诚刚起步生产塑胶花的时候，有位欧洲来的批发商对能在这样简陋的工厂生产出这么漂亮的塑胶花甚感惊奇、赞不绝口。他说："我打定主意大量订购，你现在的规模满足不了我的数量。李先生，我知道你的资金发生问题，我们可以先行做生意，条件是你必须有实力雄厚的公司或个人担保。"

李嘉诚不想失去良机，他硬着头皮去求一位身居某大公司董事长的亲戚，这位亲戚岔开话题而言他，令李嘉诚碰一鼻子灰。

翌日，李嘉诚来到批发商下榻的酒店。他拿出9款样品，默默地放在批发商面前，什么也没说，只是认真地观察他的表情。

李嘉诚太想做成这笔生意了。该批发商的销售网络遍及欧洲最主要的市场。可自己未能找到担保人，还能说什么呢？他和设计师通宵达旦，连夜赶出9款样品，期望能以样品打动批发商。看看能否宽容一点，双方寻找变通；若不成，就送给他做留念，争取下一次合作。

9款样品，每3款一组：一组花卉，一组水果，一组草木。批发商全神贯注，看了足有10分钟，尤其对那串紫红色葡萄爱不释手。李嘉诚绷紧的神经稍有放松，这证明他对样品颇为看好。

批发商太满意这些样品了，同时更欣赏这年轻人的办事作风及效率，不到一天时间，就拿出9款别具一格的极佳样品。他记得，当时他只表露出订购3种产品的意向，结果，他每一种产品都设计了3款样品。

"李先生，这9款样品，是我所见到过的最好的，我简直挑不出任何毛病。我们可以谈生意了。"

李嘉诚直率地告诉他："承蒙您对本公司样品的厚爱，我和我的设计师花费的精力和时间总算没白费。我想您一定知道我的内心想法，我是非常希望能与先生做生意。可又不得不坦诚地告诉您，我实在找不到殷实的厂商为我担保，十分抱歉。"

批发商目光炯炯看着李嘉诚，未表示出吃惊和失望。于是李嘉诚用自信而执着的口气说："请相信我的信誉和能力，我是一个白手起家的小业主，在同行和关系企业中有着较好的信誉，是靠自己的拼搏和同仁朋友的帮助，才发展到现在的规模。先生已经考察过我的工厂，大概不会怀疑本厂的生产管理及产品质量。因此，我真诚地希望我们能够建立合作关系，并且是长期合作。尽管目前本厂的生产规模还满足不了您的要求，但我会尽最大努力扩大生产规模。至于价格，我保证会是香港最优惠的，我的原则是做长生意，做大生意，薄利多销，互利互惠。"

李嘉诚的诚恳执着，深深打动了批发商，他说："李先生，你奉行的原则，也就是我奉行的原则。我这次来香港就是要寻找诚实可靠的长期合作伙伴。我知道你最担心的是担保人。我坦诚地告诉你，你不必为此事担心，我已经为你找好了一个担保人。"

李嘉诚愣住了，哪里有由对方找担保人的道理？批发商微笑道："这个担保人就是你。你的真诚和信用，就是最好的担保。"

两人都为这幽默笑出声来。批发商叫侍者拿来两杯香槟酒，举杯说道："我们的合作，一定会很愉快！"

请记住，你自己就是你命运的贵人。

123. 机会的修为

奋斗是修为机会的大路。荣获“2008年度世界足球先生”的著名球星C·罗纳尔多在打电话向爸爸报告喜讯时，他父亲送给他一句话：你奋斗了，上帝不会抛弃。

还有一条小路，那就是学会无所求地付出，用你的一点儿时间、一点儿劳动……去为他人、为社会做点儿贡献。只要你经常真诚去“舍”，而且不为什么，“得”会悄然而至。一个简单的真相是，有舍必有得；一个矛盾的真相是，付出的是一枚红叶，得到的却常常是整个枫树甚至枫林。

付出时间有时比付出金钱更能满足他人的需求，更有价值，就像“碳”能够改变石头的命运一样，可以改善你命运剧本的结构。

2003年5月全美钢琴大赛，她拿了第四名，因此，到美国半年的她终于得到一个在费城音乐学院深造的机会。

笔试很顺利，她辞去家教工作准备8月18日的面试。8月14日晚上，她练了一下午的琴后，突然停电了。

她出门走到附近社区服务中心，刚要进去问个究竟，邻居阿辉从里面出来，不由分说就拽着她边往里走边说：“何太太你一定是来帮忙的，到处都停电了，场面太混乱，好多人跌倒受伤，我们正缺帮手……”

房间里满是受伤的人。贸然离开太不礼貌，她打算应付一下，之后偷偷溜回家练琴。然而，手头的事还没做完，另一件事已经吩咐下来。终于，她感觉眼前一黑，便不省人事了。

醒来的时候，她躺在医院的病床上，床边一大束洁白的马蹄莲。男友温和地说：你真勇敢，Cherry，你让我看到了你最美丽的一面。她什么都听不进去，只想回家练琴。

8月18日，她从医院回家后的第三天，在费城音乐学院面试，她弹错了一个音节。“该死的大停电！该死的社区服务！我早该知道，如此大强度的练习，早已令我的身体不堪重负，又哪经得起14日晚上那番折腾？是我自己毁掉了美好的前程……”她自责着。

两天后，她收到两封来自费城音乐学院的电子邮件。第一封：亲爱的Cherry，很高兴通知您，您已被费城音乐学院录取，请在2003年9月15日来校报道。第二封：亲爱的Cherry，你应该已经收到了录取通知，但是你一定在疑惑，因为上次面试中你的表现失常。其实本来你早就失去了机会，因为我们临时取消了本年度的华人录取名额。然而，我们看到了有关8月14日加州大停电的报道，你躺在病床上的照片令我们深深震撼。音乐是发自内心的艺术，只有真正高尚的人，才能把音乐的真谛演绎到极致。而你，就是我们一直在寻找的，拥有娴熟技巧，又有高尚人格的学生。

她掩面而泣。她总觉得自己的运气不算好，所以一直在拼命努力。她以为，只要努力进取，生命便可无憾，从不肯施予看不到回报的付出，偏偏一次无可奈何的救助，竟成就了她“高尚”的人格，也改变了她的命运。

◎秘密都在调料里

从某种意义上看，我们一直以来都过分注重命运的直接、明显或“神秘”要素的作用，却没有对命运“业外因素”投入足够的关注。努力认识命运的本意在于把握命运，做命运的赢家，却让自己陷入了“剪不断，理还乱”的怪圈，让无奈成了命运中的一部分。这时，往往是那些殊途同归、貌离神合的“诗外功夫”能化腐朽为神奇。从烹小鲜到打天下，“调料”里一直藏有奥秘。例如，惠灵顿公爵一世打败拿破仑时，号称“滑铁卢之战是在伊顿公学的运动场上赢得胜利的”。

决定命运的东西常常在“命运”之外。偶尔回忆一下自己对待各种事物最自然的倾向流露，尤其是在不经意间或休闲时光里。假如一个平常的日子被加上4小时，你将会做什么？

124．让魅力注满你的命运

如果说幸运是蝴蝶，那么人格魅力就是鲜花。准确找到自己魅力的“得分点”（这里有你的命运秘密），这个“点”主要在你不经意间的特质流露中，但不要去想这个“点”，而是要培育和发挥你的特质。

魅力，是一个经常被误解的词，它起源于希腊语**kharisma**，意思是可爱的礼物，它的词根是**kharis**，意思是优美雅致。魅力也被解释为“一种特有的令人鼓舞的领导能力”。但还不止这些——它是一种与他人巧妙互动的能力。有魅力的人似乎掌握着自己的命运，好像有目标、有方向，甚至有使命在身上。例如，极富个人魅力的美国前总统克林顿在与你会面时，他会将他的全部注意力放在你身上，让你觉得你好像是那个场合唯一和他在一起的人。当你和他握手后，你甚至会觉得你的自我评价要高过从前。

如果说幸运是蝴蝶，那么人格魅力就是鲜花。准确找到自己魅力的“得分点”，不断培育它、放大它。

丰富、美好、独立的内心世界，辅之以适当的个性姿态，魅力就会自然流露。这里的个性姿态来自你内心世界的自然流露，比如，充满自信、认真专注、谦虚自如、展示自己的热情、坚强乐观的态度、倾听并保持适当的眼神接触、放松并适当地运用身体语言、适当地表现出一些幽默感、给人一些出乎意料的回答和反应。调查显示，体现魅力的主要方面依次是：体态、声音、容貌。女性魅力主要体现在：①自然、纯真的天性（单纯而敏感，热爱生活，无拘无束，随心所欲又有些漫不经心）。②慈爱、温柔（细腻、善解人意）。③热烈奔放（强调个性却不过于张扬）。④很少感情用事（人缘好，有修养）。⑤内心浪漫（懂得适度施展女性魅力）。⑥不为物质的满足而放弃精神追求。⑦热爱儿童。男性魅力主要体现在：①事业有成、努力认真（内在气质，自信，有才华）。②成熟（内涵的力量，有修养）。③健康（包括肢体、情绪和精神）。④幽默和干净。

每个人都敬佩饱含人格魅力的人，甚至他的敌人。保持内心的伟大和人的尊严，永远有一种不甘平庸的冲动，能使你的魅力指数不断提升。此外，通过更关注你身边的人，也很有助于提升你的魅力。

沙龙（以色列前总理）曾到中国访问，在中国南方，车队途径一处大片农田，水田里有一些妇女正在插秧。沙龙突然让车停下，他下车来到水田边，站在那默默地看着。许久，他才转身慢慢地往回走，边走边动情地对陪同人员说：“现在很少能见到妇女在地里插秧了。看到她们，我就想起了我的母亲，我小时候经常看到她下地干活，一干就是大半天，累得腰酸腿痛，可她总是乐呵呵的。中华民族也是一个勤劳的民族，与犹太民族一样可敬可爱。”沙龙后来会见中国客人时，总会讲起这段往事，他说，那一幕使他觉得中国人和犹太人就像一家人。

沙龙作为一个人所展现的人性魅力，使得以色列的民众喜爱他，也使巴勒斯坦的对手敬佩他。

请注意，个人魅力可能是一种财富，也可能是一种累赘。一旦它帮你忽视、隐瞒真实，你的这种个性就会引起一系列问题。必须保持魅力的清醒。

例如，丘吉尔就很清楚自己自信强硬的个性魅力意味着什么。二战中，他担心自己那钢铁般的强硬个性，会使最坏的消息不以最坏的形式传到自己的耳中。因此，战争一开始，他就在普通的渠道之外又建立了一个完全独立的部门——“统计局”，以向他提供最新的、完全没有修饰过的战况。整个战争时期他都依靠这个特殊部门，他不断地要求提供事实——纯粹的事实。就在纳粹席卷了整个欧洲大陆之时，丘吉尔还可以酣然入睡，“我不需要美好的梦境，”他写道，“事实胜于美梦。”

一个简单的魅力检测方法：根据下面的问题，给自己打分，回答“我根本不是这样”打1分，回答“我就是这样的”打5分：①自信（不是指对工作或拥有其他物质表示自信，而是对自我感到自信）。②自如。③让别人感到舒服。④能够掌握自己的命运。⑤拥有明确的生活目标和使命感。⑥被别人看成是领导人物。⑦无论什么环境下，都能自然不做作。

把你得到的分数相加除以7。得分是1～2分，你需要好好检查一下自己，这表明你的魅力指数低于一般水平。你需要用心阅读本书并跟你的朋友讨论一下，制订一个行动计划来提升你的魅力。得分是3～4分，说明你有很好的魅力指数，但你仍需要按本书的建议来进一步提升你的魅力。得5分的人，你已经非常有魅力，只是需要在不同的环境中来挑战自己。

125. 命运的学问就是世情的学问

人犯错误大半在于该用感情时太爱动脑筋，该用脑筋时又太爱动感情。如同彼得·德鲁克所说：“人的性情往往是事情成败的重大关键。”李嗣涔（台湾大学校长）也曾说：“在事业上还不能完全由学识来决定，个人的品性、个人的特质、特别是与人相处的能力更加重要，越到高层，这个方面越显重要。”

天黑黑问《面对面》节目主持人：“有人贿赂过你吗？” 主持人：“有，有人试图贿赂过。”天黑黑：“你面对贿赂的钱物不动心吗？”主持人：“动心，但是我更动脑，所以不收。”

《中庸》说，“天命谓之性，率性谓之道。”什么时候该动心，什么时候该动脑，关乎你的命运，让你的心和脑自动连接，使其互相担当。通常情况下，越是处理感情问题的时候，越需要动点儿脑；越是要处理理性问题的时候，越需要动点儿心，理性的分寸靠感觉，而不是逻辑。就像新款S550奔驰车，如果你猛地拐弯，车上的油门踏板可能无法踩到底，车的加速器不与发动机相连，而是连着一台电脑，以防你干蠢事。

要懂得，人有四样东西是无法隐瞒的——咳嗽、贫穷、无知、爱，你想隐瞒，却欲盖弥彰；人有四样东西是不该挥霍的——身体、金钱、信誉、爱，你想挥霍，却得不偿失；人有四样东西是无法挽留的——生命、时间、历史、爱，你想挽留，却渐行渐远。

世情学问的最大学问就是留点好的给别人，就是懂得慎用是最好的滋养。李嘉诚说：“世情才是大学问。世情，就是待人接物的态度……生意场上的合作伙伴，每每合作赚钱时，哪怕我可以全部把他的钱赚完，我也只赚70%；做人要学会留有余地，不要赶尽杀绝。”

李嘉诚当年因为与香港地铁公司、汇丰银行合作成功，而使自己的事业正式立足香港大公司之林。在回答记者问及他合作成功的奥秘时，他说：“奥秘实在谈不上，我想，重要的是首先得顾及对方的利益，不可为自己斤斤计较。对方无利自己也就无利，要舍得让利使对方得利，这样，最终会为自己带来较大的利益。我母亲从小就教育我不要占小便宜，否则就没有朋友，我想经商的道理也该是这样。”

迪克·帕森斯（时代华纳董事长）提示你：永远要记住这是漫长人生的一笔小生意。你会看到所有这些人都会一次次地回来，因此，你在每次交易时怎样对待他们都会在长时间里留下印象。在做交易的时候，要留下一点东西让大家都开心，而不要试图从桌上一分不少地把钱收走。

126. 命运的“支柱产业”

成功控制命运，必须有不凡之处。你的不凡之处是通过冒险、学习和接受教育才能发现和培育的。比尔·盖茨说：学习者生存……不要被自己以往做事的方式牵绊住。李嘉诚说：“我不看小说也不看娱乐新闻。这是因为从小要争分夺秒地‘抢’学问，‘抢’学问，就是抢未来。”

学习和接受教育是获得认可的唯一出路，它能帮助你得到智慧而避免落入圈套，避免陷入瞎猜。另外，科学家发现，不断学习，保持思维活跃可防止动脉和免疫系统老化，甚至还能避免意外事故发生，能让你的生理年龄年轻。

像喝水和吃饭一样，每天都要学点有益的东西。如美国硅谷的集体座右铭所示：求知若渴，处事若愚。在犹太教中，勤奋好学仅次于敬神，而且是敬神的一部分。

最好的准备和积累、最简单有效地把握命运的方法，就是学好眼前的东西，而且每天多学一点儿。“学习是我们的天职，我们7岁时是这么做的，77岁时也这么做。”别去做那种书到用时方恨少的可怜虫。哈佛大学提醒你：即使现在，对手也在不停地翻动书页；狗一样地学，绅士一样地玩。

很多命运问题的硬伤，都出在某个阶段的教育扭曲上。一提到学习和接受教育，请不要只想到在学校上课，做数学题、背外语……毕竟根据物理定律建造的建筑物可以稳稳当当，而根据教育“定律”构筑的成长和命运体系却有着坍塌的恶劣习惯。真正重要的是：怎样更好地与人及环境（包括自然环境和人文环境）相处，从每个人那里都能学到一点长处，如何珍惜和利用时间，如何认识自己、关爱他人和与世界交流幸福，如何反思经历的事物，如何拓宽视野、了解到另外一个视角，习惯从每件事情中都能学到一点道理，在生活中培育理解能力、判断力和求知欲（这是发现问题以及形成与众不同思想的关键），即联合国教科文组织提出应该注重的四个知识维度：一、学习怎样去理解；二、学习怎样去实践；三、学习怎样与人相处；四、学习怎样成就自己。

在30岁以前应该记住并理解：10位自己身边的人；10位你敬佩与欣赏的人物（包括文艺作品中的人物）；10个生活经历片段和地方；10项劳动与运动方法；10种动物和植物；10种劳动工具和运动器械；10幅世界名画或图片；10首抒情歌曲和乐曲；10篇经典诗词、短文（包括名著片段）和幽默故事；10种防范暴行、火灾、地震等灾害的方法或技巧。

如果没有就逐渐补上，而且非最好的不要。不必求多，也不必刻意去做，要的是一种积淀，即从积累的体验中能有所发现和感悟。

请注意，不要去学习事实，而是要学习规律。如果你在各种知识之中寻找联系，在各种经历的事物中反思感悟，那么学习就会变得简单并有趣。不要只关注专业术语，而要试着掌握章节的整体脉络，为此，掌握核心概念是个不错的开始。斯坦福大学给你的方法：首先把书的内容缩减为20页，然后再减到10页、5页，最后只剩下2页——一张纸正反两面的两页。

学习某事的最佳方法是教别人。如孔子所说：“学而时习之。”“习”不是复习，而是实习、实践。

127. 礼貌地对待命运，先礼貌地感谢为你服务的人

不是所有的人都这样做，但是绅士与淑女都会这样做。汤姆·彼得说：“细小的礼节与惊天动地的事件之间存在着不容置辩的关系。”在闻名于世的英国伊顿公学（这里诞生了18位英国首相），男孩们首先要学会做一个绅士的礼仪。优雅的礼仪，是你贯穿在点滴行为中的修养，是你魅力的气质语言。礼仪的核心是给人舒适和尊重。比如，在受到别人对自己的相貌、成绩或人品赞扬时，不要表现出理所当然的样子，也不要假意否认，而是坦诚表示感谢——感谢朋友的肯定与支持。这是礼貌，也是一种自信。你待人的方式，将深刻影响你的命运。例如，优雅礼仪会带来意想不到的好运。亨利·克莱（美国政治家）提示你：“细微之处的礼貌举止最令人感激和欣赏。”

耶鲁大学一批应届毕业生到美国国家实验室参观。

大家坐在会议室等待实验室主任胡里奥到来。一位秘书来给大家倒水，同学们却只是随手地接着。轮到一个叫比尔的学生，他轻声说道："谢谢！大热天的，您辛苦了。"

胡里奥主任打着招呼走进来，可是没人回应，只有比尔先鼓起掌来，同学们这才跟着拍起手。胡里奥说："欢迎同学们，平时，都是由办公室负责接待，因为我和你们的导师是老同学，所以这次由我亲自来接待大家。我先把实验室的纪念手册送给同学们。"

大家又是随手接过胡里奥双手递来的纪念手册，胡里奥非常不爽。到比尔时，他站起来，双手接过手册，恭敬地说："谢谢您。"胡里奥略带惊喜地拍拍比尔的肩膀："你叫什么名字？"比尔照实作答。

两个月后，比尔的毕业去向是某军事实验室。几个同学找到导师，不服地说："比尔的成绩只是中等，凭什么选他，而没选我们？"导师说："比尔是国家实验室点名要的。你们的成绩是比他好，机会也完全一样。但是，比起运气，你们照比尔还缺少点什么，比如礼貌。"

128. 有一种好运元素叫幽默

研究发现，能够控制自己命运的人都有一些共同的情商特征，其中最显著的就是高度的自我认知能力和超乎寻常的同理心(读懂人心的习惯和能力)。其重要标志是与情商交织在一起的幽默感。

善于表达的人，有的言辞犀利、一针见血，有的引经据典、口若悬河，但是，都不如让听者发出真心微笑的幽默话语来得巧妙。丘吉尔说，"幽默好像糖衣，可以使所有的药丸变甜。"甚至好运也喜欢幽默，"愉快的性格是成功的灵魂。"幽默感更有利于你对事情做出积极的反应，有幽默感的人可以为友谊与爱情加分，当遇到困难时，比较容易化险为夷。面对突如其来的侮辱、危机，你冷静、从容应对的最好方法就是幽默。例如：

丘吉尔当年在参加竞选拉选票时，遇到一个人声称："投票给你？为什么？我宁愿投给魔鬼！""我理解，"丘吉尔答道，"但是万一你的朋友不参加竞选了，你能支持我吗？"

幽默就是思维的拐弯——拐得使人忍不住地笑。其效果取决于平时的培育、积累和运用方式，你越是豁达大度、从容坦荡、热情认真，越会释放想象力和灵感，从而滋生幽默。不必煞费苦心地去搞笑，而是要用心留意如何用幽默传达怎样的信息，以及旁人对你的幽默作何反应。笑话好不好，看你在什么

有幽默感的人，凡事健康思考，保持正面态度，当遇到困难时，比较容易化险为夷。

时候怎么说。更重要的是，你从哪个角度去切入。例如：

美国前总统里根，在任时曾遭遇枪击，子弹穿入胸部，情况危急。在生死关头，里根面对赶来探视的太太的第一句话是：“亲爱的，我忘记躲开了。”他很幽默，也很幸运。后来，他很快康复了。

幽默也有禁忌，就是不要用幽默去挖苦人、嘲讽人、贬损人。也不要用那些不疼不痒、啰啰嗦嗦或老掉牙的话来引出你的幽默。例如，“我有个好笑话，你们一定会喜欢的，这个笑话真的很好笑。”

129. 给自己树立一个榜样

时常地找出一个你最敬佩的人或团队，写下你敬佩的理由。再找出一个你最看不惯的人，写下你看不惯他的地方。只要实事求是，你定会有所发现。沃伦·本尼斯告诉你：“真正深刻和原创性的洞见只能在研究榜样的过程中发现。”俞敏洪说：“我总是羡慕那些比我优秀的人，追随在他们后面，还热心地为他们做事。我的优点就是从来不嫉妒比我优秀的人，我总是努力模仿他们，把他们作为我学习的榜样，正是这一优点成就了今天的我。”

书面形式强迫你必须把自己的思绪整理得更清晰、更有条理。这一点适用于很多方面。

请注意，应该学习的人或团队，不一定都是你喜欢的。你应该学的是有用的东西，而不是有趣的东西。2008年韩国中央日报调查显示，半数以上韩国人最讨厌日本，但韩国人在讨厌的情绪之外，却又难能可贵地将日本列为“最应该学习的国家”。

130. 是什么在使命运的味道不同

如今的时代，“不读书的人跟文盲没什么两样。”王安石（北宋杰出政治家、文学家，唐宋八大家之一）说：“贫者因书而富，富者因书而贵。”阅读优秀出版物是培育心灵和拓展思维的最佳方式（研究显示，睡前阅读能促进智力和情商发展）。巴菲特说：“我是从读报纸开始的，然后才慢慢接触这个世界的。你将会发现自己真正感兴趣的东西。你学到的越多，你想学的也就越多。不是说知识水平有了多惊人的增长，但是我从中获得了灵感并深受鼓舞。”另外，有一项对2000位女性的调查显示，其中85%认为，聊天闲谈或正经八百谈情说爱的男人，如果大谈读过的书，便更有吸引力，更容易让她们“感到爱慕”。

每周花两小时阅读本行的专业杂志，也要花半小时阅读30%左右的与自己专业无关的杂志或网页，这样会使你有很多的知识和视角，从而变得更加有趣。每年研读一本世界名著或传记（最好是自传）。腹有诗书气自华。读书不是为了更多地学习知识，而要将它当做一个发现真理的过程，学习世界上什么事情真的发生了，也要思考什么事没发生。爱因斯坦告诉你："在所阅读的书本中找出可以把自己引到深处的东西，把其他一切统统抛掉，就是抛掉使头脑负担过重的一切。"也不要关注或依赖别人的注解或评论，而要自己直接去领悟，正如现在西方精英教育所倡导的，"通过阅读原著，直接与伟大的灵魂对话"。

切记，绝不读"有毒图书"（现在有些书只是外表像书），它们对你的误导远比给你提供的信息多得多，更严重的是，它们会关闭你的灵性。

131．文字力是你好运的加分券

研究表明，阅读和使用文字对大脑及智力发展很重要。写作有助于你的思考，让你增强抓住机会的优势。

写作之前首先是针对你要写的东西用心地想：写什么——写给谁——从哪里开头——重点要说什么——怎么说——如何结束。然后，把你怎么想的，用简洁、清晰、明了、生动（包括适当的幽默和优美）的语言和方式写出来。例如，"你就像下午3点钟的太阳，想做点什么，可是时间总是不够；而不做什么，就会觉得时间很漫长。""他们仿佛闯入羽毛球比赛现场的惊慌失措的小鸟。"

写作，最难得的是来自于文学自觉的本事，就是把宏大话语和你的个性特色合为一体而酿造出的浓厚气氛。这种本事除了天赋还可以通过积累感悟而来。苏轼（北宋时代著名文学家、书画家，唐宋八大家之一）说"凡文字，少小时需令气象峥嵘，尽绚烂之能；渐老渐熟，乃造平淡，其实不是平淡，是绚烂之极也。"例如，这首52个字的小诗《一碗油盐饭》打动着众多的人们：

前天/我放学回家/锅里有一碗油盐饭//昨天/我放学回家/锅里没有一碗油盐饭//今天/我放学回家/炒了一碗油盐饭/放在妈妈的坟前！

写作的5个有效方法：

（1）写——重写——再改写：写作没有捷径，只有一写再写，才能写出精练的文章。在你不知是否或者如何重写时，你可以想象一位你最敬佩的人阅读你文章时的样子，你期待他有怎样的反应或评价。

(2) 从别人的批评中得到建议：别人更客观，透过他们的质疑可以逼你想得更清楚，不同的意见，可以逼你凸显论点。

(3) 要有推论、重点及观点：没有重点和观点，文章辞藻再美、文法再无懈可击都没有说服力。同时注意始终保持观点的一致性。

(4) 要具体，推论要有充足证据，并且找出好的例子支持这些证据。如果你举不出任何具体例证，表示你可能根本没弄懂。

(5) 心里必须有读者，但不要一味迎合。写作是表达你自己的观念，不要想投其所好。

请注意：词语不仅传递意思，而且传递感官上的联想，虽然你需要对词汇有深刻理解并很好运用，但是必须清楚，你是在探讨事物本身而非词汇。

132. 心灵和命运之桥

艺术，具有某种特殊的精神元素，它能提高自我修复能力，帮助你的心灵构建感知命运之“桥”。钱学森（著名科学家）说：我们的大学教育为什么培养不出杰出的人才？应该让学科学的学点艺术，一个有科学创新能力的人，应该有艺术素养。蔡元培（著名教育家，曾任北京大学校长）也曾说过，“有了美术的兴趣，不但觉得人生很有意义，很有价值，就是治科学的时候，也一定添了勇敢活泼的精神。”

霍华德·加德纳（哈佛大学著名心理学家和管理大师）提出了多重智力的概念，包括7种正式的、可计量的智力：逻辑数学的、语言的、空间的、音乐的、肌肉运动知觉的、人际的和内心的。每一种在改变命运及改变世界方面都有各自不同的作用。

时常学点你学科外面的东西，尤其是艺术。闲暇时读点儿这些方面的书刊，做点儿相关的事儿或与在行的朋友攀谈。艺术素养、哲学领悟、美学感受所带来的灵感和想象力（这种想象力最后会成为你的竞争力），有助于你分清事物的本质，从而挖掘出你的创造力。对你无论从事什么样的职业，都有助于你成为一个善于创造与变革、大胆、打破常规、充满灵感的人，能够在工作和生活中找到更好的沟通和提升方式。并且有利于你人格的完整。史上那些伟大的创业家、文学艺术家和科学家等等在某个领域里表现出很高专业素质的人，对其他领域也涉猎很深，他们通常都多才多艺。例如，毛泽东在哲学、军事、诗词、书法领域，都造诣颇深；钱学森还很懂绘画、音乐、摄影，是美国艺术和科学学会会员。

请注意，不要刻意、勉强或功利性地去学艺术，这意味着将失去意义。

133. 被常人忽略但能改变命运品质的“调料”

你在空余时间里的所思所做，常常藏有你命运秘密的痕迹。有效地利用空余时间是使成功人士得到更多回报的秘密之一。如同杰拉尔德・鲁道夫・福特（美国前总统）所说：“大部分有作为的人都是在别人荒废的时间里崭露头角的。”

养成集中你的自由或空余时间为整块时间的习惯，时间分割成许多段，等于没有时间。时间如果能集中，即使只有一个工作日的1/4，也足可做几件大事。很多事情都是在非工作时间的基础上搞定的。反之，零零碎碎的时间，纵然总数有3/4个工作日，也是毫无用处。

浪费时间是最容易做的事，又是最难改正的毛病。你越是把学习、工作、生活混淆在一起，你的感觉就会越麻烦、越混乱，甚至越难以收拾。有效的办法是，在自己的各种行为之间划定一个大致的界限，这样，当你在学习或工作时，就会全心全意；当你回到家里或休闲时，也能同样如此。而且对这一规律的打断越小、越不频繁越好。此外，找出由于缺乏控制或远见而产生时间浪费的因素。

其实你只需婉拒一些小事就可以了。如果你对什么事都说“是”，你就不可能得到平衡，而必然会摔倒。学会拒绝，将给你带来巨大的解脱，也将赢得很多有效时间。因此，你应该对一些事情礼貌灵活地说“不”。

罗伯特·清崎（美国商业教育家）提示你：“很多人害怕说实话，害怕说不。这正是强硬发挥作用的时候。强硬不是恃强凌弱，它是指有脊梁。”

134. 比别人快一步

信息在某种程度上决定着你的命运，这是命运的又一个时代特征。把情报放在第一位，不放过在合适的地点出现的合适情报信息，好运会接踵而至。

不是所有的信息都具有情报性质，信息传播者习惯按照自己的主观意识传播各自所侧重的信息点，传播的大多是瞬间，而不是真相。信息本身什么都不会发生，是你对信息及时的理解、分析和判断等快速反应，在决定着自己是否拥有主动权。是主动权在决定着命运版本的升级。

要努力获得最原始的信息，直奔信息来源，而且要比别人快一步。或者把自己放在信息来源的位置上，尽量去理解信息来源所在的角度及其所产生的结果。

请注意，对待互联网上的信息，需要“节食”。研究表明，信息越多，选择结果越差。罗斯奈（法国信息专家）提示你：像节制午餐一样节食信息。

彼得・德鲁克讲给你的故事：

互联网很大程度上依赖于计算机所能做的事情，但有些事情它是做不来的。上星期来我这里咨询的一家消费品公司是欧洲少数几个最先使用计算机的公司之一，我们当时谈到如何选择供应商。他们当中的一位先生说："我们作决策时最后一个考虑的因素是：我是否信赖这个人？"我问他为什么这很重要。他说："因为每当你陷入某种危机时，你靠的是你的供应商帮助你来摆脱困境。"那种眼睛里只有金钱的供应商和那些将客户关系放在第一位的供应商之间有很大的不同。这些事情是亘古不变的。而判断力，正是计算机无法逾越的障碍。

李嘉诚给你讲故事：

你掌握了情报，机会来的时候，你就可以马上有动作。例如，我能买下希尔顿，一是因为没有人知道，二是我出手非常快。有一天我去酒会，后面有两个外国人在讲，一个说中区有一个酒店要卖，对方就问他卖家在哪里？他们知道酒会太多人知道不好，他就说，在Texas（德州），我听到后立即便知道他们所说的是希尔顿酒店。酒会还没结束，我已经跑到那个卖家的会计师行（卖方代表）那里，找他的auditor（稽核）马上讲，我要买这个酒店。他说奇怪，我们两个小时之前才决定要卖的，你怎么知道？当然我笑而不语，我只说：如果你有这件事，我就要买。

我当时估计，全香港的酒店，在两三年内租金会直线上扬。卖家是一间上市公司，在香港拥有希尔顿，在峇里岛是Hyatt Hotel（凯悦饭店），但是我只算它香港希尔顿的资产，就已经值得我买。这就是决定性的资料，让这间公司在我手里。那笔交易我买过来后，公司的资产一年增值一倍。

所以呢，最要紧的就是要追求最新的information（情报、消息），做哪行都是一样。

135．温度决定世情色彩的质感

平时要留意到微小的美好善良的事情，表达你真心的赞赏。"世界处处是财富，且看好事好话好心地；人间时时皆吉利，但凭真情真义真心意。"无意识的文明，才是教养，才滋养命运。

"发射自己的光，但不要吹熄别人的灯。"你可以批评别人的懒散，而不能指责他的智力；可以赞赏别人的才能，而不能褒贬他的出身；可以表扬别人衣着得体漂亮，而不能捧他的服装高贵；可以批评别人怯懦无能，而不能影射他先天的体弱或多病；可以夸奖别人经过锻炼的强壮机敏，而不能在意他得自遗传的高大威猛；可以指出别人的缺点，而不能揭他的短处；可以谴责别人的德行，而不能连带他的亲人。

从小处着手关怀他人会给人留下无限的温馨，也给了命运以滋润。如同臧克家（著名诗人）的诗句：你会觉得心的太阳／到处向你照耀，当你以自己的心／去温暖别人。

他取得了一点小小的成绩，你也打心眼儿里跟着高兴，他会更加高兴并进步……

①赞美他人的“自得小作”。每个人都有令他们自豪的地方，这些“闪光点”可能很小，小得只有他自己心里清楚，甚至连他自己也没发现。如果你注意发现这些小优点并予以称赞，会令他很开心。称赞不起眼的小优点比夸奖人人皆知的优点更温馨。②记住他人的“随意话语”。有些话说过了，不久言者就会忘记。如果你恰当地提起他以前说过的有价值的“随意话语”，比如，“你曾说过……至今我还记忆犹新。”他会十分高兴，如果你不但记住而且照做，会更加令人兴奋。③做点他人的“意外小事”。德国一家银行有句著名广告语：“你过你的日子，我们为你照顾细节。”细节往往是人们意外或忽视的有意义的小事。能够适时做点他人意外的小事（不为什么）的人会使人们非常开心并放心。④适当关注他人的“细微变化”。如果你发现对方情绪、穿戴或容颜等方面的细微变化，马上真诚道出，他会感到由衷的欣喜。

136．争辩是为了更好地沉默

避免无聊的争执，当然也不能全部一味迁就，对抗可导致多种交流，有利于创造好运。从柳传志到比尔·盖茨，都认为跟人辩论是一个重要的将思考捋顺的方法，能给人以启迪。

分析结果显示，面临争吵感到紧张（不管是否回避）的人所拥有的负面情绪（如易怒、焦虑不安）以及身体症状（如恶心、疼痛）比不紧张的人要多些。然而，一味逃避争端的人，身体症状更多、更明显，并且这些人的压力荷尔蒙皮质醇的分泌会出现“猛增”现象，而与别人争论的人则不会。但是，和无知者争辩可能被看成白痴。

有的时候需要你善于说理：一、不忙着说话。气上心头的人根本听不进别人说什么，忍一忍，等待适当时机再说也不迟。二、弄清楚对方的立场。即使你觉得对方说的是歪理，也等他把话说完、说得清清楚楚。你能知道他心里怎么想的，才能有的放矢，解决问题。三、寻找对方立场中合理的部分。认可对方反倒提升了自己的高度，公正才能服人。如果你肯虚心听，也许你会发现错的是自己，或双方都有错。肯承认自己的错误，才显绅士风度。四、不要存争胜心。争论的目的是共同进步，而不是胜利。五、像朋友聊天一样。

当遇到没经历过的事情时，只要说出你的直观感受即可。也不要在自己的“弱项”问题上露怯，只要说出你的立场就行了。例如，里根在连任竞选时已经73岁，当竞争对手提到他的年龄问题时，里根说：我希望你明白，我不会在这次选举中拿年龄问题大做文章，我也不打算利用它使我的对手显得年轻没有经验，从而达到当选的目的。

应变的语言最好是诙谐幽默一些。

〇平民出身的林肯当上美国总统后，有一次，他的一个出身高贵的手下戏弄他，在纸条上写了“笨蛋”传给他。林肯看后，平静幽默地说：“我们这里只写正文，不记名。而这个人只写了名字，没写正文。”

〇在一次制订美国宪法的会议上，有位议员说：“在宪法里要规定一条：常规部队任何时候都不要超过5000人。”华盛顿平静地说：“这位先生的建议的确很好。但我认为还要加上一条：侵略美国的外国军队，任何时候都不得超过3000人。”

〇在一次政府会议上，赫鲁晓夫（前苏联领导人、斯大林的后任者）声色俱厉地指责斯大林的错误。突然，听众席上有人大声喊道：“你也是斯大林的同事，为什么你当时不阻止他呢？”“谁在这样问？！”赫鲁晓夫怒吼道。会议厅内一片极度不安的寂静，没有人敢动弹一下。之后，赫鲁晓夫轻声说：“现在你该明白为什么了吧？”

〇美国著名作家马克·吐温，因为看不惯国会议员在国会通过某个法案，因此在报纸上刊登了一个广告：“国会议员有一半是混蛋。”报纸一出，许多抗议电话随之而来，要求马克·吐温更正。于是，马克·吐温又刊登了一个更正：“我错了，国会议员有一半不是混蛋。”

〇英国诗人乔治·英瑞出身于一个木匠家庭。他在上流社会中从不隐讳自己的出身。有个贵族子弟嫉妒他的才华，想在众人面前出他的“洋相”，便高声问道：“对不起，请问阁下的父亲是不是个木匠？”“不错，您说得很对。”诗人回答。“那他为什么没把你培养成木匠？”乔治微笑着，并礼貌地反问：“对不起，那阁下的父亲想必一定是绅士了？”“那当然！”这位贵族子弟傲慢地回答。“那他怎么没把你培养成绅士呢？”

137. 要鞠躬，就鞠到底

认错并改正，是为人处事乃至控制命运的重要能力。《圣经》说：“领受责备的，得着见识。”查理·芒格（巴菲特的搭档）说：“得不到批评的人最终会失败的。”面对批评或责难，不管自己有没有不当之处，都不要将不满写在脸上，但要让对方知道，你已接受到他的信息。不卑不亢，能让你看起来自信又值得敬重。在遇到尴尬时能幽默自嘲，可以提高交流的建设性。

如果你错了，知道免不了会遭受责备，就要抢先一步，自己先认错——迅速而热诚地承认错误。

恰当有效的道歉，能让人际关系和潜在声誉获得提升。首先是诚心诚意地承认犯错或冒犯了对方并表示悔意，而且要让对方感受到这一点；然后用词准确、清晰，绝不能含糊、敷衍（说“对不起”，请看着对方的眼睛）；还要把握恰当的时机，要在对方脱离激烈情绪之后立刻行动，绝不能太晚。心理学家提示你，最佳的道歉时机是意识到失误后的48小时内，错过后，最好不要“旧事重提”。

请注意，一歉再歉就显得不真诚。还要明白，“由行为造成的，不可能只靠谈话解决。”犯错误是一回事，而犯了错误又不承认则是另一回事。犯错误是可以被原谅的，但是存心犯错，居心不良，动机不纯，文过饰非是得不到原谅的。

138．任何场合都不提那些不愉快的事情

如果可能的话，让生活变得更加美丽有趣一点儿，尤其是在你的平常生活中，比如和周围的人开一些无伤大雅或自嘲式的玩笑来增添生活中的乐趣（研究发现，女人更喜欢具有自嘲式幽默的男人。所谓“男人不坏，女人不爱。”这里的“坏”，实质就是“有趣”一种的表达）。约翰·加德纳（美国卫生教育和社会福利部前部长）提示你：“生活的任务不是吸引兴趣，而是充满兴趣。”比如说，有趣的个性，每个人都喜欢，那是吸引兴趣。而充满兴趣意味着好奇，意味着在晚宴谈话时，你对别人在说的话充满兴趣；在你的领域，你对学习和生活充满兴趣。巴菲特说：“我的财富还要拜以下三点所赐：生在美国，一点幸运基因，以及广泛的兴趣。”觉得生活有趣甚至滑稽可笑，不但能使你更有趣，而且是对抗衰老的有力武器。

请别忘记，把美好的偶遇最大化，帮助好事尽快来到。

美国乔治亚洲，一辆大客车驶进白象镇，车上一个青年忐忑不安地盯着窗外。他因手头拮据去盗窃而被判3年监禁，现已期满，但他不知道妻子是否还爱他，于是，临行前曾给她写信告诉她：如果还爱我，就请在家乡白象镇市政广场上那棵唯一的橡树上扎一根黄色丝带。

他看见了，一根黄色丝带在树枝上迎风飘扬。他的双眼立刻充满热泪……他下车，跑到电话亭给一家报社打电话，讲述了这个真实的故事。

专栏作家彼得·哈朱尔立刻将此事写成一篇小品文。作曲家尔文·里温和罗索尔·布朗看了此文，激情创作了歌曲《橡树上扎根黄丝带》，经歌星汤尼奥兰杜演唱，一下子风靡美国。唱片发行了700万张，并且位居全美流行歌曲排行榜榜首达半年之久。此后，100多位歌星、合唱团、乐团演唱演奏它，把它推向了世界。

现在“黄丝带”已成为人们心目中忠诚的象征。

139. 忘却，是一种“过滤器”

适度的遗忘也是一种过滤方式。忘却有时是一种美德而不是一种罪过。例如，忘掉所学，有利于快速学习新事物。尤其要忘掉所有的怨恨，君子“不念旧恶”（记恩不记怨）。“小怨不赦，大怨必生。”怨恨不一定会伤害别人，却一定会伤害自己，它就像是自己吃着毒药，而希望别人中毒身亡。例如，怨恨能使人变得丑陋，能使人看不清真实，能扰乱人的好运。

昨天不是用来守候的，成功者从来不将其有限的精力和资源，用来保卫昨天。适度地忘记昨天，盯着今天和明天，这对你更切实有用。用心过滤之后的昨天，才能够为今天和明天“解码”，并成为坚实地基。你应该过滤的是“伤疤”，忘却它，应该解码的是“痛”，牢记它（“痛”也将成为以后的“解码器”）。就是及时搞清楚，而不丝毫掩盖错误和问题的原因、结果、影响、改正方法，同时又不失自信和从容，并从中发现机会。

劳合·乔治（英国前首相）和朋友在院子里散步，他们每经过一扇门，乔治总是习惯随手把门关上。朋友纳闷：“你有必要关上这些门吗？”乔治微笑着说：“我这一生都在关我身后的门。你知道，这是必须做的事情。当你关门时，也将过去的一切留在后面，不管是了不起的成就，还是让人懊恼的失败。然后，你又可以重新开始。”朋友听后，陷入了沉思。

140. 合理的赌注

关注优点——自己的、别人的和命运的优点，并给这些优点以机会，使其充分发挥作用。优点也是资产，在分析优点的时候，不能太客气。

善用长处——自己的、别人的和命运的长处。绝不把工作建立在短处上，惟有长处才能产生成果。用将来的眼光来估量自己的能力，能更好地调动长处。歌德说：“以一个人的现有表现期许之，他不会有所长进，以他的潜能和应有成就期许之，他定能不负众望。”

很多行动都是一个赌注，但是，只要能发挥优点与长处，这至少是合理的赌注。

减少否定和排斥（包括对待命运），培养起一种欣赏的素养。这会改变你和他人乃至命运的交流模式，形成一种关注长处与优势的积极的思维习惯，这样你就会发现别人做得好的地方（发现后，就坦诚地告诉他们，让他们清楚自己有多么优秀）。也会更多地发现和运用命运的美好。

请注意，不要因此放过脆弱环节。

◎不要把糟糕的习惯与命运混为一谈

你与你的习惯是两码事。习惯是无形的导师，它是一贯的，在不知不觉中摆布你，经年累月影响着你的德行，暴露着你的天性，左右着你的成败。

习惯的积累，将产生类似命运的情形，那些糟糕的习惯一旦养成，会悄悄挡住你的前行之路。这不能误解为是命运在捣乱。

前面说过，你命运的反射区有一半在性格里，那么另一半就在习惯里。继续拿一个你最了解的人或者你自己为例，分析他的习惯，联系他的命运，你会发现，正是其精神价值长期选择而来的这面叫做“习惯”的镜子，时常反映着他命运秘密的信号和位置。

141．对命运和智商具有双重影响的力量

把你的习惯都列举出来，尽量细致全面，然后分析这些习惯将给你带来什么。再把它们可能给你带来的东西，与你想要的东西对比一下，看看又将发生什么。

拥有高智商并不能保证拥有持久的动力和创造力去破译命运秘密和导演命运剧本，并成为命运赢家，但是拥有好的习惯却能。1998年5月，华盛顿大学请沃沦·巴菲特和比尔·盖茨作演讲。当学生问到“你们怎么变得比上帝还富有”时，巴菲特说：“这个问题非常简单，原因不在智商。为什么聪明人会做一些阻碍自己发挥全部功效的事情呢？原因在于习惯。”比尔·盖茨表示赞同：“我认为沃伦关于习惯的话完全正确。”

“卓越不是单一的举动，而是习惯。”每个人做事情都是依着本性而来的习

惯开始，而不是其它。习惯的合成就是你的人格，人格在悄悄地规划着命运的格局。研究发现，那些出类拔萃的人物有广泛的兴趣爱好和休闲方式，但这些都不是决定他们才智和命运的关键因素。驱使他们有效控制命运的奇特动力绝不是他们的生活方式，而是一种生活习惯。世界上几乎所有了不起的人物，都是由这些习惯成就的——而且一直在成就他们：忠诚、诚实、信用、公正、管好自己、比天空更宽阔的胸怀、播下爱与慈悲的种子、看得再远些、冷静、勇敢、果断、变则通、坚毅、谦逊。

这14个习惯，每一个都与能否成为命运的赢家相关。

你的智商也可以因为习惯而“破坏”。检查一下你的习惯是否在破坏你的智商：如果以科学家拟定的平均智商100为基数，按以下顺序进行加减，就可以知道你从父母那里继承来的一些因素以及后天生活习惯给了你怎样的智商。

如果你母亲在怀孕期间曾抽烟、喝酒或喝咖啡，减5分；
母亲在怀孕期间大吃大喝，未保持平衡饮食，减5分；
母亲顺产，但你的体重不足2.5千克，减3分；
母亲在怀孕期间大量服药，减10分；
母亲在怀孕期间情绪紧张，减10分；
感觉自己在家里或学校中都是被排斥的对象，减15分；
父母对你关怀备至，加7分；
从小贪吃，尤其喜欢喝大量碳酸类饮料，减5分；
睡觉时有打鼾的习惯，或者呼吸较重，减5分；
经常感到情绪低落、焦虑或抑郁，减8分；
睡眠不足，而且没有午睡习惯，减5分；
在贫困或边缘化环境中长大，减14分；
体内缺乏维生素和矿物质，减17分；
与朋友关系不融洽，减5分；
热衷于手机短信息，减10分；
经常接触有毒物质，减9分；
你是个爱哭的孩子，减9分；
每周三次体育锻炼，加15分；
从不参加校外活动，减6分；
参加过音乐辅导课，加3分；
你是主动吸烟者，减10分；
你是被动吸烟者，减4分；

世界上几乎所有了不起的人物，都是由这些习惯成就的——而且一直在成就他们：忠诚、诚实、信用、公正、管好自己、比天空更宽阔的胸怀、播下爱与慈悲的种子、看得再远些、冷静、勇敢、果断、变则通、坚毅、谦逊。

从小爱好阅读，加5分；

非母乳喂养，减5分；

善于思考，加10分；

适当饮酒，加3分；

你是早产儿，减20分；

辍学，减6分；

吸毒，减10分。

如果你的智商分值低于89分，证明你的生活习惯已经影响到你的智商，如果低于69分，则说明这种影响已经非常严重。

142. 聪明能成事也能败事

永远不要耍任何“聪明”，很多时候，正是“聪明”在勤快地愚弄我们（小聪明常使人丢掉好运）。别人不说或不做，不等于他不知道或不懂，也不等于他不用其他方式甚至你不知道或不懂的更聪明方式去说和做。古老的智慧一直提示我们：大智若愚。笨拙不要紧，只要肯脚踏实地用心做，从笨拙中启发的灵巧聪明最靠得住。

应当相信世界上每个人都是精明的，努力令人信服并喜欢和你交往，才是最重要的。和命运打交道与同人打交道一样，你不能去“聪明”地追求高效率，而应该实在地追求有效性和贡献性，讲求是否行得通；永远不要故作聪明或以任何形式哗众取宠。回想一下：你哪一回做蠢事，不是自以为很聪明呢？

143. 不要等到……

不要等到口渴了才喝水；不要等到有人赞赏时才相信自己；不要等到想强作优雅时才露出微笑；不要等到失去了才想到珍惜；不要等到想要得到时才付出；不要等到孤单时才想起朋友；不要等到有了最好的职位才去努力工作；不要等到失败时才记起他人的忠告；不要等到生病时才意识到生命的脆弱；不要等到分离时才后悔没有珍惜感情；不要等到别人指出时才知道自己错了；不要等到腰缠万贯时才准备帮助穷人；不要等到经历了苦难或灾难，才感到亲情友情及生命的珍贵；不要等到临死时才发现自己没有真正热爱过生活……不要等到需要控制命运时才去破译命运秘密。

请别小看这些说法，正是它们使很多人的命运渐行渐好。

144. 四个糟糕的惯性病毒

(1) 你一抱怨，命运就乱。世间充满了坎坷也充满了不公平——世界从来都是这样。无论怪谁都是愚蠢的，什么时候都别去做那种便秘怪马桶的蠢事。泰戈尔提示你："我们误读了世界，却还说它欺骗了我们。"

一个奇怪的现象是，那些消极抱怨的人最后总免不了被边缘化的命运；一个不奇怪的结果是，那些抱怨者往往是运气不佳的人。

不要让任何人听到你对命运或对某些人的牢骚与不满。不去抱怨，而去改变，美好的事情随时可能会发生——生活一直都是这样。常常重复这句话，即"预期好运"。

(2) 命运不相信借口。不要为自己辩解，懦弱者才善于找借口。借口是制造失败的病源，也是掩盖命运秘密的迷雾。通过证明自己对或证明别人错，同样是毫无意义的浪费时间，那只会给自己"打折、扣分"。

李嘉诚之所以有异于常人的敏锐，原因之一，就是他从不寻找宽容自己的任何借口，而总是通过真诚反思，从最小的教训中学到避免犯大错误的方法。西点军校有一个传统，学生遇到军官问话时，只能有四种回答："报告长官，是！""报告长官，不是！""报告长官，不知道！""报告长官，没有任何借口！"（每当你想抱怨或找借口时，可以拔下一根自己的头发予以警示。）

(3) 总是改变原则和方向，命运就会蜕变。要特别注意平衡自己的各种动机，不能太快地尝试事物（这和紧迫感是两码事），不要一件事情没有做好，就很快转到另一件事情，快得超出了应当的程度。其实，如果你坚持做原来那件事情，结果很可能比你想象的要好。不计原则和方向的四面出击，喜欢做能使自己兴奋地度过一天的事情，和无知的冒险一样，是厄运产生的重要因素。坚决避免模式化冒险，卡尼曼提示你："我们冒险通常不是出于自信，而是出于无知和对不确定性的无视。"

(4) 浪费绝对是一种糟糕的习惯，会导致"道"的乏力（包括命运之道），将严重消弱一个人的魅力和好运。浪费的东西，会带走很多好运气。浪费1元钱的损失会远远超过1元钱。

优秀习惯的重要标志就是不浪费，包括：时间（自己的和别人的）、财物（甚至一滴水、一块面包、一度电）、思想（不胡思乱想毫无意义的事情和鸡毛蒜皮的小事）、情感（不自做多情、自寻烦恼、一厢情愿）、语言（不说废话）、环境资源（包括一草一木）等等，不管是自己的还是他人的或是公共的，都一样珍惜。

请注意，不浪费和吝啬或小气是两码事；浪费和大方或大气、大度也不是一回事。例如，招待朋友或客人要保证高品质、足量，这是大方而不吝啬；

但不铺张摆阔，如有剩余都打包带走，这是不浪费。此外，有些东西持有但不用，也是一种浪费。要懂得，重要的不是拥有，而是运用。包括对待这本书。

一天早上，李嘉诚去停车场取车，在兜里拿钥匙时，不小心掉下一个2元硬币，刚好滚到另一辆车的车轮底部，车一开动，那硬币便会掉进旁边的坑渠。于是他蹲下来尝试把硬币拾回。

当时有一保安看见李嘉诚蹲下，便急步走上前问什么事。李嘉诚告知他掉了个硬币，那保安帮他将硬币拾回来。李嘉诚收回硬币，从腰包掏出100元给保安，保安不明白他为何要这样做。李嘉诚后来说："要是我不拾回这个2元硬币，车子一开便会掉进坑渠，它便在世上消失了，但是现在我拾回它，它便可以继续有它的用途。我另外给保安100元，这些钱是有用处的。钱可以用，但不可以浪费。"

145. 20个悄悄地影响命运的坏习惯

下面是生活中一些不招人喜欢的坏习惯，它们似乎并不起眼，但却直接影响着运气。

〇太喜欢点评，总是要对别人的说法评论一番，把自己的标准强加于人。

〇喜欢用"不""但是"开头，不是发表破坏性评论，就是事后诸葛亮。自吹自擂。

〇总是喜欢乱找替罪羊，把错误都归咎于过去或别人。习惯自扫门前雪。

〇总是用自己的负面思维去影响周围的人。比如，"让我告诉你这样做为什么不行。"

〇遇到争论不敢公正表态。

〇总爱在远离危险的时候表现出勇敢。

〇什么话都能插嘴，喜欢打断别人的话，不喜欢别人打断自己的话。

〇喜欢抢功，总是过于高估自己在某项工作中的作用。

〇谈起各级领导或名牌用品如数家珍。

〇满嘴"报纸话"，罗嗦的全是真理也全是废话，还自以为这才是水平。

〇经常乱发脾气；总是拒绝道歉。

〇有高学历高职称，却和文化这个词一点儿都不沾边儿。

〇把自己身上无法改正的缺点自诩为一种风格或美德，总是强调"我就是这样一个人"。

〇总是刨根问底；总是小题大做；经常泄密。

〇酒场上，毫不顾及别人的酒量与心情，用一大堆成套的酒嗑儿劝酒。

〇死气白赖劝女人喝酒、喝一次醉一次的男人。

〇总是在女人面前讲黄段子的男人。

〇敢在众人面前讲黄段子的女人。

〇从来都靠感觉判断或从来都不靠感觉判断的女人。

〇总是提醒自己或孩子“不吃亏”。

◎ 命运秘密的背景

安南（联合国前秘书长）在给自己母校的一封信中写道：我记得曾有一次，尊敬的老师拿出一张白纸，白纸中间有一个黑色的圆点。老师把这张纸贴在黑板上问我们：“你们看到了什么？”我们都回答：“黑色的圆点。”老师说：“为什么你们只看到了那个黑色的点？纸上还有那么大的一片白色，你们怎么没有注意？”

安南是想告诉你，看东西一定不能只看最明显的层面，而忽略了背景。破译命运秘密也是这样。心理学告诉我们：虽然背景可能会愚弄你，但是，背景在辨识模棱两可的刺激时是非常有用的。

如果你把关注重点适当地放在“命运”产生的背景上，那么你会发现，在许多情况下，这类“命运”不过就是你生活细节的“超级节点”，是你固有的心态、习惯和性格的一种因果。你命运秘密的背后，常常有几个你亲身经历的让你怦然心动或刻骨铭心的故事。

146. 鲜花和绿叶的背景都是根

重新认识你的父母，以及你的祖父母和外祖父母。用心自问，“我到底了解他们多少呢？我真正认识他们吗？”用心去爱他们，坦诚与他们沟通，记住他们命运的故事，发现他们真实的习惯与性格的优缺点。不要只注意表面事件，要体会到刻骨的感觉。深刻反思自己，他们的什么对你影响最大？你继承和背叛了他们的什么？为什么？

不敢说命运一定会安排你去继续你父母的光荣与梦想，但你父母曾经的坎坷或厄运，你一定要铭记在心。

如果你还年轻，请提示你的父母，你的成长需要他们的陪伴和点拨，彼

此分享所做的事情、分享秘密。例如，比尔·盖茨曾经收到一张邀请他参加华尔街CEO聚会的请帖，主讲人是巴菲特，他不屑一顾，随手丢到一旁。他母亲微笑着劝儿子："我倒是觉得你应该去听听，他或许恰好可以弥补你身上的缺点。"母亲的话让盖茨清醒许多，他决定认识一下这位大他25岁的前辈。此后他们成为挚友，相互受益匪浅。

如果你已经有了自己的孩子，那么你必须陪伴他们共同成长。这对于你以及你的孩子成为命运的赢家都至关紧要。例如，美国有一家周刊，请世界500强大企业的退休CEO填写一份调查问卷。其中前十大企业的老板对其中一个问题都有相同答复。这个问题是：如果人生可以重来，你会希望什么是你绝对不能错过的？这10个人都说了同一件事——如果人生可以重来，他们一定不放弃陪伴孩子一起成长。

卢英德（百事公司CEO，《财富》全球50位最具影响力商界女性排名第一）给你讲故事：

我是在印度东南海岸的一座叫钦奈的城市长大的，父母都鼓励我们，但也会阻止我们，并告诉我们：只要我们让这个家一直兴旺发达，就能够统治整个国家。祖父会仔细检查我的成绩单和家庭作业，在晚年提前教会了我几何课本中的所有定理，以便确保如果自己在我毕业之前就去世的话，我仍然能取得优异成绩。每天晚饭的时候，我妈妈都会向我和妹妹介绍一个世界性的问题，让我们设想自己是总统或首相，比赛如何解决这些问题。虽然我的家庭信仰印度教，但我上的是天主教学校，我是一个热心的辩论家，打板球，一直缠着父母和修女，直到他们同意我弹吉他为止，然后又组建了一个全是女孩的摇滚乐队——这是神圣天使女修道院的第一支摇滚乐队。虽然这支乐队只会唱很少几支歌曲，但我们曾经轰动一时。

147. 金色的命运是因为背景而充满阳光

你的好运一部分来自你出生的国家和时代，不完全是靠自己的修为和能力，因此你有道义上的义务为实现公平的社会而努力。这是对命运的更大的修为。

你可以不是伟人，但必须有一颗伟大的心。如果你希望命运的春天常在，那么从心里到脸上都要充满阳光。纯净美好而又伟大的内心，不仅可以为你赢得尊重，有时还可以护佑你脱离困厄，转危为安。

所有的伟大都是通过平凡的、善良的、重复的、单调的、实实在在的、脚踏实地的努力争取而赢得。命运秘密隐藏在茫茫黑夜之中，这种挥之不去的伟大情怀一旦在你心里落定，你的心便是一片光明。

松下幸之助给你讲故事：

很久以前，我曾接到一封从札幌市寄来的信，内容大致如下：“我是一个眼镜商，前几天在杂志上看到您的照片，觉得您戴的眼镜不大适合您的脸型，希望我能为您服务，替您配一副更好的眼镜。”

我觉得这是一位非常热心的商人，于是寄了一张谢函给他。之后我将这件事忘得一干二净。一次，我应邀到札幌去演讲，那位眼镜商就来和我见面，继续请求为我配一副眼镜。

我被这位60岁老人的热诚所感动，说：“那就拜托您了。”

当天晚上，他花了一小时的时间，来测量我脸部的平衡、戴眼镜的舒适感以及检查我现在使用的眼镜度数。我问他，我什么时候可以戴上新眼镜，他说需要16天。接着，他郑重地说：“您戴的眼镜是很久以前配的，说不定您现在的视力已经改变了，希望您能驾临本店一趟，只要花费10分钟的时间就可以了。”

于是，我跟他约好在回大阪之前，拜访他的店铺。

两天后，临上飞机之前，我来到他的店铺，大吃一惊：那间店铺位于札幌市最繁华的街道上，站在店铺前，宛如置身眼镜百货公司的感觉。

我被招待进入店内，大厅里有几十个客人在观看大型电视，耐心等待着。这里的一切检验装置，都是世界上最精密的仪器，令我叹为观止。

那些年轻的店员，动作敏捷，仪容清雅，待人周到，滴水不漏。而那位老板，则如松鼠般地在店内四处穿梭不停。

我走到他身边，说：“您的事业这么繁忙，竟然在看到杂志之后，马上写信给我。我认为您的用意不只是为了做生意，到底有什么原因呢？”

他笑着说：“您经常出国，您戴着那副眼镜，外国人会误以为日本没有好的眼镜行。为了避免日本受到这种低估，所以我才写信给您。”

听了这番话，我觉得我被上了一课。

后来松下幸之助就跟他的员工讲，我们的企业管理者和员工都应该有这份情怀。

148．诗情画意的命运是因为背景而生机盎然

大自然是鲜活的、是有灵性的。“乱石穿空，惊涛拍岸，卷起千堆雪，江山如画……”、“看万山红遍，层林尽染，漫江碧透，百舸争流。鹰击长空，鱼翔浅底，万类霜天竞自由……”，江山如此多娇。

养成敬畏、热爱和感悟大自然的习惯，你生命的质量和数量都与它们息息相关。每年春天植一棵树。方便的时候，多到大自然的怀抱里。青松红梅映白雪、沙滩贝壳大海边、满山红叶似彩霞、幽静的白桦林、云雀的欢唱、黎明的雾、雨后的彩虹、欢快的溪水、脉脉的野百合、松软的青草地、晚霞中的骏马和羊群……欣赏、记住、感悟更多的动物、植物和自然景象，它能让你的身体和心灵更健康、更美好，生活更有创意。

大自然对你的命运秘密有着本性化的启迪。比如，你偏爱大自然里的什么动物、植物、景色、气象、季节和时段？如果你是一只动物，你会是什么……它们和你所偏爱的其他事物有什么联系？这样的思考，将帮助你聚焦命运秘密的感性背景。爱迪生夫人曾说：爱迪生与宇宙惊人和谐的关系，使得大自然向他泄漏了不可思议的秘密。

请注意，我们应当越来越敬畏和热爱大自然，而不是相反。更要尊重自然规则，尤其不能践踏，并要抵制他人践踏。

另外，“我们实在不应该轻易否定大自然给我们的提示。”譬如，据地震出版社1979年出版的《唐山地震》统计，唐山大地震后，广大地震工作者对唐山地区及周边48个县进行了大范围的调查，共搜集到地下水宏观前兆异常868例，动物宏观前兆异常2093例。在大家熟悉的鸡、猪、鼠、猫、狗、羊、鱼、黄鼠狼等动物异常反应中，鱼的反应最明显，占100%，猪最迟钝，占34%。

149. 有一种背景能反光

一定要清醒诚实地认识你的缺陷或弱点，它也是上帝给你的命运秘密的背景信息。缺陷反映了命运秘密的质感。超越缺陷就是发挥潜能（这里藏有你的命运秘密），潜能一旦激活，命运必将改变。

“狂躁抑郁多才俊。”研究结果表明，许多政界、科学界和艺术界的伟人都是因为有不同程度的心理疾病——偏执、敏感、自闭才获得成功的。几乎所有伟大的人物都清醒地知道自己的缺陷或弱点，为之而警醒和抗争。这反而激活了“缺陷”所对应的某种潜能，从而加快了他们实现梦想的速度。施罗德说：“回想起来，我要做的事情，都不是命中注定能做到的。我在自己身上发现的不足，也不是都能弥补的。我这样安慰自己：你不是也遇见过不少大资产阶级出身，而行为举止却让人无法忍受、且本人不认为自己有什么不足的人吗？那可真是脸皮厚。除了某些特殊场合，我希望自己能避免这种为人方式。”

每年春天，玫瑰园都会面临如何对玫瑰进行修剪的问题。这直接关系着整个玫瑰园的命运。如果想得到最大、最漂亮的玫瑰花，必须将每一株玫瑰剪到剩下三个枝条为止。这是为了充分利用现有资源，减少营养的损耗。但如果不幸碰上霜冻突袭的话，整株玫瑰都可能会被冻死。在对一些情况还不太确定时，人们往往会选择低风险的策略。因此，在修剪玫瑰时，人们经常会留下更多的枝条。保守的修剪会导致两种情形：一是能够更容易应对无法预测的环境变化；二是可以不断改善自身的结构，得到不断更新。这种策略会使那些多余的枝条消耗有限的养分，造成资源的浪费。但是在不能预知的环境下，这会让玫瑰花成长得更安全、更健康。从长远来看，容许一部分缺陷存在，可以让玫瑰花更强壮。

生活的“修剪”亦如此。这样能够更有把握应对命运的变化，以更成功地导演命运剧本。

◎用终极性问题提醒自己

如果你还很年轻，那么你希望在20年后得到的评价，就是你心中真正渴望的目标；如果你人到中年，你希望在盖棺定论时获得的评价，才是你心中真正渴望的成功。它们很可能与你原来设定的目标大相径庭，但是它们却和你的命运紧密相连。

150．叩问心灵——如果今天是我生命中的最后一天

能时时以终极性问题去提升自己，可以有效避免被世俗杂音或金钱所束缚、所奴役，所有的枝枝杈杈都可以被砍掉，让命运变得厚重又简单。彼得·圣吉（著名管理大师）提示你：你要花费你的一生，坚持不懈地问什么是真正重要的，并以此来调整人生的方向。说起来很简单，但是大多数人没有这么做，因为他们对如何进入人生愿景的领地缺乏深入的了解。

《圣经》告诉你：经常审视自己，上帝就在你身边。扼要的根本性问题能引导你的洞察力，使你明白哪些东西是无关紧要的，你需要放弃，以便将全部身心都倾注到最为重要的事情上去，使你清晰回答：对我而言，只有一件事情是最重要的，那就是……

不断提出正确的问题，你的命运才充满生机与活力，并与众不同。时常提

醒或用心问自己：别忘了我在哪里、我真正想要的是什么？（再聪明的人，如果不知道自己想要什么，也找不到出路。）我想成为谁？我身边在发生什么变化？我现在最应该做什么事情（怎样最有价值地利用时间）、我将由此走向哪里？我能做什么、我的兴趣是什么、我的优势（你所特有的而别人无法拥有的东西）在哪里？我到底向往怎样的生活、期待何种未来？我缺少的是什么（钱除外）？别人的优点是什么？ 什么能让我勇敢起来？什么能真正牵动我的心灵？然后，把这种明确的愿望深入到你的潜意识中。

荣登2008《财富》全球最受赞赏公司榜首的美国苹果公司有一个有效的简单法则：公司的新产品开发始于内心深处，随后通过不断的对话酝酿成熟。对话的内容是：我们讨厌什么？（答：我们的手机。）我们用技术生产什么？（答:内置Mac电脑的手机。）我们想拥有什么？（答：iphone手机。）乔布斯说：“对苹果公司而言，关键之一是，我们生产真正能够激发我们兴趣的产品。”这同样适用于你导演命运剧本。

史蒂夫·乔布斯给你讲故事：

在17 岁的时候，我读过一句格言：“如果你把每一天都当成你生命里的最后一天，你将在某一天发现原来一切皆在掌握之中。”这句话从我读到之日起，就对我产生了深远的影响。在过去的33年里，我每天早晨都对着镜子问自己：“如果今天是我生命中的末日，我还愿意做我今天本来应该做的事情吗？”当一连好多天答案都是否定的时候，我就知道做出改变的时候到了。

151．留下什么给你的后人

你了解你的祖父母或外祖父母吗？你了解你的曾祖父母吗？他们给你留下了什么丰厚“遗产”吗？那么，N年之后，你有没有给子孙留下他们不得不珍爱和回忆的东西呢？

你应该花大力气去做你内心里渴望的事情，以对得起命运，也对得起后人。马丁·路德·金（美国著名黑人民权领袖、诺贝尔和平奖获得者）提示你：“……我的朋友，眼前的事实就是，明天就是今天。此刻，我们面临最紧急的情况。在变幻莫测的生活和历史之中，有一样东西叫做悔之晚矣。”

真正使人后悔的，往往不是他做错了什么，而是他没做什么。

比利时《老人》杂志曾对60岁以上的老人展开过一次题为“你最后悔什么”的专题调查，结果显示：70%的老人后悔年轻时努力不够，以致事业无成；67%的老人后悔年轻时错误选择了职业；63%的老人后悔对子女教育不够或方法不当；58%的老人后悔锻炼身体不够；56%的老人后悔对伴侣不够忠诚；47%的老人后悔对双亲尽孝不够；41%的老人后悔选择错了终身伴侣；36%的老人后悔未能周游世界；32%的老人后悔一生过得平淡、缺乏刺激；11%的老人后悔没有赚到更多的金钱。

做任何事情都坚持先人后事的观点，是“不后悔”的关键。

四、有一种生活叫歌唱

——命运与职业、婚恋和健康

命运之歌的魅力在于它变化多端的节奏、旋律、意境……你永远不知道下一个旋律将会给你何种不同的感受。当今的科学文化提供了很多让你准确感知命运的素材，同时也带来了很多干扰元素。破译了命运秘密，就像音乐有了7个音符，可以帮助你将来在正确地选择道路和控制命运上，就像添加软件程序一样简单。

◎ 命运就是营销，剩下的是细节

命运，在某种意义上说，就是你全部人生的经营。“解决方案式的营销（自己）”，忽略或少做其他事情，你的命运会变得比较简单，生活却会变得很美好，结果会大大改善。在美国人最希望传给自己子女的所有品质中，最主要的一条就是“学会有利地出卖自己的才能和经常不息地进取。”

命运的营销，同样遵循人类普适的商业营销常识与规则。不同的是，别忘了自己是“人”，不能没有信仰、精神和情感，这样营销才能与命运连通。缺乏为别人与社会着想的“利他之心”，“命运营销”就不复存在。

152. 重点不是卖出，而是帮助人们购买

不管你是初级职员、业务主管、创业者，还是总统，完成任务几乎都是一项“推销”。如同大卫·奥格威（奥美广告集团创始人、“广告之父”）所说：“在现代商业世界，做一名拥有创造性思维的思想家百无一用，除非你同时能把你的创意卖出去。别指望管理层会认可一个好点子，除非将好点子展示给他们的是一名优秀的推销员。”

结合本书其他内容，你可以找到自己的无与伦比的卖点（这里有你的命运秘密），然后用真实的故事把它包装、放大，通过别人传播出去。约翰·沃纳梅克（美国沃纳梅克百货公司创始人）提示你：“重点不是卖出商品，而是帮助人们购买商品。”玛格丽特·斯佩林斯（美国教育部长）说：在购买时，你可以用任何语言，但在销售时，你必须使用购买者的语言。

汤姆·彼得斯告诉你：所有的推销都是政治。“政治”意指“人们相互合作以完成工作任务的方式。”……好的推销员不会销售“部件”，即使是“好得不得了的部件”，他们兜售解决之道——好得不得了的解决之道。你所创造的每一个销售领域归结起来都应该是这样的：我们的产品解决这些特殊的问题，创造这些难以想象的、不可思议的机遇，并且会使你赚到很多钱。口诀：白痴才卖劳力士，天才卖的是劳力士的生活方式和态度。

请注意，不论你是面对面地向个别人推销自己（“零售”），还是向一大群人推销自己（“批发”），都请牢记一个真理：坏消息有自动传播性，当你陷入疑云时，自己“举灯照亮你的问题”，更能尽快从中解脱出来。此外，一个营销人员犯的最大错误就是让顾客反感。

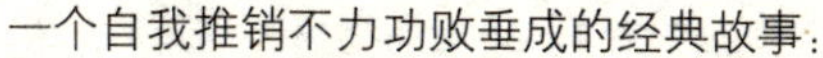

一个自我推销不力功败垂成的经典故事：

美国洛杉矶时报2004年11月3日分析指出，民主党总统候选人克里占尽天时地利人和，几乎享有把现任总统布什拉下马的所有必要条件：美国经济委靡不振；布什发动一场不受欢迎的战争，而战后又充斥着各种问题；民主党空前团结。然而，万事具备，只欠东风。克里最终由于自我“推销”不力，个人形象不够鲜明、政见不够突出，结果功败垂成。

克里的智囊团当初认为，不受欢迎的布什将会自取失败，克里只需乐观、温和地安抚选民即可。结果，这种温和使共和党有机可乘，从民主党初选结果明朗化以后开始，就给克里戴上了“优柔寡断”的帽子。同时，克里没有奋起反击，任由其诋毁形象，成了所谓的“墙头草”。

等到克里回过神来，已经到9月中旬。虽然克里决定统一口径，指责布什的决定都是依据错误判断作出的，但先机已失，回天乏力。一名民主党战略专家指出，民主党直到竞选后期才推出前后一致的进攻型战略，这是竞选失败的主要原因。

共和党投入了总额1.83亿美元的电视广告，主要都在攻击克里。事实表明，在美国公民普遍对恐怖主义感到焦虑的时候，这种战略给克里带来了毁灭性的打击。

同时，在整个春天和夏天，克里竞选团一直强调克里将成为美国强有力的掌舵人，并多次提及克里的越战经历。结果，失去了列举布什“罪状”的良机。不久，一个越战老兵团体抨击克里，但克里竞选团却置之不理，造成克里的名誉严重受损。克里一怒之下对智囊团进行大换血，并最终于9月中旬向布什发起了猛烈进攻。

显然，这种新战略行之有效，克里在随后的3场电视辩论中人气直线上升，眼看白宫唾手可得。可惜的是，为时已晚。

153. 这个时代的通用规则

你的命运秘密与你所在的时代“情景交融”。记住以下48条商规，对你成为命运的赢家大有用处。

〇第一胜过更好（创造一个你能成为“第一”的新领域）。

〇抢先深入人心胜过抢先进入市场（市场营销是一场争夺认知而不是产品的战争，在进入市场之前应该率先进入心智。如果你希望给别人留下深刻的印象，那么，你就不能花费时间逐渐地影响别人以博得人们的好感。认知并不是那样形成的，你必须用暴风骤雨的方式迅速进入人们的头脑）。

〇市场营销的要点是要聚焦，收缩经营范围将使你强大，追逐所有目标将使你一事无成。

〇市场营销不是产品之争，而是观念之争。

〇做大池里的小鱼可能比做小池里的大鱼来得好。

〇所谓诚实是参与商业游戏的基本要求，做不到，很快就会被封杀出局。坦诚相见——使自己产品深入人心的最有效方法是首先承认自己的不足，之后再将其转变为优势。

〇从长远来说市场营销是一场两匹马的竞赛。若想争取市场第二，你的战略就应当针对第一。

〇很多市场营销活动都表现出同样的现象：长期效果与短期效果正好相反。

〇切中要害，比物美价廉来得有利润得多。

〇当你试图满足所有人的所有需求时，便不可避免地要遇到麻烦。

〇有所牺牲。想要成功，就必须先放弃某些东西（集中产品焦点，深化产品内容）。

〇唯一策略（在各种场合中，只有一种举措会产生重大的效果。在市场营销中起作用的，只有独特的、大胆的一击，而且，在任何既定条件下，只有特定的某一行为可以产生实质性的效果）。

〇市场营销中能够凑效的战略与在军事上的战略是相同的：出其不意，“凡战者，以正合，以奇胜。”大多数情况下，你的竞争对手只有一个容易攻破的薄弱环节。

〇离开坏的交易。当出现第一件美中不足的小事时，不要放弃，也不要老是停留在那里。当你发现客户组织里有人不值得信任，当游戏涉及的推销远远超过了正常推荐鼓动之术，当情况变得让人痛苦时，你可能需要优雅地退出（或者不那么优雅）。不要和不诚实的人合作，不要和不守诺言的人合作，不要和只关心自己的人合作，不要和笨蛋合作。

〇保持市场对你的产品长久需求的方法之一，就是不要完全地满足需求。

〇不要迷信合同和承诺。

〇不要为了跨入门坎而泄露公司的秘密。

〇绝对不能把钱赚得一干二净，要留点钱给别人赚。

〇了解你的产品，了解你的公司，了解你的顾客。多一份具体和细致是永远不为过的。

〇做一个守信用的商人。能够做到的事你可以承诺，但不要夸大其辞。

〇要完成一笔好交易，最好的方法是强调其价值（宝贵的价值，强调他从你这里能买到什么），而非价格。

〇不要以破坏同客户的持久关系为代价去追求短期利益的最大化。

〇别赚与同行“结怨”的钱。不威胁人，决不参与有敌意的收购。

〇不断寻求各种办法，让顾客感觉与你之间的交易简单易行。

〇一定要让合作伙伴分享足够的利润，这样他们才会给你更多的回报。

〇不做赢得起但输不起的生意。

〇绝不对某一项业务情有独钟，这样才能在时机成熟时随时售出。

〇不到最后不亮底牌。牌局随时会变化，而对方也随时会出新牌。

〇不固守一法，让人一活路，留己一财路。当让不争，不吃独食，让别人生存；该争不让，捍卫尊严，给自己后路。

〇商业文明的本质规则是论行不论心。道义不可违，不要因为有利可图就什么都做，要想在商界站稳脚跟，违背道义的事坚决不做。

〇防止合作伙伴见异思迁。亲密战友要符合四个条件：他和你在一个战壕里一起战斗过至少1年；在你没有负他的前提下，对你所说的每一句话都能负责任；他必须是个实在且踏实干事的人；他能把你们的共同利益置于个人利益之上。四点缺一不可。

〇团队里别掺杂感情。不要轻易让你的家庭成员进入你的团队，更不能随便和团队里的异性生出感情波澜。

〇不可对有利益冲突的异性有非分的想法。

〇别对你的女人讲商业细则。可能她听不懂，另外，商业细节里也许有让你日后被动的东西，或者那涉及到商业机密。知道秘密并不是好事。

〇可以送礼（送礼和贿赂是两码事，绝不行贿），但不要以此要挟对方。

〇不要偷税漏税。

〇与记者保持距离，学会对记者设防。

〇天外有天，尊重新手，不要在任何场所摆大，哪怕你真的很大。

〇不要卷入政治派系纷争。保持中立，老老实实做你的生意。

〇多品茗赏景，少计较得失。有所得就有所失，有所失就有所得。

〇不要过多用金钱粉饰自己。相对于你的人格魅力，名车、别墅、高尔夫球、时尚服饰和发型，都会显得微不足道。

〇保密自己的财富。

〇不要羡慕别人的成功，更不要鄙夷别人的失败；要做的是分析和总结别人成败背后的真实原因，取其长，补己短，做你该做的事。

〇不要用黑白道的规矩去解决商业冲突。既然选择了做商人，就必须遵守商业中的一切游戏规则，愿赌服输。

〇在能把握全局的前提下，不要事必躬亲，但业务的核心部分你自己必须牢牢把握。

〇让顾客们一旦同你建立了联系，就不需要再去寻找你的竞争对手了。

〇给自己留条后路。后路包括藏起一个存钱罐，以备东山再起；一套法律意义上并不在你名下的房子，以便有个地方一个人疗伤，恢复元气；更包括一个并不经常往来的但很仗义的朋友，可以在关键时收留你。

〇从每一笔赚到的利润中，按比例拿出来捐献出去做慈善和教育。

◎ 职业是命运秘密的托付

创业（就业）是伟大而又深情的创造命运盛世。《易经》上讲，“建德修业”是一种积德修福，那些有潜力成就某种事业而不去做或入错行的人，也将造成自己命运的艰难。

经历创业的人将会在精神面貌、社会阅历与执行技能方面发生重要质变，尤其是获得对风险的面对、识别与担当能力。创业或就业的初期，正是破译命运秘密的关键期，如能在此之前早有这方面的思考、积累和准备，那将效果惊人（如果你正在学生时代，有这本书为伴真的是一种幸运，珍惜它、读懂它、运用它）。

在路上，你将开始经历王国维所说的“三种境界”的第一境界——“昨夜西风凋碧树，独上高楼，望尽天涯路。”

154. 人因工作而高贵

每个人的命运里都有职业密码，职业将改变你的命运。如同杰克·韦尔奇所说：“你所从事的每种职业都是一场赌博，它有可能开拓你未来的发展空间，也可能缩小你的选择范围。”毕加索（伟大的画家）说：“你的工作才是你生命的终极魅力所在。”要提早进行自己的职业规划（英国政府鼓励孩子从小就为未来职业作出规划），提前热身或彩排，能帮助你准确发现自己的职业密码。

关于选择职业，马克思（伟大的思想家、哲学家，马克思主义创始人）说：“如果我们选择了能为人类幸福而劳动的职业，就不会被它的重负所压倒，因为这是为全人类所做的牺牲，那时我们感到的将不是一点点自私而可怜的欢乐，我们的幸福将属于千万人，我们的事业并不显赫一时，但将永远存在；而面对我们的骨灰，高尚的人们将洒下热泪。”如果你认为这是高调，那么你在职业发展上要减分；如果你认为这是高尚，那么必定要加分。因为这是我们这个时代所缺乏但又需要的，如果你把它与你的命运紧密连接，将从根本上改变你和更多的人们的命运，使你与众不同、出类拔萃。

每一份工作（不论大小）都是机遇的开始，如比尔·盖茨所说：“卖汉堡包并不会有损于你的尊严，你的祖父母对卖汉堡包有着不同的理解，他们称之为‘机遇’。”奥巴马说，“成功的人都是那些愿意不断努力工作，同时还不断地通过寻找新途径进行提高的人，他们不仅仅是接受现状、接受常规，而是不断地努力更新和改进的人。他们不满足于现状，一直在扪心自问，看看是否能够以不同的方式来解决问题。”乔布斯告诉你：“如同任何伟大的浪漫关系一样，伟大的工作只会在岁月的酝酿中越陈越香。所以，在你终有所获之前，不要停下你寻觅的脚步。”

巴菲特给你讲故事：

我79岁了，但我仍然每天工作。这是这世界上我最想做的事情。在你生命的早期，你距离这个境界越近，你在生活中获得的乐趣会越多，你也会做得越好。所以，不要被眼前的利益所控制。然后，尽可能地找一个你敬佩的人或组织并为之工作。那时候我愿意为本·格雷厄姆工作，是因为我对他的敬仰超过对行业中的其他任何人。我不在乎他付我多少钱。当他终于雇了我之后，我搬到了纽约，在我收到第一份薪水之前根本不知道自己的工资是多少。但是，我知道我愿意为他工作。我知道每天早晨我从床上一跃而起，对于今天要做的事情充满期待，而且当我晚上回家的时候我会变得比早晨更聪明（这就是职业密码的痕迹）。找一份令你兴奋的工作吧，为某个激起你热情的人或者某个机构工作。”

职业精神大致可分为：敬业、专业、勤业、创业，有了这四种精神，几乎可以肯定你事业有成。请别忘记：你带着指南针工作，让别人带着时钟工作吧。

曾国藩（清代著名军事家、政治家）说，“但问耕耘，不问收获。”这是你做第一份工作时最重要的心态。同时要明白，你无法让所有人满意。你在职业生涯里做的每一件事都必须有针对性。不要抢功，但也要确保你的工作不会被忽视。

杰克·韦尔奇的忠告：

○如果在职业生涯的最初几年里，你对自己的感受不诚实，今后或许追悔莫及。你需要找到与自己志趣相投的人，找到与那里的同事一致的感觉。这些在职业生涯中应该是越早越好，任何新工作都应该让自己感觉有所发展，而不

你所从事的每种职业都是一场赌博，它有可能开拓你未来的发展空间，也可能缩小你的选择范围。

是刚刚够用，否则就不是理想的选择。只有发展、成长、学习这些活动能够让你投入并充满活力，它们让工作变得更加有趣，刺激你在游戏当中力争上游。

〇在处理工作主导性问题时，唯一的方法是要对自己诚实，要明白自己在为哪些人工作。在走上职业选择的十字路口时，你的“梦”也会在这个或那个时点呼唤你。如果你义无返顾地去了，那将是个伟大的抉择。如果你不能去，也该把原因想清楚，保持内心的宁静。

〇对于最理想的工作而言，你应该是热爱它的——至少是热爱其中某些部分，工作能让你感到兴奋。

〇如果你想找到更好的工作，那么最快捷的方法就是在原先的岗位上干出出色的业绩。交出动人的、超出预期的业绩，将为你产生创造性的影响，帮助你在机遇来临的时候，把自己的工作责任扩展到预期范围之外。这时你必将会得到机会的垂青，合适的工作会自己找上门来。人生的很多事情都是这样的。

〇虽然任何职业都要受到某些纯运气因素的影响，比如，一个人在合适的时间出现在了合适的地点，他遇到了某个人物，于是，机遇大门就向他敞开了。但是，从长期来看，运气所能起的作用要比那些你可以控制的因素更小。事实是，你的运气往往是由自己创造的。

〇选择自己喜欢做的事情，确定你在与自己喜欢的人一起工作，然后全心全意地投入其中。这样，你就会找到伟大的工作——此后的人生就不再是劳作，而是享受。

〇感受生活必须向前看，而理解生活只能向后看。职业也同样如此。

彼得·德鲁克提示你：一个职业化的人要做的就是远离激烈的争斗，投入你真正可以制胜的领域。因此，基本目标是去除弱点，找到一个没有人能够伤害你的坚固壁垒。

洛克菲勒给你讲故事：

我永远也忘不了做第一份工作——簿记员的经历，那时我虽然每天天刚蒙蒙亮就得去上班，而且办公室里点着的鲸油灯又很昏暗，但那份工作从未让我感到枯燥乏味，反而很令我着迷和喜悦，连办公室里的一切繁文缛节都不能让我对它失去热心。结果是雇主总在不断地为我加薪。

老实说，我是个野心家，从小我就想成为富翁。对我来说，受雇于休伊特——塔特尔公司是一个锻炼我能力、让我一试身手的好地方。它代理各种商品销售，拥有一座铁矿，还经营着两项它赖以生存的技术——铁路与电报。它把我带进了妙趣横生、广阔绚烂的商业世界，让我学会了尊重数字与事实，培养了我作为商人应具备的能力与素养。所有这些都在我以后的经商中发挥了极大效能。可以说，没有在休伊特——塔特尔公司的历练，在事业上我或许要走很多弯路。我永远对那三年半的经历感激不尽。

工作是一种态度，它决定了我们快乐与否。同样都是石匠，同样在雕塑石像，如果你问他们在这里做什么？他们中的一个人会说：我正在凿石头，凿完这个我就可以回家了。这种人视工作为惩罚，在他嘴里最常吐出的一个字是"累"。另一个人可能会说：我正在做雕像，这是份很辛苦的工作，但酬劳很高，毕竟我有太太和孩子，他们需要温饱。这种人视工作为负担，在他嘴里经常吐出的一句话是"养家糊口"。第三个人可能会放下锤子，骄傲地指着石雕说：看到了嘛，我正在做一件艺术品。这种人以工作为荣、为乐，在他嘴里最常吐出的一句话是"这个工作很有意义"。如果你视工作为乐趣，人生就是天堂。

洛克菲勒忠告：一份自己可以吃掉的牛排无须与他人分享，但当很多人都想吃掉它的时候，分享就变得必要了。

李嘉诚说，年轻时他曾应聘到一家塑胶厂当推销员。他深知，要想成为一个出色的推销员，首要是勤奋，其次是头脑灵活。当其他同事每天工作8小时的时候，他就工作16小时，天天如此。他对工作的看法是："对自己的份内工作，绝对全情投入。从不把它视为赚钱糊口而向老板交差了事，而是将之当作是自己的事业。"这样，在一年内，他的业绩便超越其他6位同事，销售成绩是第二名的7倍。18岁就被提升为部门经理。一年后，他当上了销售公司总经理。李嘉诚的快速晋升还有一段插曲：他在厂里当销售员时，再忙也要到夜校进修。他打算在会考合格后去读大学，老板为挽留这个人才，便索性把他提升到总经理的岗位上。

李明博说：大部分人从企业主或上级那里接到某项工作任务时，都会首先列出面临的困难……但是，我提出的目标始终超过企业主的目标，并为实现该目标竭尽全力。企业的利润完全属于企业主，我得到的是成就感，我完全是为了这个成就感而工作。

不要与同事竞争，而应该把企业主作为自己的竞争对象，像企业主一样去思考，像企业主一样查找问题，并去解决它，而且还要制定出比企业主要求更高的目标。会长每次遇到危机就找我的理由是：“李明博像我一样，不，他比我更把公司当成自己的。”

我对新职员说：“要改变自己的性格。不要首先判断这份工作是不是适合我，而是要改变性格去适应工作。”也许有人会反驳我说，这是要让身体去适应床，是带有权威色彩的非科学的思维方式，但我的方法比较实用。拿我来说，其实不会再有第二个像我这样不适合建筑业的人了。我在成长时期经历了非常艰苦的生活，在与贫穷的斗争中，我的性格比任何人都内向、害羞，但通过努力我改变了性格，出任学生会会长，领导学生运动，并且投身建筑业，使性格变得外向、开朗起来。这说明性格并不是固定不变的。不要自我限定想做的工作和可以做的工作，把自己的性格调整到要做的工作上去，这是非常有效的方法。性格不适应就要改变性格，这句话在任何时候都适用。做一个具有改变自己性格的有能力的人，他就可以克服任何阻碍。

王石给你讲故事：曾在日本买了一架含有最新科技的数码相机，很是珍惜。在一次航海中，相机被巨浪打湿而损坏了。于是，托朋友拿去日本修理。数日后，朋友回来了，相机却未修，被告知修理相机的价钱几乎和买个新的一样，只好托朋友再去买个新的。朋友从日本又打来电话，说卖相机的老师傅坚决不卖，还让他一定把坏相机拿去修理。老师傅说，相机也是一个生命，就像一个孩子生病了，你是治疗呢还是让他死去？当然还是要修了。终于，相机重得新生，又回到了我手中。这件事让我想到，为什么日本的东西造得好，如果你把一个东西当作一个生命来制造，如果每一个人把自己的工作当作生命来对待，会是怎样的结果呢？

理解一个词——职商（CQ）。有人把这个词的含义缩写为“EELTAP”：Education是教育，是最基本的因素；Experience是人生经验（包括社会经验和家庭经验）；Leadership是领袖气质，需要有领导才能，合作精神；Teamspirit是集体主义精神，能够与人合作（因为一个人永远是势单力薄）；Attitude是对生活的积极态度；P有双重意义，一是Passion热情，二是Performance效益，对工作的热情一定会产生效益。

最后，工作的同时别忘了愉悦身心。当你用辛苦的工作换来某样你想得到的东西时，要学会享受它，并帮助别人享受。充分享受自己的成功，并分析其中的各种因素，是让成功者越来越好、越来越自信的诀窍。

155. 创业是人生最大规模的改造命运行动

每个人都适合做某种适合他的工作，但不是每个人都适合创业。并不是每个人的命运里都有创业密码，不能靠运气来建立事业生涯。

创业者应该具备什么样的素质？自己创业与在公司工作有哪些本质区别？

杰克·韦尔奇说：这里有4个问题，如果你对所有问题都回答“是”，那么你就丢掉内心的矛盾，大胆行动吧。

(1) 你是否有一个竞争对手无法匹敌的、可以增强产品或服务吸引力的超级创意？有时候，人们只是向往企业家的“生活方式”——自主经营、大权在握、富甲一方，却没有实现这一切所必备的超级创意。真正的企业家不仅仅有一个针对市场情况的独特的价值主张，他们还深深地痴迷其中，执著地追求心中的理想。他们满腔热情，坚信自己找到了最伟大的发现。他们知道目前迫切要做的事情就是把它推向市场，满足人们的相关需求。

(2) 在一次次被拒绝之后，你是否还能面带笑容？要自己创业，你必须投入大量时间去说服（有时候甚至是乞求）投资者给你投资。碰壁和失败是家常便饭。你必须具有百折不挠的毅力。真正的企业家往往是那些在挫折中越战越勇的人，别人的拒绝越发激起他们把心中的创意推销出去的决心和斗志。

(3) 你讨厌前途未卜的境况吗？如果你的回答是肯定的，那就不要再继续下去了。要想自己创业，你在死胡同里徘徊的时间将比找不着家的猫还要长。因为你要寻求资金、寻求最新的技术或服务理念，更不要说创办企业还要具备其他各种条件。如果不是在死胡同里，你就像是身处于波涛汹涌的大海中一条漏水的小船上——说得更直接一点，你经常是倾其所有，孤注一掷。但如果你是企业家的话，你会觉得这充满乐趣。

(4) 你的性格是否能吸引优秀的人才和你一起追逐梦想？虽然在创业的初期，你可能是单干。不过，要想有所发展，你必须招募一些优秀的人才和你一起干，让他们也像你一样痴狂于你的梦想。你必须具备这个能力，让你的追随者成为你的信徒。

我一点也不想打击你自己创业的信心。但是，你必须清楚这一点：自己创业和给别人打工完全是两回事。

如果这个念头让你焦虑、不安，那你就停在原地别动，如果让你兴奋、激动，那你就可以放手一搏。

认真回答柳传志曾经给杨元庆提出过的两个问题：

(1) 你是不是真有这份心思吃得了苦、受得了委屈，去攀登更高的山峰？

(2) 你自己反思一下，如果向这个目标前进，你到底还缺少什么？

李嘉诚的忠告：

(1) 创业的过程，实际上就是恒心和毅力坚持不懈的发展过程，其中并没有什么秘密，但要真正做到中国古老格言所说的勤和俭也不太容易。而且，从创业之初开始，还要不断学习，把握时机。你做哪个行业，一定要追求那个行业最好的知识、information，最好的技术是什么，且必须处于最佳的状态。手头上永远要有一样产品，是天塌下来你也要挣钱的。

(2) 努力、毅力，这里说的不是传统字面上那个意思，是best effort，做到极致。不过，很重要的是，如果没有掌握跟这个行业有关的知识，如果你判断错误，就算你再努力、再有毅力，你失败的代价会越大。

(3) 建立好的制度与人才队伍。还有两点不要忘记，第一，特别要花心思在脆弱环节。第二，在任何组织内，优柔寡断和盲目冲动者均是一种传染病毒。前者的延误时机和后者的妄下结论均可使企业一夕之间面临毁灭性的灾难。

德鲁克的建议：

(1) 一项新的工作在开始之前，便该有遭遇极大困难时予以克服的手段，否则开始时便种下失败的种子。要准备克服重大困难的手段，唯一靠得住的办法只有靠最有才干的人来主持。

(2) 重要的是，顺应自己的个性特点，不勉强自己。要注意的是自己的绩效，自己的成果，从而发展出自己的工作方式来。

(3) 对时间的估计宁可有余，不可不足。

(4) 企业不是创造利润的，是创造客户的……凡是能促进社会进步与繁荣的，也都能增强企业的实力，带给企业繁荣与利润。

松下幸之助提示你：

当员工有100人时，你必须站在员工的最前面，身先士卒，发号施令；当员工增至1000人时，你必须站在员工的中间，恳求员工鼎力相助；当员工达到1万人时，你只要站在员工的后面，心存感激即可；如果员工达到5万到10万人时，除了心存感激还不够，必须双手合十，以拜佛的虔诚之心来领导他们。

造物之前先造人才（人才的真正状态：流露激情、打动他人、热爱压力、渴望行动、知道如何完成工作、展示好奇心、体现“奇特”、兴趣流露、紧密联系真正干活的人、紧密联系真正买你东西的人）。

马云的忠告：

(1) 从创业的第一天起，你每天要面对的是困难和失败，而不是成功。困难不能躲避，不能让别人替你去扛。9年创业的经验告诉我，任何困难都必须自己去面对。创业者就是要面对困难。

(2) 创业者要懂得左手温暖右手，要懂得把痛苦当作快乐，去欣赏，去体味，你才会有成功。赚钱是一种结果，它永远不会成为我们的目的。

(3) 你希望成为一家伟大的企业，你要问自己：我够开放吗?我够分享吗?这分享不仅是员工内部的分享，还有跟竞争对手的分享。你是不是做得比别人好?你是不是愿意承担社会、环境、员工的责任?

(4) 做企业跟做人一样，要想清楚这几个问题：你有什么?你要什么?你愿意放弃什么?假如你什么都要，什么都希望得到，什么都不愿意放弃，你的企业一定不会做到很好。

21世纪不是在于寻找机会，而是解决社会问题，从为自己创造机会到为别人创造机会，只有这样的企业才能起来。

真正做大企业，不仅仅是做利润，而是去关心身边的人：关心你的员工，关心你的客户。让他们成长起来，你的公司就会成长起来。

牛根生告诉你：

这世上的企业，最初成立的时候情况其实都差不多，几个小兄弟，几条破枪，每个人总共也发不了几发子弹，就和正规军干上了。

可是，这后面的差距逐渐就扩大了，有的人越干声势越大，有的人越干动静越小。原因当然是多方面的，但有一条很有共性，那就是“财聚人散，财散人聚”。

企业的第一个战利品，也许只不过是锅盖大的一块蛋糕。可是，这第一块蛋糕的分割却很有学问。假如领头的将军切走4/5，只给冲锋陷阵的众弟兄们留下1/5，你说下一次这个仗还怎么打？有的人抱怨，有的人怠工，有的人想走，有的人说闲话，这第二仗还没开打呢，人心就先散了一半。

所以，古人说“将欲取之，必先予之”；佛经也说“舍得，舍得，有舍才有得”。这世界上挣了钱的有两种人，一种是“精明人”，一种是“聪明人”。精明人竭泽而渔，企业第一次挣了100万，80%归自己，然后他的手下受到沉重打击，结果第二次挣回来的就只有80万。聪明人放水养鱼，他第一次挣了100万，分出80%给手下人，结果，大家一努力，第二次挣回来就是1000万！即使他这次把90%分给大家，自己拿到的也足有100万。等到第三次的时候，大家打下的江山可能就是1个亿。再往后就是10个亿。这就叫多赢。独赢使所有的人越赢越少，多赢使所有的人越赢越多，所以，“精明人”挣小钱，“聪明人”赚大钱。“精明”与“聪明”，一字之差，谬以千里。

如果把企业比作一辆公共汽车，那么，创业者只是这辆车上的司机而已，本车的核心目的是把来来往往的乘客运到他们想去的地方，只有乘客安全抵达目标，司机才有资格收取车费。如果司机误以为自己是中心，乘客是陪衬，那么，整个定位就大错特错了。所以，“金本位”成不了企业家，“权本位”也成不了企业家，“人本位”才有可能成为企业家。

创业者天生不是孤家寡人。一个不关心他人的人，没有资格把别人的命运与自己捆到一起。即使勉强捆到一起了，也是悲剧多于喜剧。

创业者要把原本的“异心圆”变成“同心圆”。

◎ 交友（恋爱）是命运的指引者

你的爱的能力，情绪的控制和表达，理解、沟通的方式与执行，感觉、价值观与原则的波动，这些攸关命运的“大件”，都将在交友以及恋爱中表现得淋漓尽致。这种表现的气象，在指引着你命运的走势和色彩。

什么样的人更喜欢你？喜欢你什么？你更喜欢什么样的人？喜欢他们什么？为什么？这样下去将发生什么？分析的时候别太客气，你会有意想不到的发现。

156. 友谊使命运多姿多彩

“想融化你心里沉重的石头，那去会你的朋友。”去找你的知己、找你信得过的人，每十天最少要有一次深入细致的聊天，每五天最少在一起坐坐，每三天最好通一次电话。这会使你更健康、更快乐。研究发现，只需与他人进行几分钟的交谈，你的智力水平就会有所提高。与朋友或邻居间的社会往来，与做填字游戏具有同等功效，一样可以保持智力水准。（调查显示，一个女人一生中至少应该有四个好朋友：一个总是为你打气、为你呐喊加油的好朋友；一个不讲情面的好朋友，能够坦诚提醒你，并鼓励你面对令你害怕的真相；一个可以背起行囊，同你一起云游四海的好朋友；一个能与你一起放松心态，肆意寻找快乐的好朋友。）

心理学家告诉你：任何让你孤立于社会支持（即可靠的朋友和家庭关系网络）的事物都会引发许多生理疾病和心理问题，甚至是病态社会心理。请记住，我们是社会动物，为了能够健康和有效地工作与生活，我们需要互相帮助、理解和支持。

学会寻找和利用良师益友，因为“世界上许多最美丽的花朵，往往开放在无人知晓的地方。”每个人都是专家，只是领域不同。最好的导师是在没有任何计划和规定的情况下辅导你的人。《明报》记者曾在采访中问李嘉诚：“您的智囊人物有多少？”李嘉诚说：“有好多吧。跟我合作过、打过交道的人，都是智囊，数都数不清。比如，你们集团的广告公司就是。”

本杰明·富兰克林说：“如果你想交一个朋友，那就请他帮你一个忙。”很多人信奉凡事不求人的原则，这种做法拒绝的不仅是赠与，还错过了更重要的关乎运气的东西，那就是在接受他人赠与的过程中所产生的对他人的影响力。“勤使用，频往来”，是交友的秘诀。主动解决对方的困难、投其所好是“用”好之本，并与“用过”的人保持密切交往，让人舒心的感到你念着他的恩。

请注意，①如果你只是希望良师益友能助自己一臂之力，但对他们的人生体验毫无兴趣，那么这种关系就不可能长久。双向互动的本质才是这种关系发展的动力。最好的关系存在于对别人的爱胜于对别人的索求之上。②在向朋友泄露某个秘密前，要三思。不要把自己的一切都暴露无遗（这和真诚是两码事），那会使你的人际关系置于险境。学会适当地保留一些秘密，它可以使你的魅力保持得更长久。③网友并不能等同于朋友，在虚席的空间里是无法铸就真实的友谊的。美国杜克大学提示你：如果你长期感到空虚，那就更要少用虚拟社交工具，因为它会增加你的孤立感。不如出门见见朋友。

157. 命运是一场集体竞赛

任何人的命运都无法仅靠自己来控制，命运都是交响曲。多关爱你身边的人，你的命运秘密才能被破译。别让对股市、娱乐或体育新闻的关心，超过对自己的亲人、朋友和天下兴亡的关心。“懂得敬业乐群的人，人生才能一帆风顺。”

毛泽东曾在《红楼梦》中悟出了蒋介石和他的军队的处境。含玉而生的贾宝玉，日夜不能离开他的“护身符”——挂在脖子上的那块宝玉，它给了他生命和智慧。在毛泽东看来，蒋介石的军队总打败仗，是因为把自己与外界隔绝起来，脱离了人民，等于丢掉了他的护身符。友爱，也能改变命运，这是很多人所忽视的。被誉为“日本的肯尼迪家族”的鸠山家族代代相传的家族理念就是“友爱”。鸠山一郎（日本前首相鸠山由纪夫的祖父，也曾任日本首相）认为人们之间的互敬互爱最重要，为此在1953年成立了友爱青年同志会，这一组织人才辈出。

那些知道你最隐秘的丑陋之处但依然心疼你的人，就是你的亲人，也是你的护身符。真心对你好的那些人，往往是你很容易忽视和误解的人，因为他们从来不“忽悠”你，并且逆耳忠言比较多。小心别伤他们的心，学会替那些爱你的人考虑并用爱来回报他们。对他们命运的关照，就是对自己命运的保护，甚至拯救。达格·哈马舍尔德（曾任联合国秘书长）说过这样一句意味深长的话：“与为拯救大众而鞠躬尽瘁相比，只为一个人全心付出要高贵得多。”

〇经常找到朋友（包括同学、同事或战友，以下同）值得肯定的方面。即使老师或领导也需要被你肯定，但是对他们的赞扬应尽量在私下场合，而对于朋友则应公开赞扬。

〇在朋友有客人来的时候主动倒水，会让朋友很有面子，也会让客人觉得你的朋友很有威望。这会让你的朋友开心并感动。

〇别人不在场的时候热情地帮助他记录作业、接听与记录电话、接收信件、传递信息；提醒他们一些你知道的重要日程。

〇在有众多出席者的场合，主动介绍自己的朋友给其他人，或者主动在你认识的朋友之间穿针引线。那些被缓解了陌生感的朋友会特别感动。

〇不同条件或地位的朋友同在的场合，体贴地招呼那些内向的、不为人注意的、可能有点自卑感的人，在社交中多对弱势者给予恰当地帮助。

158. 给友爱的丝线不断增添情趣

给朋友送点东西，例如这本书。送礼品要针对他个人喜好特点来送，同时还要考虑到他的亲人，比如他的父母、配偶及孩子。最昂贵的礼品不一定是最珍贵的，关键在于你是否做了功课、花了心思。给礼物的目的不一定是为满足他的一些需要，而是要让他记得你、感激你。礼物的可爱，是在赠者情深意长。

最好的礼品是根据对方的兴趣爱好来选择或创造的，富有意义、耐人寻味、品质不凡却不显山露水，尤其是他想要但自己又没有借口去自己买的东西。但是，项链、戒指不宜送给没有亲密关系的女性；领带和腰带不宜送给没有亲密关系的男性。因为这些东西有要拴住对方的意思。

当众只给一群人中的某一个人赠送礼品是不合适的，就算是给关系密切的人也不宜在公开场合进行。但是，表达特殊情感的、礼轻情义重的特殊礼物可以在大庭广众面前赠送，这时公众已经成为你们真挚友情的见证人。

不要向别人索要礼物。收到别人的礼品不管是不是喜欢都要表示感谢，因为送礼者会很在乎你的反应。在拒绝接受礼物时要注意方式方法，要礼貌并尊重地拒绝别人。不适合把一处的礼物转送给另一处，如果还保留原来送礼者的符号与痕迹就显得很没礼貌了。

在社交中，以下礼物是比较忌讳赠送的：现金及金银珠宝、药品、粗制滥造之物或过季商品、有违社会公德或法律之物、有违他人习俗禁忌之物、广告用品等。

请注意，很多人相处不愉快的一个原因是不懂控制，随意付出，导致他人胃口增大，一旦哪日稍有怠慢，反倒变成自己的错误。明智的做法是，将你的“好处”类似装到一管牙膏中，每次挤出不要太多，够用即可。如同马基雅弗利（意大利著名政治思想家）所说：“在给予人们好处的时候，却要一点一点地、逐步地给，因为只有在这样连续不断的给予中，人们才能最大程度地感受到你的好处。”（他同时指出，痛苦的给予则应该正相反。）

159. 经典的友谊才滋润命运

大部分人只知结识朋友，却忽略了“保养”和“推进”朋友关系，所以熟人永远只是熟人，无法升级为彼此亲密无间乃至可以两肋插刀的知己朋友。与人交往，你也许需要一点儿勇敢和幽默，维护和提升朋友关系，却需要投入时间、精力、耐心、忠诚和爱。

“好朋友一定会有争端，这才代表了友谊。”无论一个朋友对你有多好，总有一天他做的某件事情可能会让你伤心，被朋友伤害了的时候，别怀疑友情，但提防背叛你的人。原谅，但不遗忘。“宽可容人，厚可载物”，涵养包容不仅是立业之道，也是待人处世的良方。有原则的宽容、慷慨和怜悯，会使你更高贵。

人们日常所忽视的一个错误是，对陌生人太客气，而对亲密的人太苛刻。当你与所爱的人有争议时，请记住，仅限于这个争议，绝不要把陈年旧账都翻出来。不要让一些小小的争议破坏伟大的友情、亲情或爱情。追求真理，而不是谁对谁错，这一原则适用于个人生活、商业交往和政治活动等各个领域（包括控制命运）。

请注意三大纪律：一、搬弄是非是人们最反感的不良习惯。二、不要奉承别人，也别在乎别人对你的奉承（小心阿谀奉承之人，他们只会拿空勺子喂你）。三、有些时候，你可以严格，但不可以冷酷无情（真正的冷酷无情是让一个人长期地处于不确定之中，霸占了他生命中可以用来干其他事情的宝贵时光，最终落得一事无成。严格则是：一开始就及时妥善处理，若无法确定，则宁缺毋滥；一旦发觉势在必行之事，就当机立断）。

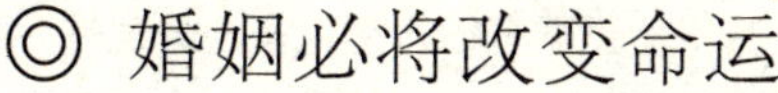

姻缘，是命运天空的彩虹；家庭，是彩虹落成的花朵。今天，还没有证据能够证明什么样的“生辰八字”或“星座”相配，就一定能使彩虹落成幸福的花朵或随风而去，却有足够的证据证明，只要彼此相爱、共同成长（二者缺一不可，尤其是共同成长，最深和最重的爱，必须和时日一起成长，很多人都忽视了一个常识：不成长，就会被淘汰），就注定能够幸福相守一辈子。姻缘的彩虹同样在风雨后，都是自己修为的结果，是婚姻改变了命运，却总有人抱怨是命运在捉弄婚姻。

婚姻的命运因缘的本质是：命运尊重婚姻，命运通过爱情和责任——共同经历和成长的爱情与责任（二者缺一不可）与婚姻联系。婚姻会改变你的命运乃至一切。

160. 爱情是命运的夏天

夏天的很多事情源自春天乃至冬天。爱情的季节里，可能有突如其来的丘比特之箭或者玫瑰和郁金香，但不可能有风和日丽下的彩虹和没有牺牲的勋章。你能遇见谁，也许是“命”，但你能得到谁或什么样的结果，则在于你对爱情的理解和修为。

人们常说，爱情是一种感觉，没有理由，不要试图去找爱或不爱的理由。这只是对爱情的表层、被动、单纯或浪漫的理解（浪漫是爱情的一种味道和感觉，但浪漫不等同于爱情），而且这样很容易使人过度钟情，即痴情（痴情使人看不清楚真实，痴爱将给你磨难）。更深层、更真实、更主动、更成熟的理解是，爱是一个动词，爱需要包容、省略、耐心、奉献、担当、牺牲。“爱”很讲究态度与方式：同样是出于爱，有人给鸟以鸟笼，有人给鸟以森林；喜欢花的人会去摘花，而爱花的人则会去浇水。

虽然爱情只是命运中的一小部分，却是命运的指引者。爱情不是一种甜蜜的成果，即死的、凝固的东西，而是一种既充满快乐也饱含“成长痛”的成长，即生动的、有条件的、可变动的、互相转化的东西。它在指引着你命运下一步的位置。

恋爱是命运的夏季，是浪漫幻想最多的时节，如歌里所唱：“我能想到最浪漫的事，就是和你一起慢慢变老，一路上收藏点点滴滴的欢笑，留到以后坐在摇椅慢慢聊。”每天提醒自己：少一点情绪化，例如，痴情、急躁、冲动、幻想、一厢情愿，尤其不能过早有性行为；多一分理性，例如，感知、耐心、稳重、沟通、听听旁观者意见。这样，就更多一分“喜剧或拯救”少一分“悲剧或毁灭”的把握。因为它更像是两个人共同创作的“含着泪写，带着笑读”的书。

有两点请注意：一、所谓一见钟情只是一种喜欢，而不是真正的爱情，通常是靠不住的。爱和喜欢如是说：爱是海，博大深沉；喜欢是透明的小溪，唱着欢快的歌四处游荡。你可以一眼看透溪水，可以清晰地看到水底的鹅卵石和碧绿的水草；但你却无法望穿大海，无法洞悉海的内涵。喜欢说：“轻轻地我走了，正如我轻轻地来。”爱说：“我从未想到过离别的滋味这么凄凉，这一刻忽然间我感觉好像一只迷途羔羊……在不知不觉中，泪已成行。”爱一旦到来，会时刻陪着你，爱能使人变得深沉；而喜欢只在百无聊赖时来找你，你可以随时喜欢，也可以随时不喜欢，这并不是一件十分重要的事。喜欢可以变成爱，但并不是所有的喜欢都能变成爱。把爱当成喜欢是一种悲剧，把喜欢当成爱同样是悲剧。但是，喜欢可以为爱增添活力。二、能得到别人对你的爱，不是你的命，而是你的福，福气是可以来也可以去的（看你怎么修为）。所以，必须敬重每一份爱，尊重爱的本性。不能随便接受爱、不能误读爱，更不能滥用爱。

请牢记，选择恋人要用脑，同时更要用心。必须清楚他（她）的常量（固有的很难改变的东西）和变量（可以改变和正在改变的东西）。适合你的对象常有这样一些自然（必须是无意识的自然）表现：不约而同的志同道合、同心同德的一唱一和、趣味相投或互补之处自然和谐、时常有一种心有灵犀的特别感觉、“不仅爱你伟岸的身躯，也爱你坚持的位置，足下的土地。”等等。即常量相同，变量相和。“根，相握在地下；叶，相触在云里。”

要懂得，一个人在被追求的时候总是会产生快感，而在追求一个人的时候总是把这个人的缺点忽略不计，爱情常使人把信任建立在感觉上而不是事实上，这些能降低判断力的因素，正是爱情的“副作用”。没有不带刺的玫瑰。爱情，没有也不相信完美；浪漫与缘分可以帮助爱情，但不是依赖，更不是拯救。如三毛（台湾作家）所说：“爱情如果不落实到穿衣、吃饭、数钱、睡觉这些实实在在的生活里，是不容易天长地久的。”必须清醒地知道，你要的是天长地久的温暖相伴（是实在的生活），而不是一场天崩地裂的瞬间爱恋（不是演一部电影）。不能只用爱情（尤其是那些离谱的流行文化或技巧）去解决恋爱问题，对那些所谓爱情测试或数据等，不要相信，它除了扰乱你的真实感觉以外没有任何作用。真正能够收获甜美爱情，更重要的功夫在诗外。

这些就是爱情真实的命运因缘。爱情的事，别去问“吉普赛纸牌”或机器猫，要在最平静的时候严肃地问自己——自己内心的感受。比如，在一些细节和不经意间你所感觉到的，与你所渴望的相距有多远？是在同一路上吗？如果不是，可以殊途同归吗？此外，下面的常识你得理解。

〇对待爱情必须严肃，但不要把它看得太重。爱情不是人生的全部或唯一。

〇当你在爱的时候，也是在选择你是谁，未来要过什么样的生活和成为怎样的人。所以不要仅仅只是爱就爱了，更要看见这份爱将会带给你什么样的未来。

〇好的爱情是你通过一个人看到整个世界，坏的爱情是你为了一个人舍弃世界。

〇真爱都显得无知和笨拙，能做到潇洒，那就根本不是爱。

〇要想获得爱情中的幸福，需要温故而知新、而感恩，不要让欲望影响你的爱情。

〇爱绝对是无条件的，爱情的最大杀手就是改造恋人。每个人都是“艺术品”而不是“半成品”，都希望被欣赏而不愿被雕塑。所以，不要把爱当成一把雕刻刀，尽想把对方雕塑成什么模样。不断的指责或挑剔，比你已犯下的错误更糟糕，只会让对方更加理直气壮，由此你所具备的积极影响力会逐渐减退，甚至消失。

〇爱就是不问值不值得。当你不在乎失去，你才真正爱着。当你“想”一个人的时候，比需要他的时候多，你才是真正爱他（她，以下同）。

〇视对方为生命中最珍贵的礼物。当对方的未来成为两个人共同的未来，这才是交融了生命的爱。

〇不要相信在恋爱上用手段的人。一个人作践自己来取悦你的时候，坚决不要因此感动。

〇如果你真正爱一个人，那么花时间了解并读懂对方将有益于今后的坦诚相待，很多困扰婚姻和家庭的问题都将被扼杀在萌芽状态。

〇无所谓公平和不公平的，除了战争还有爱情，令人不能自拔的，除了牙齿还有爱情。

〇爱是一种艺术眼光，要懂得从什么角度欣赏对方。如果你总是向你希望的某个方面去欣赏对方，反倒可能真的把他“塑造”成为你所希望的那样。

〇刷牙要保持3分钟（除非你习惯用手刷牙），吃饭不要超过8分饱，爱一个人不要超过9分热。

〇如果不能给他幸福，就给他自由。

〇爱情，源于神秘。不要叫他将你一览无余。

〇每一朵玫瑰都有刺，正如每个人的性格中都会有别人不易接受的部分，爱护一朵玫瑰并不是要把它的刺全部除掉，而是应该学会如何不被刺伤。

〇爱情和情歌一样，最高境界是余音袅袅。

〇成熟的爱情像一件衬衫：95%的棉，5%莱卡。应该体贴却不束缚，温暖却不灼热，张驰有度，收放自如。

〇爱情就像贝壳——不要拣最大的，也不要拣最漂亮的，要拣自己最喜欢的，拣到了就不要再去海滩了。

〇从对方的错误中找出自己的责任，是彼此相爱的最好方法。男人爱女人的最好方式，就是不让她觉得无聊。

〇不能强迫别人来爱自己，只能努力让自己成为值得爱的人，其余的事情则靠运气。也不要挣扎着取悦对方，就像北极熊永远不能成为热带雨林的宠物。

〇一个真正值得你去爱、也懂得爱你的人，自然会让爱情变得厚重又简单。

〇爱是相互的、是不容易的，爱是一种能力。不是每个人都具备这种能力（读懂本书可以提高这种能力）。

〇爱情就像玫瑰酒一样，要用真诚来酿造，不能因为他体会不了这些味道，你就将这些味道忽略。

〇有活力的爱情，是需要适度殷勤来灌溉的，恋爱与婚姻，都不可以偷懒。增添浪漫活力的几个方法：①总有一件事让你们刻骨铭心，并让你们走到了一起，别忘记每年庆祝它一次。②当她下班回家时，放一首彼此熟悉或能唤起美好回忆的歌曲。③在她生日那天，送鲜花或其它礼物给她的母亲——感谢她的养育之恩。④时常给她意外惊喜（幸福来自不可预料）。例如，每周带回家一件让她预料不到的小礼物。

〇在爱情中，不要追寻虚幻的“大幸福”——找到一个白马王子或白雪公主，这并不能让一切都OK了。关键是两人之间能否和谐默契地不断产生如细水长流的小幸福，小幸福的积累才构成真实可靠的大幸福。

〇在爱情变得严峻的时候，能让爱情滋长的最好环境，是信任和相互尊重。

〇爱情中，不要用痴情去赌明天，爱就是爱，不爱就是不爱。爱就一起面对和担当，不论悲欢苦厄。不爱就请他走开。

〇分手时不要口出恶言。吸取教训，但不要后悔。

〇跟你所爱的女人对话，不仅要听内容，重要的是听感受。只听内容，你会陷入事实对错的纠缠陷阱中，要听懂她的感受并积极回应。你实在不知如何回应时，简单的办法是，认真重复她的话。有一种例外，当她已经决心分手，但又不想太直接伤害你的时候，倘若你听懂了她拐弯抹角的潜台词，要么请放手，要么勇敢地直接表达出你的伤心和痛苦，让她了解你的痛苦，比直接挽留她有用得多，至少可以再多争取一个听她潜台词的机会。

罗伯特·斯腾伯格（美国著名心理学家）提出了爱的三元理论：爱是由激情（性吸引）、亲密（分享感情和信心）和承诺（认为两人的感情最为重要）三个部分组成。这三个部分以不同的比例组合而成了七种不同类型的爱：①喜欢的爱。只有亲密，没有激情和承诺，如友谊。友谊并不是爱情，喜欢不等于爱。不过友谊可能发展成为爱情。②迷恋的爱。只有激情，没有亲密和承诺，如初恋（亲密和承诺的实现，是需要一段时间的）。③空洞的爱。只有承诺，缺乏亲密和激情，如纯粹为了结婚的“爱情”。④浪漫的爱。只有激情和亲密，没有承诺。这种“爱情”崇尚过程，不在乎结果。⑤伴侣的爱。只有亲密和承诺，没有激情。跟空洞式“爱情”差不多。⑥愚蠢的爱。只有激情和承诺，没有亲密。没有亲密的激情是生理冲动，没有亲密的承诺是空头支票。⑦完整的爱。在激情、亲密和承诺这三方面都要得高分，只有这一种才是至高无上的爱。

奚恺元（耶鲁大学心理学博士后，幸福学开拓者）给你的“奚氏相亲原则”：有人给你介绍个男朋友，今天你正准备去相亲。碰巧室友也有空，你盘算着是否要带她一起去，也好让她帮忙参谋参谋。

你是否应该带她去呢？我们来想象六种情况：①你美，室友丑。②你丑，室友美。③你和室友都美。④你和室友都丑。⑤你在难评价特征上优于室友，比如知识渊博，但在易评价特征上不如她，比如你脖子上有块显眼的胎记。⑥你在难评价特征上劣于室友，但在易评价特征上胜于她。

如果是第一种情况，就带她一起去，因为联合评估过程中，你的优势比单独评估（你一个人去）更突出。同理，第二种情况，就一个人去。

如果是第三、四种情况呢？根据研究：如果第三种情况，你应该一个人去。因为男士在单独评估时，会把你和日常见过的其他女孩子比较，这样会突出你的优势；但是如果你们俩去，他做的就是联合评估，在你们俩之间比较，没准发现了你的相对不足。同理，第四种情况，应该一起去。

在第五种情况下，应该一起去。如果一个人去，男士一眼看到你的胎记，对你的印象打了折扣，而对你的知识面，又不知道怎么才算渊博。如果带着室友同去，在你们畅谈古今时，你的才华和魅力得到展示，而脖子上的胎记就无足轻重了。同理，第六种情况，应该一个人去。

这一原则并非仅适用于相亲，而是可以广泛地应用于求职、产品促销等方面。

有一段故事值得记住：

2006年诺贝尔文学奖获得者奥罕·帕慕克讲过这样一段自己的早年趣事（他与父亲当年的这段交谈，被土尔其国家大报《自由之声》称为“是人类文化史上绝无仅有的经典细节”）：

他上中学时曾被一位漂亮女同学追求而恋爱。他父亲知道后，温和地劝说他到此为止。他极力辩解：“爸爸，是她主动的。况且，她的条件的确不错啊！我已经19岁了，是一个男子汉了。而您，当年只有17岁不就和妈妈好上了？”

听罢，父亲语重心长地说了这样一番话：“你说的没错。可是，你知道吗？我17岁的时候已经在葡萄酒作坊当酿酒师傅了，每个月能拿2000万里拉。我是说，我当时已经能够自食其力，有一定的经济实力为爱情买单。你呢，一个里拉都挣不到，你凭什么心安理得地钟爱自己心仪的女孩？奥罕，不是爸爸古董封建。你想想看，一个男人，如果没有经济基础，不能为他的爱人提供必要的物质保障，如果你是女子，你会怎么看待这样的男人？儿子，我一直都认为，一个男人，如果没有一份挣钱的工作，不能自食其力，哪怕他40岁甚至50岁，都不配谈恋爱，谈了，就是早恋；相反，只要他有立业挣钱养家的本事，15岁恋爱也不算早恋！”

之后，他从这段“爱”中安静地退出，为此他承受了半年的痛苦。

如今，功成名就的奥罕·帕慕克曾多次在重要场合提到这段往事，坦言自己感激父亲当年“温柔地扼杀了一种愚蠢而羞涩的情绪”，让自己避免了蹉跎年华。

161. “完美男人”和“完美女人”

领会所谓“完美男人”和“完美女人”的部分内容。它们看似简单，但都拐弯抹角地关乎着你的命运。请注意，它们是心灵、态度、智慧和文化修养所积累和成熟的自然反映，或者说是一种习惯，绝不可勉强做作。

(1) “完美男人”

女人最看重男人的是：①成熟。61%的女性认为，一个男人作为丈夫和父亲的潜力是她们最看重的。33%的女性认为这个因素就算不是第一位，也是必不可少的。Ian Kerner博士（临床两性专家）说，大量的事实表明，吸引女性的男性特征在于一些基本品质，而这些品质通常是作为一个父亲所特有的：博

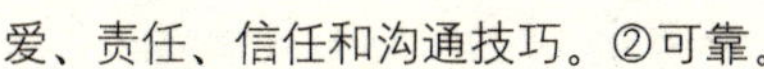

爱、责任、信任和沟通技巧。②可靠。

女人心目中的完美男人：

〇有点害羞，但曾在分别的街头大声说：我爱你。

〇从来不迟到——你迟到他不生气。

〇记得你的生日、鞋号、密码、最怕的事。

〇雨后的早晨，你用小树枝把爬到路上的蚯蚓送还草地，他在一旁帮你。

〇不舒服时，请假带你去看医生，回来路上买冰淇淋做奖励。

〇开车绝不喝酒，让你系上安全带。

〇经常帮你做家务，边做边聊天。

〇常常帮助别人，不为什么。

〇一边吹口哨一边修马桶。

〇雨天散步，背你过积水，说：你还可以再胖一些。

〇错了会认错。彼此一想到对方会笑。

〇你说笑话他笑（哪怕那笑话并不可笑）。有时候你在心里想到一个词，下一秒钟他就会说出来。

〇逛街时你看中同一款式三种颜色的裙子，他说：都试一遍好了。

〇常常说，有我呢。

〇指甲整齐干净，喜欢你替他剪指甲。

〇你做的菜他每样都爱吃，要求明天再做。

〇小孩子都喜欢他，时常和孩子们玩一裤子泥回来。

〇轻轻拧开你拧不开的汽水瓶盖。

〇去义务献血，回来时笑嘻嘻地掏出一块“福利饼干”给你尝。

〇你喜欢赤脚，他在副驾驶位脚下铺一小块羊绒毯。

〇能够分辨你的咳嗽是真咳嗽还是要引起他的注意。

〇说谎时结巴。

〇与人争论听上去像是解释。

〇有很多书，坚持读书写字。

〇从不上网聊天；不吸烟也不酗酒。

〇有很多只有彼此才能听懂的笑话。

〇喜欢植物，送你的花是盆花，替你浇水。

〇和你下棋，允许你悔棋。

〇他其实很早就对他的父母说起你。

〇喜欢运动，带你去招待女宾的俱乐部。

〇穿10年前的牛仔裤仍然合身。

〇吵嘴时不会一走了之，你要他还你送给他的维尼熊，他坚决不还。

〇你不辨方向，他体内有指南针，说——跟牢我。

〇你失眠时他陪你聊天。

〇他以前的女友有困难会来找他，没有困难则不会。

〇重大的事情和你商量，比如明年的投资计划、晚饭吃大白菜还是小白菜。

〇站在商店的洗手间外面等你。

〇你感冒了，他还是会用你的杯子喝水。

〇和大人在一起像大人，和孩子在一起像孩子，和狗在一起像狗。

〇崇尚简单健康的生活方式。

〇喜欢你，从未犹豫，从不和别的女人比较。

〇必须非常合心的东西才会买——买时从不问价格，然后用很久很久。

〇到火车站接你，早到10分钟，带一盒草莓酸奶。

〇常常央求你唱一支歌。

〇你买给他的东西都合他心，不转送他人。

〇身上的味道很好闻，但他自己不知道。

〇逛街回家，一只眼看书一只眼看你试新衣。

〇对女人有风度，也有距离。

〇很少叹气，但先天下之忧而忧。

〇下班后，不每天晚上跟他的死党出去喝酒（他懂得：老板们不会这样做，这正是为什么他们是老板的原因）。

〇可以随时找到他。

〇和他在一起不怕死——也不怕活下去，活到很老。

(2) “完美女人”

男人最看重女人的是：①善良。内心里有一种博爱慈善情怀。②善解人意。通情达理，和她相处不累、轻松快乐。 ③身材相貌。整体身材的女人感，而非单独面部长相。

男人心目中的完美女人：

〇她很想陪着你，即使一句话都不说。你开心的时候，她很想在你身边看到你微笑的样子。你失落的时候，她第一时间在你身边安慰你，想破脑袋想帮你。

〇懂事，知道什么时候该撒娇，什么时候该像爱小孩一样疼惜你。如果你在读大学，她不会任性地要求你逃课陪她逛街，不会让没有经济来源的你买奢侈品。如果你已经工作，她不会埋怨你忘记打电话给他，不会在你工作烦心的时候要你甜言蜜语，即使自己心情再不好，也会轻轻拥着你，始终站在你这边。

〇不放过与你有关的信息，融入你的生活圈、朋友圈。结识并尊重你的亲人和朋友，看你喜欢的电影和书，去你喜欢的餐厅，甚至笨拙地模仿你欣赏的异性类型。她不是不够好，而是想变得更好，更适合你，更容易得到你的认可和赞许。

〇她不会在别人面前提你的缺点或嘲笑你，哪怕只是玩笑。她可能觉得你这样或那样做不对，但会给足你男人需要的面子，帮你打圆场，帮你找台阶下。

〇她需要你的肩膀，但是不会凡事都依赖你。她在你面前很弱势，常常需要你来把持局面。不是她笨，只是喜欢在你面前装傻，喜欢被你照顾。但她不会粘着你，把你当保姆，该独立的时候她可以一个人。

〇她不会总是要求你先让步。男人要懂得包容和迁就，不是因为她是女人，而是因为你是男人。但她绝不会因此被宠坏而从头至尾都等着你主动向她道歉，而是会小心地跟你撒娇，求得你的原谅。

〇她很注重跟你在一起时的细节。

〇和你朋友一起聚会时，她会打扮得漂亮但不会妖艳，只会在你面前偶尔穿很火辣的衣服。她永远会把你与其他男生区别对待，而不会总是孔雀开屏般向所有人展示美丽。

〇看到女人围着你转，她会吃醋，那些女人很优秀，她更容易吃醋，但是不会无理取闹、兴师问罪。她关心你，在乎你，想要抓住你。只要你肯耐心说出让她安心的话语。她需要的只是一句别人听不到只有她能听的话。

〇她也许会有很多异性朋友，也许不乏追求者，但是她会明确告诉他们她喜欢的是你，而且不会拿这些人的优点跟你作比较。她会时不时告诉你谁谁谁要追她，看到你紧张的表情，会很满足地加一句，我心里只会有你一个人……不是她无聊，她很需要被重视。

162. 攸关命运的“女孩记要”

〇视爱情为奢侈品：有最好，没有也能活。随缘，但不是不努力。

〇男同学（同事）的恭维就像香水——可以闻，但不可以尝。

〇没有任何事情或任何人需要你过了半夜12点还苦想不睡。

〇即使你美若天仙，做事情还是要通情达理。

〇家里不要存放安眠药，如果必需，不要超过10粒。

〇学做几个好菜。周末给自己炖汤。

〇已婚的前男友打电话来问最近好不好—— 要高兴地大声回答：好！

〇过去，童话故事是以“在很久很久以前……”开头；现在，童话故事是以“如果你还没结婚……”开头的。记住，你已经过了听童话故事的年龄。

〇不必对新男友坦白过去，如果爱他，尤其不必。

〇与任何人、在任何情况下都不拍摄欢爱镜头。

〇不要动念头做单亲妈妈——孩子不一定需要父亲，但你需要爱人。一个照顾子女的人，非常需要有人照顾。

〇别对你的容貌担心，你看上去有多大，其实就有多大。有人称赞你年轻，是应该高兴的。

〇中年发迹而离婚的男人求婚，说不；曾经背叛的男人想回头，说不；你曾经背叛的男人请你回头，说不——已经到了这个时候，就更不必将就了。

〇不要迷恋包装绚丽的东西。时尚杂志上的每季新衣是推荐给影星和模特的。

〇放弃刺眼的浓妆。

〇不一个人在人稀少的地方散步和旅游。

〇不要有任何容易让异性产生误会的言行。

〇不和任何人在宾馆里约会。

〇如果将来有个男人喜欢你，不要管他说什么，只看他做了什么。如果你不喜欢他，就不要给他留下任何希望。

〇永远不要着急先亮底牌。如果你第一次约会结束时就真诚地告诉他：我非常喜欢你，你就开始输了。不要太在意他，不要急于表白。过自己的生活，有自己的朋友、自己的爱好，他只是你生活的一小部分，不是最重要的。

以下是吉姆·罗杰斯给女儿的忠告：

〇不要问别人赚了多少钱，也不要告诉别人你有多少钱。

〇不要问别人这个东西多少钱买的，也不要告诉别人你的东西是多少钱买的。

〇渐渐长大后，你得处理男孩子的问题。要记住的基本原则是：他们需要你远大于你需要他们。

〇狂热追求时，男孩会告诉你上万个故事，但你不要理会那些故事。

〇听到无稽的诺言与奉承话语时，要保持清醒。不要追随一个男孩到其它学校、城市，或其它场所。

〇发觉对方不负责任的苗头，就要立刻遏止自己的浪漫想法。可以和他做普通朋友，但绝不要对他抱幻想。

〇任何“必试”、“必读”的东西能免则免，尤其是流行的东西。记住，有一半的人的智商在中位数之下。

〇直到至少满28岁，对自己和世界有更多认识前，不要结婚。

〇小心所有的政客。在学生时代，他最出众的是在课后休息时间，毕业后，他就很少能做出卓越的事情了。

〇那些看起来可以做你父亲或祖父的男人，其实并不会把你当女儿或孙女看待。

〇在单身酒吧你得不到任何东西，只有调酒师会比你学到更多经验、赚到更多小费。

〇下班后，不要每天晚上跟你的死党出去喝酒。老板们不会这样做，这正是为什么他是老板的原因。

〇几乎没有什么理由要你跟老板单独出去喝一杯，更不要说出去与他一起用晚餐。工作和生活要泾渭分明。

〇避免办公室恋情，这对双方的个人和职业发展都是灾难。

〇参加公务午餐时，不要喝酒。

〇准时还钱，尽可能一有钱就还掉借款。

〇购物之前，一定要先填饱肚子，才不会买过头了。

〇长时间驾车或在公共场合出现前，一定要先上洗手间。

〇学会打字和缝纫。

〇精通算术和数字，这样你会比其他人更有优势，更能注意到其他人忽视的异常之处。

163. 使爱情彩虹落成花朵的是心雨

有爱情，同时还必须认可对方的基本价值观、性格和生活习惯，还得能够承担起婚姻的责任，方可结婚（三者缺一不可，婚姻的密码都在这里）。千万不要因为自己已经到了结婚年龄而草率结婚，感情用事总是会因小失大。正如巴菲特所说：“这会令你的生活发生很大的改变，它会改变你的志向抱负乃至一切。和什么人结婚这非常非常重要。”

婚姻是爱情的“定居”，而不是“旅游”。最不可取的态度是：在城市定居，却惦记着农村的山清水秀；在农村定居，又渴望着城市的灯红酒绿。根本在于，多用心感受对方——培育和成长，少用脑捣乱自己——修理和改造。

情感与思维之间的联系，一直是人性的一大谜团。但是有一点是清楚的，心能够启动脑，脑却很难打开心扉。使爱情彩虹落成婚姻花朵的是心雨，这里的分寸只能由心来感知和把控，理性有时无能为力。爱、自由与尊重是促使女性走进婚姻的重要因素，也是她们幸福感的来源。观念相同，情趣相投是她们重点考虑的方面。

婚姻是命运的“产品集成”期，同样是功夫在诗外。如果必须给婚姻一个缘分的说法，那么这个缘分的聚，也许有一半在于“命”（另一半是“运”），而这个缘分的持续和散，则全部在于“运”，“运”在人为。

和爱情一样，婚姻的事，可以问父母和朋友，但别去问“算命师”或阿凡达。要在不同的时刻、不同的地点不客气地多问问自己——自己的心和脑。尤其要重点考虑他（她）潜在的、没有登场的东西，特别是缺点及其演变，因为人们往往在婚前只和优点谈恋爱，而婚后却和缺点一起生活。此外，下面的常识不可不知。

〇婚姻的成功取决于三点：一是找个好人；二是自己做一个好人；三是共同成长（当两个人携手完成一项困难的任务，或者一起做没做过的事，然后一起分享胜利的喜悦，两个人一定会更好。这就是共同成长。）

〇情如鱼水是夫妻双方的追求，但是我们却容易犯一个错误，即总认为自己是水，而对方是鱼。

〇最佳的夫妻关系不是所谓有着相同志趣的灵魂伴侣，而是熟知并尊重彼此的个性与差异。主要方法是，少讲理，多讲情，理永远服从于情，勇于承担义务并坚守。

〇让你的太太在琐碎的争论上赢你。但是你不要琐碎。

〇女人天性需要倾诉，合格的丈夫必须懂得耐心倾听，给她心理空气。

〇男人对女人的最大伤害，是在她有所期待的时候让她失望，在她脆弱的时候没有扶她一把。

〇如果你想要婚姻美满，那自己就要先扮演一个助推器而不是障碍物，不要强人所难。两个人不能同时失去理智。

〇幸福的婚姻在于妻子提供好气候，丈夫提供好风景。

〇真正的妻子，无论走到什么地方，家便围绕着她出现在什么地方。她在哪儿，家就在哪儿。

〇为爱情保鲜的秘诀就是沟通（谈论一切，除了离婚），特别是讨论彼此的感受。看似琐碎的小事，往往也源自刻骨铭心的情感经历，如果只看表面，而没有挖掘深层的敏感问题，无异于在践踏对方心中的圣土。

〇如果你有另外一张面孔，那么你的爱人也会有另外一张面孔。

〇如果总是用冷嘲热讽和批评挑剔来掩盖内心的柔情，一心等待对方主动修好，那么结果只能是失望，并更加肯定自己先前的抱怨是正确的。

〇每天做点有益的事情——哪怕是一丁点儿；每月几次共度时光，例如一起购物或一起做饭、一起读这本书等。幸福要慢慢享受。

〇婚姻是真实爱情的升华，最好的爱情往往藏在婚姻中。没有爱情就无路可走。

婚姻是爱情彩虹落成地上的花朵，使这个彩虹落成花朵的是心雨，这里的分寸只能由“心”来感知和把控，理性有时无能为力。

〇成功的婚姻关系，不能仅靠给予和接受爱情。一桩好的婚姻，让人进步、成长。

〇和伴侣保持“100%的透明度”并不是件好事。不要把自己的喜怒哀乐一股脑倒给对方，“保留的话”才能真正增进感情。请注意，为了维护婚姻稳定而必不可少的秘密，与那些破坏夫妻互信，乃至背叛婚姻的秘密的区别在于动机。如果秘密是为了维护你的自主，那无妨。如果是破坏夫妻信任的欺骗，那就危险了。

〇温柔的抚摸小动作比性爱更重要，如拍拍肩膀、摸摸脸蛋之类的小动作，更能促进夫妻间的感情。爱源自接触，拥抱你的爱人吧。

〇回味美好时光。

〇每一桩婚姻都有自己的四季，不要拿自家的冬季和别人家的春季相比。

〇婚姻中，微不足道的细节往往有着强大的杀伤力。英国“最浪漫丈夫”汤姆60年来每天都给妻子玫瑰。他说，一些小小的浪漫举动是保持长久又快乐婚姻的关键，我对她的爱会落实到点点滴滴，从我们相遇的那天起我就这么做的。

164. 是你一直在“塑造”着你的伴侣

对他（她）为你做的小事表示更大的在乎，不可无动于衷。虽然两个人的命运已经绑在了一起，但婚前婚后都同样是两个人，谁都不是通用产品，无法和所有的齿轮啮合在一起，不要一切无所谓，一切付出都理所应当。津巴多提示你：不要单纯地认为，只要一进入亲密关系，人们就自然知道应该如何相处。亲密的关系，现在被视为一份需要在一生中不断精心投入的工作，一份值得花费时间和精力的投资。而对自己的清晰了解、有效的冲突解决和沟通技能，可以提高这份投资的质量。

是成长中的价值观和原则在左右着共同命运节奏（包括缘分）的变化。爱情与婚姻都是一种成长，更需要培育和修复，付出应该是双向的。合格的男人会像女人欣赏敬慕他一样去欣赏敬慕他的女人；合格的女人会像男人呵护宽容她一样去呵护宽容她的男人。美国心理学家研究发现：妻子的容颜，与丈夫的性格和他对妻子的态度紧密相关。心胸宽广，不轻易发脾气,能够包容迁就妻子，使妻子享受充分的自由，妻子会皮肤光滑细腻，不容易长暗疮和色斑，也不容易衰老,常常容光焕发。

请记住，性情上的温和是善，原则上的温和则是恶。

调查显示，夫妻间最感动的话语是，“无论你怎样，我都会在你身边”、“和你结婚，我觉得很幸福”、“你对我来说很重要”；最感动的行为是，

“为你做一件早就说过，甚至连你自己都忘了的小事”、“深情一吻或拥抱你”、“特别安排时间陪你”；最破坏感情的话语是，“我真是嫁（娶）错你了”、“你看看别人，比你好多了”、“我忍耐很久了，你总是这样”；最破坏感情的行为是，“公开羞辱你”、“在公开场所指使你”、“不理不睬”。

专家们关于婚姻“七年之痒”的忠告：①不能因为生理的“痒”而做出伤害家人感情的蠢事，而使小“痒”变成大痛。“痒”与情比起来，它要渺小得不可比。②如同朋友般聊天，投入到对方的兴趣爱好中，以多种角色相处会让感情黏性大增。③花些心思让平淡的生活多点新鲜感，或是共同做些有趣的事。④照顾家庭的同时，不能让自己失去光彩。

请注意，“中国式妻子”的坏习惯：①逼夫成“龙”。为了满足虚荣心和依赖性，不惜给丈夫施加各种压力。鼓励丈夫奋发图强并没错，但如果脱离实际情况，会适得其反。②不修边幅。生完小孩、进入中年容易产生懈怠心理，不再“严格要求自己”。不修边幅的女人会让丈夫失望。③多疑、骄横。对婚姻和自己缺乏自信，总是担心丈夫移情别恋或行为出轨，弄得丈夫很不自在；骄横的妻子常令丈夫沮丧，有口难言。④不顾丈夫尊严。可以讽刺男人其貌不扬，但不能嘲笑男人的无能。赚钱能力和性能力，是男人尊严的重要方面。聪明的妻子会维护丈夫的尊严，通过“花言巧语”和“技术手段”激励丈夫。⑤爱攀比、好虚荣。过于虚荣而不顾自身条件盲目攀比，会使丈夫精神紧张，不堪重负。⑥体贴不入微。自诩为“贤妻”者的通病是体贴不入微。忽略对方亲友等社会关系，会加深婚姻“围城”的感受，并滋生冲出“围城”的欲望。⑦忽视性爱。性观念的偏差，容易造成事实上的性与爱分离。现代婚姻应是性爱与情爱的和谐统一。⑧缺乏主妇意识。“上得厅堂，下得厨房”，应该是现代女性的一种追求。⑨随意泄露隐私。⑩“控夫欲”过旺。“控制”与“反控制”的战争将永不停息。何不做个高明的“驭夫”者，让丈夫心甘情愿地在你的视野之内，开心做个“自由人”？

“中国式丈夫”的坏习惯：①好吃懒做，不思进取。女人都有“望夫成龙”心理，丈夫好吃懒做，不思进取，是妻子最大的失落。②婚前婚后，言行不一。以为结了婚就“革命”到头了，一切得过且过。忘记婚前说过的话，会让妻子很失望。③缺乏自控和担当。男人经不住诱惑，控制不好情绪，忘了自己应该的担当，必然助长女人的多疑、骄横。④能耐小脾气大，不顾妻子脸面。没多大本事，却总爱“装大”，只顾自己面子，甚至最后还得女人善后。弄得妻子心灰意冷。⑤胸无大志，小富则安。没有大男人情怀，却有大男子主义，还自我感觉良好。令妻子无从欣赏。⑥既不体贴，更不入微。把家务活、教育孩子以及侍奉老人都推给妻子，不懂得疼爱，更忽略她的亲友。这会很伤妻子的心。⑦不懂性爱。只知性，不懂爱。造成了事实上的性与爱分离。这会严重伤害女人的情感。⑧缺乏“家长”的责任意识。养家糊口、遮风挡雨的本事，家庭的主见与担当，这是丈夫的基本责任与能力。⑨对己自由主义，对妻封建主义。自以为是，甚至以泄露隐私为荣。“封闭式”脱离妻子的视野之外，完全忘了家的核心是女主人。⑩长不大。丈夫的不成熟，才会助长妻子的“控制欲”。

165. 让你的命运延续什么样的梦

孩子，是改变你命运三大生活要素的最后一个（另外两个是职业和婚姻）。作为父母，你是儿女人生中最重要的榜样和导师，他们认识世界、理解情感、懂得爱与生活是从父母开始的。

努力做到让你的孩子一想起公正和完美来，就想到你。你和你的配偶赞赏什么，厌恶什么，对你们的孩子的命运有不可估量的影响。“孩子就像一只洁净的玻璃杯，拿过它的人会在上面留下手印。有些父母把杯子弄脏，有些父母把杯子弄裂，还有少数父母将孩子的童年摧毁成不可收拾的碎片。”

詹姆斯·鲍德温（美国著名作家）提示你：“孩子们从不擅长听长辈们的话，但是从来不会不模仿他们的行为。”如果你想要年少的孩子更懂事、更讨人喜欢，那自己就要先做一个善解人意、言行一致、慈爱可亲的父母。孩子如果感觉到父母在无条件地爱着他们，耐心听他们的倾诉之后还是会一如既往，而不是对他们妄加评判或嘲笑，他们就会对父母打开心扉。请记住，“我们能赠与子孙的永存遗产只有两种——根和翅膀。”

这些，对孩子将来的命运，比任何证书都重要。孩子有了这个底儿，你不但将某种“疫苗”提前注射到了孩子的命运链，而且激活了孩子命运里的某种造化。这就是父母对孩子的命运的后天影响，这种影响也将反过来“关照”父母乃至家族的命运。

李嘉诚说：“以往99%是教孩子做人的道理，现在有时会谈论生意，约1/3时间谈生意，2/3教他们做人的道理。”威廉·盖茨（比尔·盖茨的父亲）说：“有些充满好奇心的孩子从一开始就要求获得自由，以便按照自己的主张生活，这些孩子的家长也可以从中吸取一些经验：那就是，不能对你寄托在孩子身上的梦想设定时限。而且你也无法预见到，当孩子用一种你完全意想不到的方式实现了这个梦想时，你会有多么欣慰。”芭芭拉·布什（美国前总统W·布什的母亲）说：“实际上，世上只有三件重要的东西可以传给孩子：可以提供的最好的教育，一个好的榜样，全部的爱。作为一个母亲，我看待成功的标准是我有几个孩子是善良、诚实、正派的人，他们能够努力工作，服务他人。那就是我所知道的衡量人生成功的唯一标准。”

好好待你的孩子，但不要给他们太多财产。巴菲特说：“爱是父母能够给孩子最伟大的财富……一个合格的父母所留给子女的财产应该足够他们去做任何事情，但却不足以让他们什么都不做。”比尔·盖茨对那些想给孩子留很多财产的父母以告诫说，一个人能否过得幸福，在于他能不能自己赚钱，而不在于父母给留下多少财富……当一个人的财富已经足够决定他人命运的时候，如何处理财产已经不再仅仅是个人的问题了。

天性永远与教养交互发挥作用。经历和教养可以改变气质的表现形式，也将改变命运的格局。

津巴多等心理学家指出的四种教养风格的特点：

(1) 权威型。让孩子觉得温暖，并关注孩子的需要和兴趣，对其能做出敏感的反应。能根据孩子的成熟程度提出合理的要求；执行规矩，但会向孩子解释。允许孩子进行与其发展水平相符的决策；能够倾听孩子的观点。

(2) 独裁型。对孩子的要求不予理睬，冷漠；经常羞辱孩子。家长的要求非常高；会通过喊叫、命令和批评对孩子施以高压，并且依赖惩罚来教育孩子。孩子的大多数决策由家长代为做出；很少倾听孩子的观点。

(3) 宽容型。让孩子觉得温暖，但可能会娇宠孩子。对孩子的要求很少或没有，这常常是由于家长过分担心孩子的自尊心受到伤害而导致的。允许孩子自行决策，而不考虑孩子是否已经具备了相应的决策能力。

(4) 放任型。对孩子没有情感投入，不闻不问，毫不关心。对孩子的要求很少或没有，这常常是由于家长对孩子没有兴趣或对他们没有期望导致的。对于孩子的决策和观点毫不关心。

研究显示，被家长用权威型风格抚养长大的孩子往往比较自信、独立而富有热情，总体而言，更加快乐和成功，且不太会惹麻烦。被家长用独裁型风格抚养长大的孩子往往比较焦虑，没有安全感。被家长用宽容型风格和放任型风格抚养长大的孩子往往不太成熟，比较冲动，依赖性更强，要求更多。大体而言，权威型父母比其他三个类型的父母更多地涉足孩子的生活，在生活中与孩子交流更多，这就在孩子和父母之间形成了更为强烈的社交——情感依附。这为成长中的孩子培养社会行为打下了坚实的基础。

请注意，所谓父爱缺失，是指孩子的几个关键时期，例如青春期阶段，父亲不在身边，或父亲没能扮演好男人应尽的角色。父亲的角色代表着坚韧、克制、理性，对孩子有强大的监督、威严影响力，如果家庭缺少这样一个角色，孩子就会缺少严格的束缚感，无法获取这些特质，他们面对诱惑的时候，就会难以控制自己，例如易患网瘾等。另据哈佛大学研究显示，父亲对育儿的参与程度越高，孩子就越聪明，适应能力也越强。而且更宽容、更富有责任心。

比尔·盖茨在1975年母亲节时，寄给他妈妈一张祝福卡，这一年，他在哈佛大学读二年级。他在卡上用斜体英文写着这么一段话：“我爱您！妈妈，您从来不说我比别人差；您总是在我干的事情中，不断寻找值得赞许的地方，我怀念和您在一起的所有时光。”

盖茨说：正是母亲，始终督促我，要为他人做更多的事情。在我结婚的前几天，她主持了一个新娘进我家的仪式。仪式上，她高声朗读了一封关于婚姻的信，这是她写给美琳达（盖茨的妻子）的。当时，我母亲已经因为癌症病入膏肓，但她还是认为这是又一个传播她的信念的机会。在那封信的结尾，她写道：“受惠者受惠愈多，人们对他们的期望也就愈高”。

杰克·韦尔奇小时候有点结巴，到快餐店买牛排时，他一紧张就会将“牛排”这个词重复一遍，服务员就误以为他多要一份而端两份给他。结果搞得他很自卑。

有一天，韦尔奇泪流满面地跟妈妈说：“我怎么这么笨呢？我连话都说不清楚，长大还能做什么事情？”妈妈停下手头的活，认真地对他说：“这不是说明你笨，恰恰说明你聪明啊！”韦尔奇困惑地看着妈妈。妈妈接着说：“你想想，有多少孩子能够像你这样，在如此短的时间内把一个词重复两遍呢？只有你做到了。”“那我怎么说话还那么别扭呢？”妈妈耐心解释道：“因为你这个小家伙太聪明，聪明的嘴巴说话速度太快了，和大脑没有保持同步。你现在要做的事情就是管理你这张聪明的嘴，放慢它说话的速度，让嘴巴和大脑保持同步就可以了。”

韦尔奇牢记妈妈的话，用了半年时间达到了“嘴巴和大脑同步”的目标。后来他成长为伟大的企业家。

亨利·福特说：母亲给了我勇气，教我忍耐和自律，这是克敌制胜的法宝。她还教导我不要指望那永远无法得到的东西。当我受委屈时，她常说：“生活会给你带来许多烦恼，你时刻会面临艰难、失败和痛苦，但是你必须好好干。你可以有同情，但切不要同情自己”……母亲经常说：“认定要做的事情，切不可半途而废。”

金·柯拉克说：每天早上我离开家时，母亲都会盯着我的眼睛说，“你今天是要出门去当领袖的，千万要明辨是非，可别让人家牵着鼻子走，也别忘了你是谁哟！”母亲每天都会嘱咐我，你要记得所有为你努力工作、牺牲自我、让你能过现在这种日子的人。

我的父亲爱骑马，还因此悟出人生道理，给了我一个意境优美且含义深远的忠告：要骑着马儿上高原。他了解大多数人都习惯待在环境比较安定的山谷里，只注意眼前的琐事，但我们不一定要骑着马儿走入山谷，也可以爬上高原——他的意思是：人要高瞻远瞩，应当走出生活里的山谷与阴影，进入一望无际的高原，然后沉浸在那儿的阳光里。让灵魂翱翔，让风吹拂头发，让内心充满伟大的梦想，让生命、生活的热情四溢奔放。

166. 家和运势兴

每天固定抽出一小时跟家人快乐相处，即使困难重重，也要想方设法与家人一起度假，没有什么能够取代你与他们在一起的时间。李嘉诚告诉你："一家幸福最紧要，成绩或事业起跌是小事，有跌就有起，不要让它干扰一家人开心。"比尔·盖茨一家几乎从未错过共度周六晚上的时光。

家庭是你命运的根脉，家庭的浮躁和不理性，会造成每个家庭成员的命运的艰难。亲人只有一次的缘分。学会和亲人们彼此分享成功的喜悦以及痛苦的忧伤，互相照顾，为彼此的成就而感到骄傲，团结一致，并为此而心存感激。吸收一个自己之前忽视、而身边的亲人对其津津乐道的观点，可能给你的灵魂带来一片绿洲。

一顿与家人共进的其乐融融的聚餐，不但养胃，更加养心，同时也滋养着家庭中的所有关系及其命运。最新研究表明，与家人、朋友和邻居关系密切能将一个人的长寿几率增加50%。下面是家庭聚餐的几个最佳话题：①今天最让我感到快乐的事情。②聊爷爷奶奶或爸爸妈妈的童年。③社会热点，注意适当讨论。④我最近值得骄傲的事情，最近的困难和挑战。⑤我最近想要做的事情。请注意，分享必须带着开放、尊重和不否定的心态，聊天原则是：不评判、不指责、不教训。

亲人就是你最好的护身符。例如，萨马兰奇（国际奥委会前主席）曾透露自己好运气的秘密，就是随身携带来自夫人玛丽亚家乡的板栗。只要出门在外，就会习惯性地在口袋里放上一个"玛丽亚栗子"。

和家人沟通，还能开发你的创造力。

苏联火箭专家库佐廖夫为解决火箭上天的推力问题而十分苦恼，食不甘味，夫人问其原因后，说：这有何难，像吃面包一样，一个不够再加一个，还不够，继续增加。他听后茅塞顿开，遂采用三节火箭捆绑在一起进行接力的办法，终于解决了火箭上天的推力难题。

◎不要把稳定的船摇翻

身体对命运的影响，主要有两方面，一是优雅的放松状态（包括精神放松和心情的宁静），很多人都有不同的无意识或习惯性的紧张、拘谨和烦躁（包括身体和精神），这是常常被忽视的影响运势的秘密；二是可持续的健康（包括心理健康）。这两项是你做命运赢家的“标准配置”。

至于人的相貌或体态，古人说“相由心生”，它与命运没有必然联系，至少如今还没有这方面的足够证据。不论人们常说的相貌、生辰八字，还是出身、星座乃至风水等所谓决定命运的因素，与信仰、心态、习惯、性格、意志、灵性、性情智慧相比，都是微不足道的。因此，我们也不必在这方面花费功夫，以免误入歧途。你只需尽量保持“原生态”，并让它“随心”就行了。

君不见，多少人的命运之战，都是赢或输在了健康上。切忌为了获得真相而破坏事物本身（包括身体健康，也包括命运态势）。让你的命运和身体一样保持轻松稳健运行。

167. 美的公式

人的美，首先是建立在健康（包括身体、心态、情感、思想和精神健康）基础上的。健康而深刻的美，才能连接好运。

从你的爷爷奶奶、外公外婆到爸爸妈妈，他们也都很爱美，后来他们有个共同的发现：健康饮食——经常锻炼——得体着装和发型（研究发现，一个人漂亮与否，合适的发型非常重要），这只是美的公式的前半部分，这部分是外表形象，只能决定一时的漂亮问题；公式的后半部分是：人格——才华——修养，这部分是气质行为或个性、风格，决定着持久的魅力问题。

宋庆龄（国家前副主席、名誉主席）的美是全国人民公认的。一位曾在宋庆龄领导下工作过的戏剧家这样描述她的美：“那是那样一种深沉的、内在的，十分丰富，却又无比强烈，令人不可抗拒……让你几乎不敢形容。因为似乎不论怎么形容都会失之于肤浅……这是一种气质、一种风度……她的魅力不是单一的、肤浅的，而是来自她的整个生命、全部历史。”

任何能呈现出个性气质的、可持续的美，都源自心灵世界与精神力量，来自道德、文化、修养等综合品质的日积月累，以及充满自信的心态和持续的体育锻炼，而绝非任何装饰或美化所能取代（研究表明，多数男人认为女人们化妆有些过，他们更喜欢“清水芙蓉”）。骡子配上金鞍也不会变成骏马。别迷恋任何装饰品或化妆品，心情不好,再好的化妆品也补救不了皮肤。美容业要由内而外，中医讲究调气、排毒，其中肝、脾、肾是重点。常紧张、生气，就会造成肝郁气滞，出现暗黄的脸色；偏食会伤脾，排毒差、气血慢，不但会导致肤色暗沉，而且容易累积黑斑；常生病、过劳会伤肾，造成虚火过旺，会使肌肤乱长东西。

奥黛丽·赫本（好莱坞影后、奥斯卡奖获得者）告诉你：“若要优美的嘴唇，要讲亲切的话；若要可爱的眼睛，要看到别人的好处；若要苗条的身材，把你的食物分给饥饿的人；若要美丽的头发，让小孩子一天抚摩一次你的头发；若要幽雅的姿态，走路要记住行人不止你一个。”

请注意，太美貌的人应当小心，更需要侧重前面说的“公式的后半部分”。汪国真（著名诗人）提示你：“美貌是一张通行证。不过，这张通行证可以使人上天堂，也可以使人下地狱。”

凯特·温斯莱特（著名影星，曾出演电影《泰坦尼克号》女主角）告诉你：爱不完美的自己。

什么是“完美”呢？世界上并不存在任何完美的事物。你不该总是期待着完美，而对自己过于挑剔。对于年轻女性来说，有一点是非常重要的——你要对自己感到满意，尽管电影和杂志总是会给你施加种种压力以及错误的引导。

事实上，出现在每一页杂志上的模特或女演员，全都是经过了一番长时间的浓妆艳抹，我们的头发经过专业发型师长达两个多小时的细心打理，我们必须一直屏气收腹，并且使头保持在某个高度和角度上，这样，我们下巴上的赘肉和皱纹就不易显露出来了。然后，那些可怜的女孩便去购买这些杂志，心里想着：“哦，我想看起来和她一样。”却不知道，她们心中的偶像其实并不是那样的。

一个名为《我想有张明星脸》的电视节目令我深感震惊。节目中讲述了一个希望自己看上去与明星相像的女孩的整容经历：“这个女孩切除了自己的一部分胃。我简直不敢想象她究竟经历了怎样的痛苦过程。我为她感到痛心，因为她被这些杂志和电影呈现出的关于我的完美形象深深地误导了。”

“如果这个女孩走进我的寓所，我会说：‘站在那儿，不要动。’然后我将衣服脱下，告诉她：‘这才是真实的我。我没有一个又翘又浑圆的臀部，没有一对丰满高耸的胸部，没有一个平坦的小腹。相反，我的臀部和大腿上堆积着大团的脂肪。’我真想大声说：‘这才是真正的我！’真的，我根本就没有那么完美的身躯。”

“我是幸运的，因为我现在足够成熟了，懂得去营造一种内心的平和。我也曾经历过那种精神和情绪都处于躁动不安中的青春期。青春时代真正的不幸在于：女孩子们似乎觉得，为了得到爱，为了与某个男人建立一种亲密的关系，她们必须看起来美妙无比。这真是让人难过。”

“或许我能告诉年轻女性们说，你们不必为了减肥而苛待自己。我从来没有梦想过要成为一个电影明星，我只是知道我想去表演，想去做我最热爱的工作。而现在我正在做着这些。我不打算使自己为了这一目标而饥肠辘辘，这对我来说很重要。”

168．生命是船，命运是帆

身体健康是控制命运的本钱，是一场集体竞赛。对待你的身体健康，就像对待生活中很多事情一样（包括命运），不能迷信和依赖任何所谓“特效药”、“绝招”或“大师”，而是要形成“健康促进”的生活习惯和生活方式。只要你为身体创造机会，它就能自主救助。命运的健康亦如此。

世界卫生组织对健康的定义是：“健康是指生理、心理及社会适应三个方面全部良好的一种状况，而不仅仅是指没有生病或体质健壮。”

健康有4个阶段：健康促进、预防疾病、医疗救治和康复。着眼于“健康促进”是最高境界（这同样适合于控制命运。）

生命规律面前人人平等。种瓜得瓜，种豆得豆。中岛宏（曾任世界卫生组织总干事）说：“许多人不是死于疾病，而是死于无知。”洪昭光（著名健康专家）说：“最好的医生是自己，最好的处方是知识。”例如，科学家发现和忠告：每天食用1～2茶匙蜂蜜花粉（最好是未加热、未过滤的富含天然花粉的蜂蜜），能增加免疫功能，延年益寿；科学的饮食方式是，少食多餐，食物种类够“杂”（每天最好吃够25种食物），加倍食用蔬菜和谷物，如大蒜、洋葱均有提高免疫力功效，远离营养药和过度加工的食品。美国《预防》杂志推荐的增强人体免疫力八招：充足的睡眠；每天30分钟的运动；定期健康按摩；适量的维生素C与E补充；不乱用抗生素；每天饮酒不超过一小杯；有三五知己畅叙心事；每天几分钟白日美梦。

健康的生活方式比药更重要。纯粹的健康之道，必须是修身、养心两方面。在影响健康的4个因素中，父母遗传因素占15%，环境因素占17%，医疗因素占8%，个人因素占60%。60%当中膳食因素占30%，心理因素占30%。而对健康起关键作用的，恰恰是心理。大思伤脾，大恐伤肾，大喜伤心，大悲伤肺，大怒伤肝。有数据显示，乐观的人平均寿命比悲观的人长7.5年，因疾病早死的风险低55%。

缺乏社会支持和吸烟并列为对健康的两大威胁。澳大利亚研究人员历时10年研究发现，交友广泛的老人死亡的可能性比朋友较少的老人低22%。哈佛大学研究人员发现，当人们变老的时候，强大的社会关系能促进大脑的健康。瑞典一项对736名中年男性为期6年的研究表明，爱情对于心脏病和致命冠心病的发作几率没有影响，但友谊却影响巨大。

一切的结果，其实都取决于你对过程的选择。身体健康也一样，英国金融时报2007年11月1日报道，一项迄今最全面的国际科学研究表明，不良生活方式是致癌的重要因素。现代医学不断突破的最新成果、被称之为现代医学宝典的就是：经常性的锻炼，保持耐力、力量、柔韧性这三大身体素质的基础活力。“锻炼可以有效地防止许多致命的疾病或延迟它们的发生。”不论是何种人体器官，几乎都会有相同的“命运”——不用则废。

每天从事30分钟左右中等强度的身体活动，只需在每日的生活中加入“锻炼——健身——运动——训练”的内容并形成习惯，奇迹就出现。对自己的生活做出以下5项调整，你的寿命和生活质量将有翻天覆地的变化：控制血压、戒烟、每天运动30分钟、控制精神压力、坚持简单易行的健康饮食习惯。

钟南山（中国工程院院士）说：“人在20岁左右的锻炼是一种身体健康的储备，到30岁左右达到储备高峰，锻炼得越好，储备的峰值就越高。一旦过了这个年龄，储备的峰值就难以达到本来可以达到的高度，所以要趁年轻多锻炼。”

美国最新研究报告指出，经常进行积极运动，可使心脏病发作危险性减少35%。即便是以“温柔”的节奏进行锻炼，哪怕是每天进行几次短时间的简单运动，都将大大有助于身体健康。例如散步。

请注意，运动不可过度、过量。玛西亚·惠伦（北京奥运会美国女子水球队队医）说：“如果一个人像运动员一样，过度重复同一项运动，等于是在为受伤做准备。”

星云大师给你的“生命的药方”：好心肠一条，慈悲意一片，道理三分，敬人十分，道德一块，信行要紧，老实一个，中直十成，豁达全用，方便不拘多少。此十味药，用包容锅炒，用宽心炉炖，不要焦，不要躁，去火性三分（脾气不要大），于整体盆中研碎（同心协力），三思为本，鼓励做药丸，每日进三服，不限时，用关爱汤服下。果能如此，百病消除。

洪昭光给你的“养心八珍汤”：①慈爱心一片。做人最重要的是要有爱心。冰心说过：“有了爱，就有了一切。”②好肚肠二寸。好人会有好报。心理健康也需要维生素，善良就是心理健康的维生素。③正气三分。人要心存正气，做好人。越是腐败，死得越快。④宽容四钱。有多大肚量就能做多大事业。⑤孝顺常想。⑥老实适量。⑦奉献不拘。⑧回报不求。保持心理平衡的良方：君子量大，小人气大；君子不争，小人不让；君子和气，小人斗气；君子助人，小人伤人。

人生与命运的很多事情都是这样，学习、工作、创业、交友、恋爱、婚姻与家庭、运气等等，也需要你形成“经常性的锻炼”的习惯。让“经常性的锻炼”充满你人生的全部细节，这也是对你命运的“保健”。

每个人的命运变数都各不相同。除了你自己，任何人都无法概括，因为它是一种自我感悟，而不是推算。

尾 声

每个人的命运变数都各不相同，我无法概括到底具体哪些是你的命运秘密，或者说到底哪一条才是你通往梦想的正确道路。除了你自己任何人都无法概括，因为它是一种自我感悟，而不是推算（高深的推算经常带给我们的是精确的错误，而不是近似的正确）。不过，可以肯定，通过反复（必须反复）用心领悟和运用前面的内容，你的命运秘密会悄悄地清晰完整地浮现在你的脑海中，它们不一定是数字，更可能是一些词组、图像。

石田宏树（FreeBit公司董事长兼CEO）给你讲故事：

回顾自己的创业生涯，我发现自己一直在结识“超级节点”人士（“与人相遇的缘分”在因特网理论中被称作“超级节点”）。高中时与Sony创办者盛田昭夫相遇，盛田先生预言我的人生应该围绕“创业”和“通信”两个方向展开。

为了学到“通信”的精髓，我选择了庆应义塾大学，在那里结识了日本因特网之父村井纯教授，蒙他传授因特网的思维。其后，在普及因特网的创业过程中，我遇到了日本著名记者木村太郎先生。那时还是拨号连接的低速因特网时代，他告诉我“因特网将成为广播媒介”，由此得到启发，我们实现了日本首个全时段的因特网广播。

之后，在1999年世界最大的电脑展览会COMDEX上，我听了当时的Sony会长出井伸之先生的基调演讲，听闻他的三大预言：因特网将变为宽带;广播将成为个人定制;客户终端CE取代电脑的因特网时代将要到来。

这三个预言深深震撼了我，由此决定了我的FreeBit公司创业方向。

FreeBit创业7年（现已是日本著名上市公司），创造出ServersMan——世界上首个将手机转换成网络服务器的应用服务平台，朝着预言的实现迈出了一大步。其应用范围已超出日本，在全球，尤其是美国成为热门话题。

从“通信／创业”到“因特网”，再到“广播”，以及“宽带／个人广播／智能终端上网”——与各位“超级节点”人士的缘分给我带来这些关键词，如今看来，都紧密联系在一起，引导我走到今天。

破译了你的命运秘密，就可以准确锁定自己的关键思想、心态、价值观以及性格习惯，就可以准确定位自己的方向和道路，从而进入到能够导演乃至改写自己的命运剧本的新状态，并最终成为命运的赢家。如同金铁霖（著名声乐教育家）谈如何歌唱时所说：人的发声从出生会哭开始是一种原始自然状态，随着长大，因为自身与环境因素（比如习惯、修饰、模仿等），发声开始进入到不自然状态。能把歌唱好，就是通过科学的练习方法，使发声进入到新的自然——科学的自然状态。

一旦进入状态，你的命运链（成长链）便会随之产生“蝴蝶效应”般的变化（蝴蝶效应，是指初始条件下微小的变化，可能引起后续长期而巨大的连锁反应。按蝴蝶效应发现者爱德华・诺顿・罗伦兹最早的说法：当一只蝴蝶在巴西扇动翅膀的时候，可能导致一个月后美国德克萨斯州的一场龙卷风）。你的生命从此便有了更适合的方式和旋律、更适合的舞台和伴奏，而无怨无悔地放声歌唱……

习惯于人生自觉——就不会再去寻找——而是去创造了。你的命运秘密将引导你去实现最适合你的梦想，在世界上留下你的痕迹！

后记

“那一天，我不得已上路，为不安分的心，为自尊的生存，为自我的证明……”

因为野心，经历了许多磨难，磨难教我必须放弃怨恨和痛苦，而铭记宽容与感恩；因为梦想，饱尝了生活的煎熬，煎熬教我必须放弃愤世与嫉俗，而铭记热爱和责任。正是这些磨难和煎熬的“熔炉”历练，使我有所发现和顿悟。

人在专注地投入于某项他热爱的事情时，无论生活怎样，都深感光阴似箭。再创业路上风雨依旧，四度春秋弹指一挥间。我把几经完善的书稿给一些朋友和年轻人看过，他们当中为人父母的都说，如果出版了一定给自己的孩子买一本，并且和孩子一起读，同时还要多买几本送给亲友，因为他放在车上的样书，硬是被朋友“抢”去了；正在上大学的孩子说，有这本书相伴，将来创业或就业就更有把握了；已经工作的年轻人说，真是相见恨晚……尤其是一位二十多岁年轻人的一句肺腑之言，让我震惊，他说：“您真的不该把这个出版成书，如果出版了，会无形中给我们的将来树立更多的强大对手。”……

他们给了我莫大的激励，更使我坚定信念，并由此感到似乎把泰山装进自己心中。我把它化为一种爱、一种使命。

书中的很多原理并非是我首创，它们已然存在，我“只是发现并摘下了树上成熟的果实……”把它们改进并系统化整理出来。如福特汽车创始人亨利•福特所说，“我没有发明任何新东西，只是把几百年来其他人的发明组装成了汽车。”

在本书付梓之时，我要特别感谢中国青年出版社对它的眷顾，感谢总编室王伊伟副主任，感谢董晓磊编辑，尤其要特别感谢青春图书编辑中心原主任冈宁老师和现主任彭明榜老师为本书付出的心血和智慧。

让我向那些一直关注和支持我创作这本书的亲人和朋友们献上一句特别的谢

词以及我的爱，书中饱含着他们的厚爱与智慧，如果没有他们，无论是这本书，还是我的生活，都不可能这么绚丽多彩，趣味盎然，意义非凡！

“……在路上，用我心灵的呼声，在路上，只为伴着我的人；在路上，是我生命的远行，在路上，只为温暖我的人。”

王治平

2010年10月 于北京